本书的出版得到了全国重点马克思主义学院建设、
上海市高校思政课教指委建设立项资助

教育与传播·"近思"文献读本

丛书主编：肖 巍

先秦诸子修养治政思想

THE PRE-QIN PHILOSOPERS´ THOUGHT OF SELF-CULTIVATION AND ADMINISTRATION

唐明燕 —— 编译

天津出版传媒集团

天津人民出版社

图书在版编目（CIP）数据

先秦诸子修养治政思想 / 唐明燕编译. -- 天津：
天津人民出版社,2019.12

（马克思主义学院望道书系 / 肖巍主编. 教育与传
播·"近思"文献读本）

ISBN 978 - 7 - 201 - 15801 - 3

Ⅰ.①先… Ⅱ.①唐… Ⅲ.①先秦哲学 - 研究 Ⅳ.
①B220.5

中国版本图书馆 CIP 数据核字（2020）第 019381 号

先秦诸子修养治政思想
XIANQIN ZHUZI XIUYANG ZHIZHENG SIXIANG

出　　版	天津人民出版社	
出 版 人	刘　庆	
地　　址	天津市和平区西康路 35 号康岳大厦	
邮政编码	300051	
邮购电话	（022）23332469	
网　　址	http://www.tjrmcbs.com	
电子信箱	reader@ tjrmcbs.com	
策划编辑	王　　康	
责任编辑	林　雨	
封面设计	明轩文化·王烨	
印　　刷	天津新华印务有限公司	
经　　销	新华书店	
开　　本	710 毫米×1000 毫米　1/16	
印　　张	16.25	
插　　页	2	
字　　数	210 千字	
版次印次	2019 年 12 月第 1 版　2019 年 12 月第 1 次印刷	
定　　价	78.00 元	

总　序

中国特色社会主义进入新时代,中国与世界的关系在已发生历史性变化的基础上又面临许多新变化新课题。中国积极推进"四个全面"战略布局,努力为促进世界可持续发展提供新动力新方案,积极推进全球治理体系和治理方式的变革。与此同时,为了保证中国发展坚持正确的方向,国家领导人发表了很有针对性也很有分量的讲话,并论证了新时代意识形态工作的极端重要性。在这些论述的指导和鼓舞下,意识形态领域出现了令人振奋的新气象。但是如何构建反映中国改革开放和现代化潮流、符合中国特色社会主义建设和发展需要的意识形态,仍然是我们要认真对待并积极做好的事情。

在当代中国,社会主义意识形态必须正视若干挑战:

一是由资本主导的现代生产生活方式的挑战。资本是这个世界上最强势的"物化"力量,科学技术的巨大成就所标榜的所谓"价值中立""工具理性"和效用(功利)主义,往往使人们丧失了对为什么要这样做的价值追问。物质日益丰富和技术更新换代、生活标准的提高、消费观念的刷新,极大地改变了人们的生活方式和消费习惯,通过各种手段刺激起来的消费欲望也在吞噬着劳动的快乐,淹没了人的审美情趣和精神向往,导致出现相当普遍的价值迷失现象。

二是数字技术和网络传播方式的挑战。数字技术发展和网络传播方式的增多大大拓展了人们的视野,丰富了人们的精神生活,激活了人们的参与热情,也促使人们对公共话题的思维方式和表达方式发生了很大变化。信息选择多样性和价值取向多元化,在相当程度上冲击了主流意识形态的导向和控制力,弱化了大众尤其是青年人对主流意识形态的认同。网络强大的渗透功能也为各种势力的价值观传播提供了技术条件,"互联网 +"时代意识形态建设和社会主义核心价值观培育践行的难度不可低估。

三是全球化及其"逆袭"带来的外来思想挑战。冷战终结,直接导致人们对于苏联解体大相径庭的认知和解释,反映了价值观层面的严重困惑。在全球化跌宕起伏的过程中,西方价值观凭借着先进技术和话语权优势,通过各种政策主张有所表现而产生了不小的影响,但由于安全、气候、移民、核控等一系列全球治理问题陷入困境,地方性的民族认同和文化认同遭遇前所未有的危机,催生了新型民粹主义、民族主义和激进主义的思想温床,甚至出现了某些极端势力。

四是与我国发展转型改革开放不适应的各种社会思潮挑战。我国社会基本矛盾已经发生变化,发展不平衡不充分问题尤为突出,利益多元化和价值观疏离也已是不争的事实。文化保守主义刻意强调某些与现代化精神格格不入的东西,并把它们当作抑制现代病、克服人心不古的"良药";历史虚无主义否定历史进程的必然性,否定中国现代化艰难探索和中国革命的伟大意义,否定中国共产党执政的合法性;发展转型还遇到创新能力、改革动力、政策执行力不足的困扰,出现了明里暗里否定改革开放的思潮,以及令人担忧的蔓延之势。

新时代中国特色社会主义致力于解决各种"发展以后的问题",但相对于经济建设、制度建设作为国家建设的"硬件"比较"实",文化建设、意识形态建设作为国家建设的"软件"仍然比较"虚",意识形态建设能否取得实效,就要看其是否既能反映"发展以人民为中心"这个原则,又能用主流意识形态引领各种社会思潮,最大限度地满足人民群众,尤其是青年人的获得感、幸福感、安全感。实现意识形态的"最大公约数",还要靠我们一起努力。

当代中国的意识形态建设毫无疑问要坚持社会主义方向,同时要体现中国特色，弘扬中国精神，还要拥有时代情怀，开阔全球视野。

这样的意识形态建设是自主的。中国特色社会主义实践蕴涵着丰富的思想内容，包括以人为本、发展优先、社会和谐、国家富强、天下为怀。这些内涵构成了充满自信的"法宝"，并以此增强主旋律思想的生命力、凝聚力、感召力，防止在与各种社会思潮的互动碰撞中随波逐流、进退失据，拥有中国特色社会主义建设者所应具备的思想素质和自信心，为实现中华民族伟大复兴提供值得期待的价值观愿景。

这样的意识形态建设是包容的。在改革开放和社会转型的过程中，各种思想思潮都有其存在的合理性，或将与主流意识形态长期共存，有交流交融也有交锋。我们必须充分了解它们的来龙去脉，以我为主、为我所用，积极加以引导，最大限度地凝聚思想共识，最大限度地发挥各方面的积极性。我们还应遵循"古为今用，洋为中用"的原则，有选择地吸纳、消化古今中外一切优秀成果，服务于意识形态建设这个目标。

这样的意识形态建设是中道的。各种社会思想思潮既有个性，又有共性。有个性，就有比较；有共性，就可以借鉴。这就要求我们在比较借鉴的基础上，取长补短，举一反三，中道取胜，同时警惕极端的、偏激的思想干扰。思想引领既要坚决，又要适度，避免"不及"与"过头"。既不能放弃原则，一味求和，害怕斗争，又不能草木皆兵，反应过度；既保持坚定的思想立场，也讲求对话交流的艺术。

这样的意识形态建设是创新的。与我国协调推进"四个全面"战略布局相适应，宣传思想工作切不能墨守成规，包括理论资源、话语体系、表达方式、传播手段等都要主动求"变"，主动利用现代传播手段，打造主流思想传播的新理念、新形象、新渠道、新载体。这就对在讲好中国故事的同时提供中国方案提出了更高的创新要求，即通过教育引导、舆论宣传、文化熏陶、实践养成、制度保障，使之有机融入意识形态工作的方方面面。

新时代中国特色社会主义的伟大实践正在"给理论创造、学术繁荣提供强大动力和广阔空间"。为此，我们推出这套意识形态建设基本文献读本

(选编),并设定若干主题,包括当代国外经济、社会、政治、文化、科技、生态等理论和方法,以及与意识形态建设有关的领域的思想资源。我们尽量从二战后,特别是冷战终结以来的具有代表性的著述中选取资源,分门别类地加以筛选、整理。希望读者一卷在手,就能够比较便捷地对这些领域的观念沿革、问题聚焦和思想贡献有一个大概的了解。这套读本是复旦大学马克思主义学院学科建设的资助项目,同时也获得了上海市研究生思想政治理论课教学指导委员会的支持。这套丛书不单是关于意识形态建设的文献选编,也可以作为马克思主义理论学科建设、思想政治理论课教学、马克思主义学院研究生培养的参考用书,还可以作为人文社会科学相关学科、专业研究生教学和研究的通识教育读本。

是为序。

肖　巍

2019 年秋于复旦大学光华楼

目 录

Contents

选编说明

本书从修身处世和治国理政两个方面对先秦诸子思想进行汇编。

春秋战国时期，周政权衰败、诸侯割据，政治上虽然动荡不堪，但却是学术的春天。各种思想如火山喷涌般爆发，学者们纷纷从各自的学理出发，对社会、政治、人生发表看法，针砭时弊，寻求出路。这个时期自由气息浓郁，思想异常活跃，涌现出一批思想巨匠和学术派别，形成了百家争鸣的局面，建构起中华文化的骨架，奠定了中华文化发展的基调和底色。从开始形成有系统的思想体系这一点来说，先秦百家争鸣是中华文化的源头。先秦时期，声势最大、对中国思想发展和历史进程影响最深远的学派有儒、道、法、墨四家。

儒家以道德为旨归，一方面致力于人格修养，鼓励人们成君子、成圣人；另一方面鼓励人们把人格修养推广出去，去齐家、治国、平天下，致力于营造德化的理想社会。儒家以德为本、以群为重、以和为贵、以礼为制、以教为方，对中华民族产生的影响最大，是塑造中华民族精神的主力。孔子是儒家学派的创始人,孟子和荀子分别从理想主义和现实主义两条路径上丰富、发展了孔子的学说。孔子、孟子、荀子是先秦儒学最重要的代表人物,也是整个儒家学说的奠基者。

道家奉行"道法自然"的理念,以无为、自然、退守、潜隐为主要的思想特色,追寻的是自由、清静、反朴归真、少私寡欲、逍遥放达的精神境界,奉"慈""俭""不敢为天下先"为为人处事的基本原则,视小国寡民的原始社会为理想的社会状态。道家思想弥漫着旷达、自由、生动、浪漫的气息,为培育中华民族淡泊名利的朴素、以退为进的策略以及遇险不惊、临危不乱的气度做出了贡献。先秦时期,老子、庄子是道家思想的主要代表。

法家在先秦时期由韩非子集大成。在历史观方面,法家认为:古今异势,历史是不断向前发展的,时代不同了,评价一件事情的标准必然会发生变化,事情不同了,处理一件事情的方法理应发生变化。为此,法家不拘泥于古代制度,主张因时变法,这为中华文化注入了顺势应变的思想因素,对培育中华民族革故鼎新的精神做出了贡献。在社会治理方面,法家倡言法治、批判人治、提倡纲纪,主张法、势、术相结合,这是当代中国依法治国的思想渊源。

墨家思想的立足点是"兴天下之利、除天下之害",墨家创始人墨子从这一功利、实用主义理念出发,针对当时的社会弊端,建构起了墨家学说,大力倡导节用、节葬、非乐、兼爱、非攻、尚贤、尚同、天志、明鬼、非命。墨学曾显赫一时,与儒家并称显学。然而繁华过后,出于种种历史与自身原因,墨学却并没有在中国发展起来。自秦汉之后,墨学便开始沉沦,此后直至清朝乾嘉年间,在墨学研究出现转机之前,墨学几乎从历史上消失。尽管如此,墨家思想所透露出的平等精神、博爱精神以及对人民疾苦的深切关怀,所包含的崇尚逻辑与科学的精神,以今天的眼光来看仍颇具价值,值得重视。

与古希腊哲学相比,先秦诸子很少关注纯粹的自然问题,即使在探讨"天"或"自然"时,也总是将其与人生、人事、社会问题联系在一起,讲"天理"是为了讲"人理"提供根据,论"天道"是为了论"人道"树立准则,可以说,人生、人事、社会问题是先秦诸子关注的焦点。正因为如此,本书选取修身处世和治国理政两个角度,对最能体现诸子思想的典籍《论语》《孟子》《荀子》《老子》《庄子》《韩非子》《墨子》进行分类汇编,可一展先秦诸子思想的基本精神风貌,可谓抓住了要害和精髓。

本书所选编典籍的基本情况如下:

关于《论语》。班固《汉书·艺文志》云:"《论语》者,孔子应答弟子、时人及弟子相与言而接闻于夫子之语也。当时弟子各有所记,夫子既卒,门人相与辑而论纂,故谓之《论语》。"《论语》是研究孔子思想最重要、最可信赖的文献。它是语录体,由若干断片的篇章集合而成,各篇章的排列并没有明显的逻辑关系,每一篇的篇名由该篇的前两个字组成,并没有特殊含义。关于《论语》的成书年代,目前学界较为认可的观点是,其成书于春秋末期到战国初期。自汉代以来,关于《论语》的校勘繁多,本书在编译的过程中,主要参考了《论语注疏》(何晏《集解》、邢昺疏)、《论语集注》(朱熹)、《论语正义》(刘宝楠)、《论语疏证》(杨树达)以及《论语译注》(杨伯峻)等。

关于《孟子》。司马迁在《史记·孟子荀卿列传》中讲道:孟子"退而与万章之徒序《诗》《书》,述仲尼之意,作《孟子》七篇。"按照司马迁的这一记述,《孟子》这部书主要由孟子本人完成,成书于战国中期,这也是目前学界接受度较高的一种观点。《孟子》是研究孟子思想的可靠文献,和《论语》一样,每一篇的篇名摘取该篇开头的几个字命名,并无特殊含义,篇章之间也未显现出明显的逻辑关系。有关《孟子》的校勘同样繁多,本书在编译的过程中,主要参考了《孟子集注》(朱熹)、《孟子注》(赵岐)、《孟子正义》(焦循)、以及《论语译注》(杨伯峻)等。

关于《荀子》。目前学界主流观点认为《荀子》大部分章节出自荀子本人之手,成书于战国末期。流传于世的通行本《荀子》共三十二篇,与《论语》《孟子》不同,《荀子》的每一篇都有一个明确的主题。《荀子》擅长使用排比、比喻的修辞方法,论据充实,气势雄浑。本书在编译的过程中,主要参考了《荀子注》(杨倞)、《荀子集解》(王学谦)、《荀子简释》(梁启雄)以及《荀子》(方勇、李波)等。

关于《老子》。《老子》又名《道德经》,是一部道家人物的哲学格言汇编,并非出自一人之手。它不再是语录体,不再就某一件具体的事例发挥议论,而是以高度抽象、概括的方式,以极精炼的语言直接表述观点,这是哲学思想发展到一定高度的产物。冯友兰先生认为,《老子》一书虽然可能保存有春秋末期一些隐者的思想,但《老子》书中的中心思想和基本原则,则主要是战国时期的产物。本书在编译的过程中,主要参考了《老子注》(王安石)、《老子衍》(王夫之)、《老子道德经评点》(严复)以及《老子注译及评介》(陈鼓应)等。

关于《庄子》。现存《庄子》由西晋郭象删定并流传下来,共三十三篇,分内篇、外篇和杂篇。内篇思想、文风较为统一,目前学界基本认定为庄子本人所作,而外篇和杂篇则一般被认为由庄子后学所作。《庄子》一书善用寓言说理,全书共有寓言二百多个,甚至有些篇目全部由寓言构成。本书所选文献主要取自"内篇",在编译过程中,主要参考了《庄子注》(郭象)、《庄子集释》(郭庆藩)、《庄子浅注》(曹础基)和《庄子》(方勇)等。

关于《韩非子》。《韩非子》原名《韩子》,宋朝时,因尊唐代韩愈为韩子,故改《韩子》为《韩非子》。《韩非子》现存五十五篇,其中,《孤愤》《说难》《内外储说》《说林》《五蠹》在《史记》中便有记载,可确认由韩非子本人所作,其它篇目或在编集时附入了韩非后学的思想。《韩非子》一书记述了法家的法治理念与方法,批判了先秦各家的学术主张,也记载了与韩非子相关的一些历史事件。本书在编译的过程中,主要参考了《韩非子集解》(王先慎)、《韩非子》(高华平、王齐洲、张三夕)等。

关于《墨子》。《墨子》原为七十一篇,现存五十三篇,是一部墨家思想的汇编,成书于战国时期。《墨子》一书记录了墨子的核心思想,墨子本人的活动,墨家所研究的防御战术和守城的兵器与工具,也记录了认识论、逻辑学等后期墨家的思想。自清朝乾嘉年间以来,《墨子》的校注取得重大进展。本书在编译过程中,主要参考了《墨子间诂》(孙诒让)、《墨子校注》(吴毓江)、《墨子》(方勇)等。

　　在编写体例上,本书分成修身处世和治国理政两大部分。在每一部分,根据各学派历史影响的大小,按照儒、道、法、墨的顺序排列。对每一部典籍所择取的文献,按照其在该部典籍中出现的先后顺序排列。本书的释义部分,旨在揭示所选文献的思想精髓,以意译为主,而并非逐字逐句翻译,不纠结于个别字词的考证。除参考借鉴前文所提及的诸多注本之外,也糅合了编著者本人对先秦诸子思想的理解,错漏与不足之处,敬请读者指正。

修身处世

《论语》

子曰:"学而时习之,不亦说乎? 有朋自远方来,不亦乐乎? 人不知,而不愠,不亦君子乎?"

——《论语·学而》

【释义】孔子说:"把学到的人伦物理应用于实践,是一件令人高兴的事情。有志同道合的朋友远道而来,是一件令人快乐的事情。人家不了解我,我却不怨恨,这是君子的风度。"

子曰:"巧言令色,鲜矣仁!"

——《论语·学而》

【释义】孔子说:"花巧的言语,伪善的面貌,这种人的仁德是不会多的。"

子曰:"弟子,入则孝,出则悌,谨而信,泛爱众,而亲仁。行有余力,则以学文。"

——《论语·学而》

【释义】孔子说:"在家孝敬父母,在外敬爱兄长,言语谨慎、诚实可信,博爱大众,亲近有仁德的人。这样躬行实践之后,如果还有剩余的力量,再去学习文献知识。"

子曰:"君子不重,则不威;学则不固。主忠信,无友不如己者。过,则勿惮改。"

——《论语·学而》

【释义】孔子说:"君子如果没有庄重的态度,就不会产生威严;态度不庄重,即使学习,学到的东西也不会扎实。应以忠和信这两种品德作为自身品行的主导。交朋友要交比自己强的人。有了过错,就不要怕改正。"

子曰:"君子食无求饱,居无求安,敏于事而慎于言,就有道而正焉,可谓好学也已。"

——《论语·学而》

【释义】孔子说:"君子对饮食不要求饱足,对住处不要求舒适,却对工作很勤敏,对说话很谨慎,接近有道的人以匡正自己,这样就可以称得上好学了。"

子曰:"不患人之不己知,患不知人也。"

——《论语·学而》

【释义】孔子说:"不必担心别人不了解自己,而应该担心自己没有了解别人的能力。"

孟武伯问孝。子曰:"父母唯其疾之忧。"

——《论语·为政》

【释义】孟武伯向孔子请教孝道,孔子回答说:"做父母的只是担心孩子的疾("疾",既指身体上的疾病,也指精神上的污点)。"

子游问孝。子曰:"今之孝者,是谓能养。至于犬马,皆能有养;不敬,何以别乎?"

——《论语·为政》

【释义】子游问孝道。孔子说："现在的人一提起孝，就说自己能够养活父母。但是人也能够养狗、养马啊，如果不能带着敬意去供养父母，那么养父母和养狗、养马又有什么分别呢？"

子夏问孝。子曰："色难。有事，弟子服其劳；有酒食，先生馔，曾是以为孝乎？"

——《论语·为政》

【释义】子夏问孝道。孔子回答说："儿子能在父母面前保持愉悦的神色，可以称为孝。这是很难做到的，有事情代父母去做，有酒有肴让父母先吃，即使这样，如果不能在父母面前保持愉悦的态度，那也不能称得上是孝。"

子曰："视其所以，观其所由，察其所安。人焉廋哉？人焉廋哉？"

——《论语·为政》

【释义】孔子说："观察一个人与什么人交往；观察一个人为达到目的所采用的手段；观察一个人安于什么，不安于什么。那么这个人便无处隐藏。"

子曰："温故而知新，可以为师矣。"

——《论语·为政》

【释义】孔子说："如果一个人在温习旧知识时，能有新体会、新发现，就可以做老师了。"

子贡问君子。子曰："先行其言而后从之。"

——《论语·为政》

【释义】子贡问怎样才能做一个君子。孔子说："对于你要说的话，先实行了，再说出来。"

子曰:"学而不思则罔,思而不学则殆。"

——《论语·为政》

【释义】孔子说:"学习与思考应该结合起来,如果只学习却不思考,就会受骗;如果只空想却不学习,就会迷惑。"

子曰:"知之为知之,不知为不知,是知也。"

——《论语·为政》

【释义】孔子说:"知道就是知道,不知道就是不知道,实事求是地承认,这就是聪明智慧。"

子曰:"多闻阙疑,慎言其余,则寡尤;多见阙殆,慎行其余,则寡悔。"

——《论语·为政》

【释义】孔子说:"多听,对有疑问的地方予以保留,只谨慎地表达自己有把握的部分,就能减少言语中的错误;多看,对有疑问的地方予以保留,只谨慎地实行足以自信的部分,就能减少行为中的懊悔。"

子曰:"人而无信,不知其可也。大车无輗,小车无軏,其何以行之哉?"

——《论语·为政》

【释义】孔子说:"如果一个人不讲信誉,就好像大车子没有安横木的輗,小车子没有安横木的軏一样,是不行的。"

子曰:"见义不为,无勇也。"

——《论语·八佾》

【释义】孔子说:"看到应该做的事情却不敢去做,就是怯懦。"

子曰:"君子无所争。必也射乎! 揖让而升,下而饮。其争也君子。"

——《论语·八佾》

【释义】孔子说:"君子没有什么可争的事情。如果有所争,一定是比箭吧! 但即使在比箭这件事上,君子也会遵循礼节,相互作揖然后登堂;射箭完毕走下堂时,再作揖喝酒。君子即使在竞争中也会保持君子的风度。"

子曰:"富与贵,是人之所欲也;不以其道得之,不处也。贫与贱,是人之所恶也;不以其道得之,不去也。君子去仁,恶乎成名? 君子无终食之间违仁,造次必于是,颠沛必于是。"

——《论语·里仁》

【释义】孔子说:"富贵是人人都盼望的,但是如果不能用正当的方法去得到它,君子宁愿不要富贵;贫贱是人人所厌恶的,但是如果不能用正当的方法去抛掉它,君子宁愿处于贫贱之中。君子抛弃了仁德,怎样去成就自己的声名呢? 君子没有离开过仁德,即使是吃一顿饭的工夫,即使在仓卒匆忙的时候,即使在颠沛流离的时候,君子也不会离开仁德。"

子曰:"人之过也,各于其党。观过,斯知人矣。"

——《论语·里仁》

【释义】孔子说:"不同的人会犯不同的错误,仔细考察某人所犯的错误,就可以知道他是什么样的人了。"

子曰:"士志于道,而耻恶衣恶食者,未足与议也。"

——《论语·里仁》

【释义】孔子说:"一个声称自己有志于仁道的读书人,却以吃穿不好为耻辱,那么这种人追求仁道的决心是值得怀疑的,不值得和这种人谈论。"

子曰:"君子之于天下也,无适也,无莫也,义之与比。"

——《论语·里仁》

【释义】孔子说:"君子对于天下的事情,没规定一定要怎样做,也没规定一定不能怎样做,怎样合理恰当,便怎样去做。"

子曰:"放于利而行,多怨。"

——《论语·里仁》

【释义】孔子说:"行动的时候如果只考虑个人利益,便会招来很多怨恨。"

子曰:"不患无位,患所以立;不患莫己知,求为可知也。"

——《论语·里仁》

【释义】孔子说:"不必发愁没有职位,而应该发愁的是自己没有任职的能力;不用担心没有人了解自己,而应该去追求足以使别人认可自己的本领。"

子曰:"君子喻于义,小人喻于利。"

——《论语·里仁》

【释义】孔子说:"君子懂得的是义,小人懂得的是利。"

子曰:"见贤思齐焉,见不贤而内自省也。"

——《论语·里仁》

【释义】孔子说:"看见贤人,应该考虑的是向他看齐;看见不贤的人,应该反省的是自己有没有类似的毛病。"

子曰:"事父母几谏,见志不从,又敬不违,劳而不怨。"

——《论语·里仁》

【释义】孔子说:"侍奉父母,如果他们有不对的地方,可以婉转地劝说他们,如果父母不听从自己的建议,仍然要恭敬地对待父母,不要触犯父母,即使这样做让自己很辛苦,也没有怨言。"

子曰："父母之年，不可不知也。一则以喜，一则以惧。"

——《论语·里仁》

【释义】孔子说："孝子应该把父母的年纪时时记在心里，父母过生日的时候，一方面感到高兴，一方面又感到害怕。"

子曰："君子欲讷于言而敏于行。"

——《论语·里仁》

【释义】孔子说："君子应该言语谨慎，行动敏捷。"

宰予昼寝。子曰："朽木不可雕也，粪土之墙不可杇也；于予与何诛？"子曰："始吾于人也，听其言而信其行；今吾于人也，听其言而观其行。于予与改是。"

——《论语·公冶长》

【释义】宰予白天睡觉。孔子说："腐烂了的木头不能雕刻，粪土似的墙壁没办法粉刷；宰予这种白天睡大觉的人，不值得责备。"孔子说："最初，我评判一个人，听到他的话，便相信他的行为；现在，我评判一个人时，不仅要听他怎么说，还要考察他的行为。我这种态度的变化，就是从宰予这件事开始的。"

子曰："吾未见刚者。"或对曰："申枨。"子曰："枨也欲，焉得刚？"

——《论语·公冶长》

【释义】孔子说："我没见过刚毅不屈的人。"有人答道："申枨是这样的人。"孔子回答说："申枨的欲望太多，是很难做到刚毅不屈的。"

子贡问曰："孔文子何以谓之'文'也？"子曰："敏而好学，不耻下问，是以谓之'文'也。"

——《论语·公冶长》

【释义】子贡问孔子："孔文子凭什么谥他为'文'？"孔子说："他聪敏灵活，爱好学问，又不以谦虚下问为耻，所以用'文'字做他的谥号。"

季文子三思而后行。子闻之，曰："再，斯可矣。"

——《论语·公冶长》

【释义】季文子每件事考虑多次才行动。孔子听到了，说："想两次也就可以了。"

子曰："伯夷、叔齐不念旧恶，怨是用希。"

——《论语·公冶长》

【释义】孔子说："伯夷、叔齐正是因为不记仇，所以别人对他们的怨恨也就很少。"

子曰："孰谓微生高直？或乞醯焉，乞诸其邻而与之。"

——《论语·公冶长》

【释义】孔子说："谁说微生高这个人直爽？有人向他借醋，他不说自己没有，却到邻人那里借，再转借给向他借醋的人。"

子曰："巧言、令色、足恭，左丘明耻之，丘亦耻之。匿怨而友其人，左丘明耻之，丘亦耻之。"

——《论语·公冶长》

【释义】孔子说："花巧的言语、伪善的容貌、十足的恭顺，左丘明以这种待人接物的态度为耻，我也认为可耻。内心藏着怨恨，表面上做出一副很友好的样子，左丘明以这种行为可耻，我也以之为耻。"

子华使于齐，冉子为其母请粟。子曰："与之釜。"请益。曰："与之庾。"冉子与之粟五秉。子曰："赤之适齐也，乘肥马，衣轻裘。吾闻之也，君子周急不继富。"

——《论语·雍也》

【释义】公西华被派到齐国去作使者，冉有向孔子请示打算给公西华的母亲一些小米以表示慰问。孔子说："给他一釜（古代量名）。"冉有请求增加。孔子道："再给他一庾（古代量名）。"冉有却给了他五秉。孔子知道后说："公西赤到齐国去，坐着由肥马驾的车辆，穿着又轻又暖的皮袍。我听说过，君子正确的做法是救济急用的人，而不是给已经富裕的人再去锦上添花。"

冉求曰："非不说子之道，力不足也。"子曰："力不足者，中道而废。今女画。"

——《论语·雍也》

【释义】冉求道："不是我不喜欢您的学说，是我力量不够。"孔子说："如果真是力量不够，也是走到半道，然后才走不动。现在你还没有尝试去走。"

子曰："质胜文则野，文胜质则史。文质彬彬，然后君子。"

——《论语·雍也》

【释义】孔子说："朴实多于文采，就难免粗野；文采多于朴实，又难免虚浮。文采和朴实配合适当，这才是个君子。"

子曰："知之者不如好之者，好之者不如乐之者。"

——《论语·雍也》

【释义】孔子说："对于任何学问和事业，懂得它的人不如喜爱它的人，喜爱它的人又不如以它为乐的人。"

子曰："夫仁者，己欲立而立人，己欲达而达人。能近取譬，可谓仁之方也已。"

——《论语·雍也》

【释义】孔子说:"仁是什么呢? 自己想站得住,也使别人站得住;自己想做事通达,也尽力帮别人做事通达。凡事能就近以自己作比,而推己及人,就是实行仁的方法了。"

子曰:"德之不修,学之不讲,闻义不能徙,不善不能改,是吾忧也。"

——《论语·述而》

【释义】孔子说:"不培养品德;不讲习学问;知道'义'却不能践行;有缺点却不能改正,这些是我所忧虑的事情。"

子曰:"志于道,据于德,依于仁,游于艺。"

——《论语·述而》

【释义】孔子说:"应该把道作为目标,应该把德作为根据,应该以仁为依靠,应该游憩于礼、乐、射、御、书、数六艺之中。"

子路曰:"子行三军,则谁与?"子曰:"暴虎冯河,死而无悔者,吾不与也。必也临事而惧,好谋而成者也。"

——《论语·述而》

【释义】子路问孔子:"若您带兵作战,找谁共事?"孔子说:"赤手空拳和老虎搏斗,不用船只就去渡河,这样死了都不后悔的人,我是不和他共事的。我一定会找面临任务便恐惧谨慎、善于谋略的人一起共事。"

叶公问孔子于子路,子路不对。子曰:"女奚不曰,其为人也,发愤忘食,乐以忘忧,不知老之将至云尔。"

——《论语·述而》

【释义】叶公向子路打听孔子是怎样的人,子路回答不上来。孔子知道后便对子路说:"你为什么不告诉他,孔子用功便忘记吃饭,快乐便忘记忧愁,连衰老的到来都忘记了。"

子不语怪,力,乱,神。

——《论语·述而》

【释义】孔子不谈怪异、暴力、作乱和鬼神的事情。

子曰:"三人行,必有我师焉。择其善者而从之,其不善者而改之。"

——《论语·述而》

【释义】孔子说:"几个人同行,其中一定有值得我学习的人,我选取他们的优点而学习,看到他们的缺点便对照自身而改正。"

子钓而不纲,弋不射宿。

——《论语·述而》

【释义】孔子不用大绳横断流水来取鱼,不射归巢的鸟。

子曰:"仁远乎哉?我欲仁,斯仁至矣。"

——《论语·述而》

【释义】孔子说:仁德离我们很远吗?并不远,如果我们真心追求仁德,仁德就会到来。

子曰:"恭而无礼则劳,慎而无礼则葸,勇而无礼则乱,直而无礼则绞。"

——《论语·泰伯》

【释义】孔子说:"如果只知恭敬,却不知礼,就会劳倦;如果只知谨慎,却不知礼,就流于懦弱;如果只知勇敢,却不知礼,就会闯祸;如果心直口快,却不知礼,就会尖酸刻薄。"

子曰:"如有周公之才之美,使骄且吝,其余不足观也已。"

——《论语·泰伯》

【释义】孔子说:"如果一个人才能比得上周公,但品性却骄傲、吝啬,那么这个人连他的优点也不值得一看了。"

子曰:"邦有道,贫且贱焉,耻也;邦无道,富且贵焉,耻也。"

——《论语·泰伯》

【释义】孔子说:"在政治清明的情况下,自己却生活得贫贱,是耻辱;在政治黑暗的情况下,自己却生活得富贵,也是耻辱。"

子曰:"狂而不直,侗而不愿,悾悾而不信,吾不知之矣。"

——《论语·泰伯》

【释义】孔子说:"狂妄而不直率、幼稚而不老实、无能而不讲信用,这种人我无法理解。"

子绝四——毋意,毋必,毋固,毋我。

——《论语·子罕》

【释义】孔子能够做到:不凭空揣测,不绝对肯定,不拘泥固执,不唯我独是。

子曰:"三军可夺帅也,匹夫不可夺志也。"

——《论语·子罕》

【释义】孔子说:"即使军队可以丧失主帅,一个男子汉也不应该因为受到胁迫而放弃志向。"

子曰:"岁寒,然后知松柏之后凋也。"

——《论语·子罕》

【释义】孔子说:"只有经过严寒的考验,才能知道松柏树是最后落叶的。"

厩焚。子退朝,曰:"伤人乎?"不问马。

——《论语·乡党》

【释义】马棚失了火。孔子从朝廷回来,只问:"有没有伤到人?"而不关心马。

朋友死,无所归,曰:"于我殡。"

——《论语·乡党》

【释义】朋友死亡了,没有负责安葬的人,孔子说:"丧葬由我来料理。"

子贡问:"师与商也孰贤?"子曰:"师也过,商也不及。"曰:"然则师愈与?"子曰:"过犹不及。"

——《论语·先进》

【释义】子贡问孔子:"师(子张)和商(子夏)两个人,谁更好一些?"孔子说:"师就做过了,商做得还不够。"子贡道:"那么相比较而言,师更好一些吗?"孔子说:"做多了和做得不够,同样不好。"

子曰:"克己复礼为仁。"

——《论语·颜渊》

【释义】孔子说:"克制自己,使自己的言语行动都合于礼,就是仁。"

子曰:"非礼勿视,非礼勿听,非礼勿言,非礼勿动。"

——《论语·颜渊》

【释义】孔子说:"不合礼的事不去看,不合礼的话不去听,不合礼的话不去说,不合礼的事不去做。"

司马牛问君子。子曰:"君子不忧不惧。"曰:"不忧不惧,斯谓之君子已乎?"子曰:"内省不疚,夫何忧何惧?"

——《论语·颜渊》

【释义】司马牛问怎样去做一个君子。孔子说:"君子不忧愁,不恐惧。"司马牛说:"不忧愁,不恐惧,这样就可以叫作君子了吗?"孔子回答说:"自己如果能做到问心无愧,那又有什么可以忧愁和恐惧的呢?"

子曰:"君子成人之美,不成人之恶。小人反是。"

——《论语·颜渊》

【释义】孔子说:"君子成全别人的好事,不促成别人的坏事。小人却与之相反。"

樊迟从游于舞雩之下,曰:"敢问崇德,修慝,辨惑。"子曰:"善哉问! 先事后得,非崇德与? 攻其恶,无攻人之恶,非修慝与? 一朝之忿,忘其身,以及其亲,非惑与?"

——《论语·颜渊》

【释义】樊迟陪侍孔子在舞雩台下游逛,说道:"请问怎样提高自己的品德,怎样消除别人对自己无形的怨恨,怎样辨别出哪种是糊涂事。"孔子回答:"问得好! 先付出劳动,然后再期待收获,不就提高品德了吗? 检讨自己的缺点,不去批判别人的坏处,不就消除无形的怨恨了吗? 因为偶然的忿怒,便忘记自己,甚至也忘记了爹娘,失去理智去做事,不是糊涂吗?"

子贡问友。子曰:"忠告而善道之,不可则止,毋自辱焉。"

——《论语·颜渊》

【释义】子贡问对待朋友的方法。孔子说:"可以忠心地劝告他,好好地引导他,如果他不听从,也就罢了,不要自找侮辱。"

子曰："不得中行而与之，必也狂狷乎！狂者进取，狷者有所不为也。"

——《论语·子路》

【释义】孔子说："如果没有机缘和言行合乎中庸的人交朋友，那也一定要与激进的人或胆子小的人交朋友，激进的人耿直有勇气，胆小的人不会做坏事。"

子曰："君子和而不同，小人同而不和。"

——《论语·子路》

【释义】孔子说："君子之间是'和'而不是'同'；小人之间是'同'而不是'和'"。（"和"与"同"是春秋时代的两个常用术语，"和"是包含多样性的统一，如同五味的调和构成了可口的滋味，八音的调和构成了动听的乐曲一样；"同"是表面的整齐划一或者是不讲原则的一味求同。）

子曰："刚、毅、木、讷近仁。"

——《论语·子路》

【释义】孔子说："刚强、果决、朴质，言语不轻易出口，这四种品德比较接近仁德。"

子曰："君子耻其言而过其行。"

——《论语·宪问》

【释义】孔子说："君子以说得多，做得少为耻。"

子曰："不逆诈，不亿不信，抑亦先觉者，是贤乎！"

——《论语·宪问》

【释义】孔子说："不预先怀疑别人欺诈，也不无根据地猜测别人不老实，却能及早发觉别人在这方面的端倪，这样的人可以称得上是贤者了。"

或曰:"以德报怨,何如?"子曰:"何以报德? 以直报怨,以德报德。"

——《论语·宪问》

【释义】有人对孔子说:"拿恩惠来回答怨恨,怎么样?"孔子回答说:"如果以德报怨,那么要拿什么来回报德呢? 只须拿公平正直来回报怨恨,以德来酬谢德。"

子曰:"可与言而不与之言,失人;不可与言而与之言,失言。知者不失人,亦不失言。"

——《论语·卫灵公》

【释义】孔子说:"遇到一个可以和他深入交谈的人却不同他深入交谈,这是'失人';不可以同他深入交谈,却同他深入交谈,这是'失言'。聪明人既不会失人,也不会失言。"

子曰:"志士仁人,无求生以害仁,有杀身以成仁。"

——《论语·卫灵公》

【释义】孔子说:"志士仁人,不会为了贪生而损害仁德,只会为了成就仁德而牺牲生命。"

子贡问为仁。子曰:"工欲善其事,必先利其器。居是邦也,事其大夫之贤者,友其士之仁者。"

——《论语·卫灵公》

【释义】子贡问怎样去培养仁德。孔子说:"工人要干好他的工作,一定要先准备好工具。我们住在一个国家,就要敬奉那些大官中的贤人,结交那些士人中的仁人。"

子曰:"躬自厚而薄责于人,则远怨矣。"

——《论语·卫灵公》

【释义】孔子说："多责备自己，少责备别人，别人对你的怨恨自然就会少了。"

子曰："君子义以为质，礼以行之，孙以出之，信以成之。君子哉！"

——《论语·卫灵公》

【释义】孔子说："应该以'义'为原则，按'礼'去做事，用谦逊的言语去表达，用诚实的态度去完成，能够做到这些便可以称得上君子了。"

子曰："君子求诸己，小人求诸人。"

——《论语·卫灵公》

【释义】孔子说："君子遇事要求自己，小人却总是苛求别人。"

子贡问曰："有一言而可以终身行之者乎？"子曰："其恕乎！己所不欲，勿施于人。"

——《论语·卫灵公》

【释义】子贡问道："有没有一句可以终身奉行的话呢？"孔子回答："大概是'恕'吧！自己不希望的状况，也不要强加于别人。"

子曰："巧言乱德。小不忍，则乱大谋。"

——《论语·卫灵公》

【释义】孔子说："花言巧语足以败坏道德。小事情不忍耐，便会败坏大事情。"

子曰："众恶之，必察焉；众好之，必察焉。"

——《论语·卫灵公》

【释义】孔子说："大家都厌恶他，一定要去考察；大家都喜爱他，也一定要去考察。"

子曰:"过而不改,是谓过矣。"

——《论语·卫灵公》

【释义】孔子说:"有错误而不改正,那么这个错误便真叫作错误了。"

子曰:"道不同,不相为谋。"

——《论语·卫灵公》

【释义】孔子说:"志向不同,不必共事。"

孔子曰:"益者三友,损者三友。友直,友谅,友多闻,益矣。友便辟,友善柔,友便佞,损矣。"

——《论语·季氏》

【释义】孔子说:"有益的朋友三种,有害的朋友三种。正直的人,信实的人,见闻广博的人,是值得交往的三种益友。谄媚奉承的人,当面恭维背面毁谤的人,夸夸其谈的人,是三种损友。"

孔子曰:"益者三乐,损者三乐。乐节礼乐,乐道人之善,乐多贤友,益矣。乐骄乐,乐佚游,乐晏乐,损矣。"

——《论语·季氏》

【释义】孔子说:"有益的快乐三种,有害的快乐三种。以得到礼乐的调节为快乐,以宣扬别人的好处为快乐,以交了不少有益的朋友为快乐,这是三种有益的快乐;以骄傲为快乐,以游乐为快乐,以饮食荒淫为快乐,这是三种有害的快乐。"

孔子曰:"侍于君子有三愆:言未及之而言谓之躁,言及之而不言谓之隐,未见颜色而言谓之瞽。"

——《论语·季氏》

【释义】孔子说:"与在位之人说话容易犯三种过失:没轮到自己说话,

却先说,叫作急躁;该说话了,却不说,叫作隐瞒;不看别人脸色便贸然开口,叫作瞎眼睛。"

孔子曰:"君子有三戒:少之时,血气未定,戒之在色;及其壮也,血气方刚,戒之在斗;及其老也,血气既衰,戒之在得。"

——《论语·季氏》

【释义】孔子说:"君子有三件事情应该警惕戒备:年轻时,血气未定,不要迷恋女色;壮年时,血气正旺盛,不要好胜喜斗;年老时,血气已经衰弱,不要贪得无厌。"

孔子曰:"生而知之者上也,学而知之者次也;困而学之,又其次也;困而不学,民斯为下矣。"

——《论语·季氏》

【释义】孔子说:"生而知之是最上等,学而知之是次一等;实践中遇见困难,再去学,又再次一等;遇见困难还不学,这就是最下等的了,就没有进步的可能性了。"

孔子曰:"君子有九思:视思明,听思聪,色思温,貌思恭,言思忠,事思敬,疑思问,忿思难,见得思义。"

——《论语·季氏》

【释义】孔子说:"君子有九种考虑:看的时候,要考虑看明白了没有;听的时候,要考虑听清楚了没有;脸上的神色,要考虑是否温和;容貌态度,要考虑庄矜恭敬;说的言语,要考虑是否忠诚老实;对待工作,要考虑是否严肃认真;遇到疑问,要考虑怎样向人家请教;将要发怒了,要考虑有什么后患;看见可得的利益,要考虑我是否应该得到。"

孔子曰:"见善如不及,见不善如探汤。"

——《论语·季氏》

【释义】孔子说："看见善，应该努力追求，好像赶不上似的；遇见恶，应该努力避开，好像将手伸到沸水里一样。"

子张问仁于孔子。孔子曰："能行五者于天下为仁矣。""请问之。"曰："恭，宽，信，敏，惠。恭则不侮，宽则得众，信则人任焉，敏则有功，惠则足以使人。"

——《论语·阳货》

【释义】子张向孔子问仁。孔子说："能够实行五种品德，便是仁人了。"子张道："请问哪五种？"孔子回答说："庄重、宽厚、诚实、勤敏、慈惠。庄重就不致遭受侮辱，宽厚就会得到大众的拥护，诚实就会得到别人的任用，勤敏就会工作效率高、贡献大，慈惠就能够使唤人。"

子曰："乡愿，德之贼也。"

——《论语·阳货》

【释义】孔子说："没有是非的好好先生是足以败坏道德的小人。"

子曰："道听而涂说，德之弃也。"

——《论语·阳货》

【释义】孔子说："从不可靠的地方听到传言就四处传播，这是应该革除的作风。"

子曰："饱食终日，无所用心，难矣哉！不有博弈者乎？为之，犹贤乎已。"

——《论语·阳货》

【释义】孔子说："即使玩一玩掷采下弈的游戏，也比整天吃饱了饭，什么事也不做强。"

子路曰："君子尚勇乎?"子曰："君子义以为上,君子有勇而无义为乱,小人有勇而无义为盗。"

——《论语·阳货》

【释义】子路问道："君子崇尚勇敢吗?"孔子说："君子把义放在优先的位置。有权位的人,只有勇而没有义,就会造反;老百姓只有勇而没有义,就会做土匪强盗。"

子曰："我则异于是,无可无不可。"

——《论语·微子》

【释义】孔子说："我和这些人①不同,我做事情不会拘泥外在的形式,没有一定要做,也没有什么一定不可以做,只要符合道义就可以了。"

①　孔子将自己同伯夷、叔齐、虞仲、夷逸、朱张、柳下惠、少连作对比。

《孟子》

（公孙丑）："敢问何谓浩然之气？"

（孟子）曰："难言也。其为气也，至大至刚，以直养而无害，则塞于天地之间。其为气也，配义与道，无是，馁也。是集义所生者，非义袭而取之也，行有不慊于心，则馁矣……必有事焉，而勿正，心勿忘，勿助长也，无若宋人然。宋人有闵其苗之不长而揠之者，芒芒然归，谓其人曰：'今日病矣，予助苗长矣。'其子趋而往视之，苗则槁矣。天下之不助苗长者寡矣，以为无益而舍之者，不耘苗者也；助之长者，揠苗者也。非徒无益，而又害之。"

——《孟子·公孙丑上》

【释义】公孙丑问孟子："什么是浩然之气？"孟子回答："浩然之气难以描述，这种气最广大、最刚强，充塞于天地之间，必须与义和道相配合，否则就会失去力量。浩然之气的养成，需要日积月累，不是做一两次正义之事就能获得的。但是只要做一次于心有愧的事，它就疲软了……一定要有意识地去培养它，既不能忘记去培养，也不能目的性太强，不能像宋国那个拔苗助长的人那样。浩然之气的生成是一个自然而然的过程，如果拔苗助长，不仅无益，反而会妨害它。"

恻隐之心，仁之端也；羞恶之心，义之端也；辞让之心，礼之端也；是非之心，智之端也。人之有是四端也，犹其有四体也。有是四端而自谓不能者，自贼者也；谓其君不能者，贼其君者也。凡有四端于我者，知皆扩而充之矣，若火之始然,泉之始达。苟能充之,足以保四海;苟不充之,不足以事父母。

——《孟子·公孙丑上》

【释义】孟子认为,同情心是仁的萌芽,羞耻心是义的萌芽,谦让心是礼的萌芽,是非心是智的萌芽。人人都有这四种萌芽,这就好比人有四肢一样,是一件很自然的事情。无视自己拥有的这四种萌芽,认为自己不能把品行修养好的人,是自暴自弃的人;无视自己君主所拥有的这四种萌芽,认为自己的君主不能把品行修养好的人,是伤害君主的人。尽管这四种萌芽人人都有,但是它们却像刚刚燃起的火焰、刚刚流出的泉水一样,必须经过扩大充实才可以发展壮大起来。假若一个人能够扩充自己所拥有的这四种善的萌芽,那么整个天下他都能治理好,如果不知道扩充,那么他连自己的父母也照顾不好。

仁者如射:射者正己而后发;发而不中,不怨胜己者,反求诸己而已矣。

——《孟子·公孙丑上》

【释义】在孟子看来,实行仁义的人应该像比赛射箭的人一样:射箭的人必须先端正自己的姿式然后才开弓;如果没有射中,他不会埋怨那些胜过自己的人,只会反过来审查自己哪里没做好。

孟子曰:"子路,人告之以有过,则喜。禹闻善言,则拜。大舜有大焉,善与人同,舍己从人,乐取于人以为善。自耕稼、陶、渔以至为帝,无非取于人者。取诸人以为善,是与人为善者也。故君子莫大乎与人为善。"

——《孟子·公孙丑上》

【释义】孟子说:"子路,别人把他的错误指点给他,他便高兴。禹听到了有价值的话,就给人敬礼。舜更伟大,他总是抛弃自己的缺点,接受别人的优点,从种庄稼、做瓦器、做渔夫一直到做天子,他一直吸取别人的优点来完善自己。吸取到人的优点以完善自己并去行善,这就是与人为善。君子最大的优点就是与人为善。"

孟子曰："伯夷，非其君，不事；非其友，不友。不立于恶人之朝，不与恶人言；立于恶人之朝，与恶人言，如以朝衣朝冠坐于涂炭。推恶恶之心，思与乡人立，其冠不正，望望然去之，若将浼焉。是故诸侯虽有善其辞命而至者，不受也。不受也者，是亦不屑就已。柳下惠不羞污君，不卑小官；进不隐贤，必以其道，遗佚而不怨，厄穷而不悯。故曰：'尔为尔，我为我；虽袒裼裸裎于我侧，尔焉能浼我哉！'故由由然与之偕而不自失焉，援而止之而止。援而止之而止者，是亦不屑去已。"孟子曰："伯夷隘，柳下惠不恭。隘与不恭，君子不由也。"

——《孟子·公孙丑上》

【释义】孟子说："伯夷，不是他理想的君主不去侍奉，不是他理想的朋友不去结交，不站在坏人的朝廷里，不同坏人说话。站在坏人的朝廷里、同坏人说话，这在伯夷看来，就好比穿戴着礼服礼帽坐在稀泥炭灰上一样，不能忍受。把这种厌恶坏人坏事的心情推广开来，如果同乡下佬站在一块，那人的帽子没有戴正，伯夷便会垮着脸走开，好像自己会被弄脏似的。所以当时的各国君主虽然想任用伯夷，但伯夷却不接受。他之所以不接受，就是因为他自己不屑于去接受。柳下惠却不以侍奉坏君为耻，不以自己官职小而感到自卑。入朝做官，柳下惠不隐藏自己的才能，但一定要按自己的原则办事；不被重用，柳下惠也不怨恨；穷困也不感到忧愁。柳下惠说：'你是你，我是我，你纵然赤身露体站在我身边，怎么能玷污我呢？'所以无论什么人，他都愿意与之相处，不失常态。有人牵住他，叫他留住，他就会留住。柳下惠之所以留下来，是因为他觉得他用不着离开。"对于伯夷和柳下惠的处世方式，孟子都不认可，孟子说："伯夷器量太小，柳下惠不够严肃。器量小和不严肃，都是君子所不认可的处世方式。"

（孟子）曰："曾子曰：'晋楚之富，不可及也；彼以其富，我以吾仁；彼以其爵，我以吾义；吾何慊乎哉？'夫岂不义而曾子言之，是或一道也。天下有达尊三：爵一，齿一，德一。朝廷莫如爵，乡党莫如齿，辅世长民莫如德。恶得有其一,以慢其二哉!"

——《孟子·公孙丑下》

【释义】孟子引用曾子的话说:"晋国和楚国的财富,我们是赶不上的,但他凭他的财富,我凭我的仁;他凭他的爵位,我凭我的义,我又比他少什么呢?"在孟子看来,世间尊贵的东西有三样:爵位、年龄和道德。在朝廷中,先论爵位;在乡党中,先论年龄;辅助君主、治理百姓以道德为上。三者都有价值,不能凭着爵位来侮慢年龄和道德。这段话彰显了孟子在人际交往中的自信,以及作为个体独立的气节与尊严。

孟子自齐葬于鲁,反于齐,止于嬴。充虞请曰:"前日不知虞之不肖,使虞敦匠事。严,虞不敢请。今愿窃有请也,木若以美然。"曰:"古者棺椁无度,中古棺七寸,椁称之,自天子达于庶人,非直为观美也,然后尽于人心。不得,不可以为悦;无财,不可以为悦;得之为有财,古之人皆用之,吾何为独不然? 且比化者,无使土亲肤,于人心独无恔乎? 吾闻之也:君子不以天下俭其亲。"

——《孟子·公孙丑下》

【释义】孟子从齐国运送母亲的遗体到鲁国埋葬后返回齐国,在嬴县停了下来,遇到了为母亲制造棺椁的充虞。充虞问孟子:"前些日子您不知道我缺乏能力,派我监理打造棺椁的事,当时事情匆迫,我不敢请教。现在想冒昧地问一下,为什么要给母亲用那么好的棺木呢?"孟子回答说:"上古对于棺椁的尺寸,没有一定的规矩;到了中古,才规定棺厚七寸,椁的厚度与棺相称。从天子一直到老百姓,讲究棺椁,不单单为了美观,而是只有这样做,才算尽了孝子之心。如果是因为被法度限制而不能用上等木料,如果是因为没有财力而买不起上等木料,总之如果因为这些客观条件的限制而不能让自己称心也就罢了。但是现在客观条件允许,我为什么不给自己的母亲用上好的棺木呢? 而且,只是为了不使死者的遗体挨着泥土,这样做是不能让孝子满意的。我听说的是,在任何情况下,君子都不应当在父母身上省钱。"

古之君子,过则改之;今之君子,过则顺之。古之君子,其过也,如日月之食,民皆见之;及其更也,民皆仰之。今之君子,岂徒顺之,又从为之辞。

——《孟子·公孙丑下》

【释义】孟子认为,古代的君子,有了错误便及时改正;今天的君子,有了错误还将错就错。古代的君子,他的过错,像日食月食一般,老百姓人人都看得到;当他改正时,人人都佩服敬仰。今天的君子,不仅将错就错,还要编造一番道理来为自己的错误辩护。

公孙丑问曰:"仕而不受禄,古之道乎?"曰:"非也。"

——《孟子·公孙丑下》

【释义】公孙丑问孟子:"做官却不受俸禄,合乎古道吗?"孟子说:"不合。"

孟子曰:"亲丧,固所自尽也。"

——《孟子·滕文公上》

【释义】孟子认为,父母去世时,应该把自己对父母的亲情发挥到淋漓尽致。

以顺为正者,妾妇之道也。居天下之广居,立天下之正位,行天下之大道;得志,与民由之;不得志,独行其道。富贵不能淫,贫贱不能移,威武不能屈,此之谓大丈夫。

——《孟子·滕文公下》

【释义】以顺从为最高原则,那是妇人应该遵循的。至于大丈夫,应住在天下最宽广的住宅——"仁",站在天下最正确的位置——"礼",走着天下最光明的大道——"义";得志时,便同老百姓一道这样做;不得志时,一个人也要坚持这样做。能够做到"富贵不能淫,贫贱不能移,威武不能屈",那才称得上大丈夫。

（周霄问曰：）"仕如此其急也,君子之难仕,何也?"

（孟子）曰："丈夫生而愿为之有室,女子生而愿为之有家;父母之心,人皆有之。不待父母之命、媒妁之言,钻穴隙相窥,逾墙相从,则父母国人皆贱之。古之人未尝不欲仕也,又恶不由其道;不由其道而往者,与钻穴隙之类也。"

——《孟子·滕文公下》

【释义】周霄(魏国人)问孟子："君子迫不及待地想做官,但又不轻易做官,是什么道理呢?"孟子回答说:" 男孩一生下来,父母就盼望他早有妻室;女孩一生下来,父母便盼望她有婆家。这是做父母都有的心情,但是若等不及父母之命、媒妁之言,便自己挖墙洞、扒门缝来互相窥望,翻过墙去私奔,那么父母和周围的人都会轻视他。古代的人不是不想做官,但是又讨厌不经由合乎礼义的途径去找官做。用不合乎礼义的途径谋求官职,就和男女挖墙洞、扒门缝去私奔一样。"

孟子曰："非其道,则一箪食不可受于人;如其道,则舜受尧之天下,不以为泰。"

——《孟子·滕文公下》

【释义】孟子说:"如果不符合道义,就是一篮子饭也不能随便接受;如果符合道义,那么舜接受了尧的天下,也不过分。"

（孟子谓戴不胜曰：）"有楚大夫于此,欲其子之齐语也,则使齐人傅诸?使楚人傅诸?"

（戴不胜）曰："使齐人傅之!"

（孟子）曰："一齐人傅之,众楚人咻之,虽日挞而求其齐也,不可得矣;引而置之庄岳之间数年,虽日挞而求其楚,亦不可得矣。"

——《孟子·滕文公下》

【释义】孟子问戴不胜:"楚国有位大夫,希望他儿子会说齐国话,那么找齐国人教呢?还是找楚国人来教呢?"戴不胜回答说:"找齐国人来教。"孟子说:"如果一个齐国人教他,却有许多楚国人在起哄,即使你每天鞭打他,逼他说齐国话,也达不到目的;如果把他带到临淄城里的庄街、岳里住上几年,就是每天鞭打他,逼他说楚国话,那也做不到了。"

孟子曰:"今有人日攘其邻之鸡者,或告之曰:'是非君子之道。'曰:'请损之,月攘一鸡,以待来年,然后已。'如知其非义,斯速已矣,何待来年!"

——《孟子·滕文公下》

【释义】孟子说:"现在有个人每天偷邻居一只鸡,有人告诉他说:'这不是君子之道。'偷鸡的人说:'我先少偷些,每月偷一只,等到明年再完全改正。'如果知道这样做不符合正道,就应该赶快改正,为什么要等到明年呢?"

爱人不亲,反其仁;治人不治,反其智;礼人不答,反其敬。行有不得者,皆反求诸己;其身正,而天下归之。

——《孟子·离娄上》

【释义】与人相处时,做任何事情如果没能达到预期效果都要反省自己的所作所为。亲近别人,别人却不亲近自己,要反省自己对别人是否做到了足够的仁爱;管理别人,却没管理好,要反省自己是否拥有了足够的管理智慧;礼貌待人,却得不到别人的回应,要反省自己是否待人足够恭敬。自己的确端正了,天下的人自会归向他。

夫人必自侮,然后人侮之;家必自毁,而后人毁之;国必自伐,而后人伐之。《太甲》曰:"天作孽,犹可违;自作孽,不可活。"此之谓也。

——《孟子·离娄上》

【释义】人必先有自取侮辱的行为，别人才有机会侮辱他；家内部必先出了问题，别人才有机会毁坏它；国内部必先出现自取讨伐的原因，别人才有机会讨伐它。《尚书·太甲》中所说的"天作孽，犹可违；自作孽，不可活"就是这个意思。

孟子曰："自暴者不可与有言也，自弃者不可与有为也。言非礼义，谓之自暴也；吾身不能居仁由义，谓之自弃也。仁，人之安宅也；义，人之正路也。旷安宅而弗居，舍正路而不由，哀哉！"

——《孟子·离娄上》

【释义】孟子把"仁"看作人最安适的住宅，把"义"看作人应该走的正路，进而把不能居人由义的人比作自暴自弃的人，认为不能指望这样的人能说出有价值的话，做出有价值的事。在孟子看来，背弃了仁义就相当于放着安适的住宅不住、放着正确的道路不走，这是一件很可悲的事情。

孟子曰："道在迩而求诸远，事在易而求诸难。人人亲其亲、长其长，而天下平。"

——《孟子·离娄上》

【释义】孟子说："道明明就在近处，很多人却往往到远处去求；做事情明明有容易的方法，很多人却从难处着手。如果人人都能亲爱自己的父母，尊敬自己的长辈，天下自然就太平了。"

孟子曰："居下位而不获于上，民不可得而治也。获于上有道：不信于友，弗获于上矣。信于友有道：事亲弗悦，弗信于友矣。悦亲有道：反身不诚，不悦于亲矣。诚身有道：不明乎善，不诚其身矣。是故诚者，天之道也；思诚者，人之道也。至诚而不动者，未之有也；不诚，未有能动者也。"

——《孟子·离娄上》

【释义】孟子说："得不到上级信任，就不能够治理好百姓。而要掌握让上级信任自己的方法,就应该首先知道如何取信于朋友;要想知道取信于朋友的方法,就应该首先知道如何取悦父母;取悦父母的方法,就是诚心诚意,反躬自省。要想让自己掌握诚心诚意的方法,首先就要明白什么是善。诚,就是天道,思考如何达到'诚',就是人道。诚心诚意却还不能打动别人的,没有这样的事;不诚心诚意,就不可能打动别人。"

孟子曰:"存乎人者,莫良于眸子。眸子不能掩其恶。胸中正,则眸子了焉;胸中不正,则眸子眊焉。听其言也,观其眸子,人焉廋哉!"

——《孟子·离娄上》

【释义】孟子说:"观察一个人,最好是观察他的的眼睛。心正,眼睛就明亮;心不正,眼睛就昏暗。听一个人说话的时候,注意观察他的眼睛,这人的善恶就无处隐藏了。"

孟子曰:"恭者不侮人,俭者不夺人。"

——《孟子·离娄上》

【释义】孟子说:"懂得恭敬的人不会侮辱别人,有节俭美德的人不会掠夺别人。"

淳于髡曰:"男女授受不亲,礼与?"孟子曰:"礼也。"曰:"嫂溺,则援之以手乎?"曰:"嫂溺不援,是豺狼也。男女授受不亲,礼也;嫂溺,援之以手者,权也。"

——《孟子·离娄上》

【释义】淳于髡问:"男女之间,不亲手递接东西,这是礼制吗?"孟子回答:"是礼制。"淳于髡接着问:"那假若嫂子掉在水里,应该用手去拉她吗?"孟子说:"嫂子掉进水里,不去拉她,这是豺狼。男女之间不亲手递接,这是正常的礼制;嫂子掉进水里,用手去拉她,这是变通的办法。"

公孙丑曰："君子之不教子，何也？"孟子曰："势不行也。教者必以正；以正不行，继之以怒，继之以怒，则反夷矣。'夫子教我以正，夫子未出于正也。'则是父子相夷也。父子相夷，则恶矣。古者易子而教之。父子之间不责善，责善则离，离则不祥莫大焉。"

——《孟子·离娄上》

【释义】公孙丑问孟子："君子为什么不亲自教育自己的孩子呢？"孟子回答说："亲自教育自己的孩子行不通。因为教育一定要讲正理，讲正理孩子不听，父亲就容易发怒。一发怒，就伤害了父子之间的感情。孩子会说：'您用正理教育我，可是您的行为却不合乎正理。'父子间互伤感情，这很不好。所以古时候人们交换小孩来教育，这样可以避免父子之间因求好而互相责备的局面，可以避免父子之间的隔阂。"

子曰："事，孰为大？事亲为大。守，孰为大？守身为大。不失其身而能事其亲者，吾闻之矣；失其身而能事其亲者，吾未之闻也。孰不为事？事亲，事之本也。孰不为守？守身，守之本也。曾子养曾皙，必有酒肉；将彻，必请所与；问'有余？'必曰'有。'曾皙死，曾元养曾子，必有酒肉；将彻，不请所与；问'有余？'曰：'亡矣。'将以复进也。此所谓养口体者也。若曾子，则可谓养志也。事亲若曾子者，可也。"

——《孟子·离娄上》

【释义】孟子说："侍奉谁最重要？侍奉父母最重要。守护什么最重要？守护自身最重要。不丧失自身又能侍奉自己父母的人，我听说过；丧失自身还能侍奉自己父母的人，我没听说过。侍奉父母，守护自己的节操，这是做人做事的根本。曾子奉养曾皙，每餐必定有酒和肉，将要撤去时必定请示要把剩下的给谁，如果曾皙询问有没有多余的，曾子必定说有。曾皙去世，曾元奉养曾子，每餐必定有酒和肉，将要撤去时不再请示要把剩下的给谁，如果曾子询问有没有多余的，曾元就说没有了，目的是把剩下的饭菜，下次再拿来使用。曾元的做法叫作口体之养，像曾子那样才可称为顺从亲意之养。

侍奉父母应该像曾子那样。"

孟子曰："有不虞之誉，有求全之毁。"

——《孟子·离娄上》

【释义】孟子说："有意想不到的赞誉，也有苛求完美的诽谤。"

孟子曰："人之患在好为人师。"

——《孟子·离娄上》

【释义】孟子说："人的毛病在于喜好充当他人的老师。"

乐正子从于子敖之齐。乐正子见孟子。孟子曰："子亦来见我乎？"曰："先生何为出此言也？"曰："子来几日矣？"曰："昔者。"曰："昔者，则我出此言也，不亦宜乎？"曰："舍馆未定。"曰："子闻之也，舍馆定，然后求见长者乎？"曰："克有罪。"

——《孟子·离娄上》

【释义】乐正子跟随王子敖到了齐国。乐正子去见孟子。孟子问："你还知道来看我啊？"乐正子答道："老师为什么说这样的话呢？"孟子问："你来了几天了？"答道："昨天。"孟子说："昨天，那么我说这样的话不应该吗？"乐正子说："住所没有找好。"孟子说："你听说过要先找好住所再来求见长辈的道理吗？"乐正子说："我错了。"

孟子曰："非礼之礼，非义之义，大人弗为。"

——《孟子·离娄下》

【释义】孟子说："似是而非的礼，似是而非的义，有德行的人是不干的。"

孟子曰："人有不为也，而后可以有为。"

——《孟子·离娄下》

【释义】孟子说:"人要有所不为,才能有所作为。"

孟子曰:"言人之不善,当如后患何!"

——《孟子·离娄下》

【释义】说别人的坏话,由此带来后患怎么办呢?

孟子曰:"仲尼不为已甚者。"

——《孟子·离娄下》

【释义】孟子评价孔子说:"孔子做事恰如其分,不会做太过分的事。"

孟子曰:"大人者,言不必信,行不必果,惟义所在。"

——《孟子·离娄下》

【释义】孟子说:"有德行的人,说话不一定非要句句守信,行为不一定非要贯彻始终,只要与义同在,依义而行就可以了。"

子曰:"大人者,不失其赤子之心者也。"

——《孟子·离娄下》

【释义】孟子说:"有德行的人,能够始终保持一颗天真纯朴的童心。"

孟子曰:"言无实不祥。"

——《孟子·离娄下》

【释义】孟子说:"说话空洞无物,不解决任何问题,这很不好。"

声闻过情,君子耻之。

——《孟子·离娄下》

【释义】自己的名声超过自己的实际情况,君子以之为耻。

孟子曰："人之所以异于禽兽者几希，庶民去之，君子存之。舜明于庶物，察于人伦，由仁义行，非行仁义也。"

——《孟子·离娄下》

【释义】孟子说："人和禽兽的区别并不大（就在于有没有道德），普通人践履道德的意识低，君子践履道德的意识高。舜明察人伦物理，把仁义当作目的，而不是把仁义当成满足个人私利的工具和手段。"

孟子曰："西子蒙不洁，则人皆掩鼻而过之；虽有恶人，齐戒沐浴，则可以祀上帝。"

——《孟子·离娄下》

【释义】孟子说："如果西施身上沾染了肮脏，别人走过的时候，也会捂着鼻子；即使面貌丑陋的人，如果他斋戒沐浴，也可以祭祀上帝。"

孟子曰："君子所以异于人者，以其存心也。君子以仁存心，以礼存心。仁者爱人，有礼者敬人。爱人者，人恒爱之；敬人者，人恒敬之。有人于此，其待我以横逆，则君子必自反也：我必不仁也，必无礼也；此物奚宜至哉！其自反而仁矣，自反而有礼矣，其横逆由是也，君子必自反也：我必不忠。自反而忠矣，其横逆由是也，君子曰：'此亦妄人也已矣！如此，则与禽兽奚择哉！于禽兽又何难焉！'"

——《孟子·离娄下》

【释义】孟子说："君子和一般人不同的地方，就在于居心不同。君子应该把仁和礼放在自己的心里。有仁心的人爱别人，重视礼的人尊敬别人。爱别人的人，别人便会爱他；尊敬别人的人，别人也会尊敬他。假如有个人，对我蛮横无礼，作为君子，我会反省自己：一定是因为我不够仁，不够有礼，不然他怎么会拿这种态度对待我呢？经过反省，我发现自己做到了仁和礼，但是那个人还是对我蛮横无礼，作为君子，我会进一步自我反省：一定是因为我在仁和礼方面做得还不够尽力。经过反省，我觉得我尽力了，但是那人仍然对我蛮横无礼。这时,君子就会说:'这不过是个不讲理的妄人罢了,这种人和禽兽有什么区别呢? 对于禽兽我又有什么好责备的呢?'"

孟子曰:"世俗所谓不孝者五:惰其四支,不顾父母之养,一不孝也;博弈好饮酒,不顾父母之养,二不孝也;好货财,私妻子,不顾父母之养,三不孝也。从耳目之欲,以为父母戮,四不孝也;好勇斗狠,以危父母,五不孝也。"

——《孟子·离娄下》

【释义】孟子说:"不孝的行为有五种:四肢不勤,不赡养父母,一不孝;好下棋喝酒,不赡养之母,二不孝;好钱财,偏爱妻室儿女,不赡养父母,三不孝;纵耳目的欲望,使父母蒙受羞辱,四不孝;逞勇敢好打架,连累父母,五不孝。"

万章曰:"父母使舜完廪,捐阶,瞽瞍焚廪。使浚井,出,从而掩之。象曰:'谟盖都君咸我绩,牛羊父母,仓廪父母,干戈朕,琴朕,弤朕,二嫂使治朕栖。'象往入舜宫,舜在床琴。象曰:'郁陶思君尔。'忸怩。舜曰:'惟兹臣庶,汝其于予治。'不识舜不知象之将杀己与?"

曰:"奚而不知也? 象忧亦忧,象喜亦喜。"

曰:"然则舜伪喜者与?"

曰:"否。昔者有馈生鱼于郑子产,子产使校人畜之池。校人烹之,反命曰:'始舍之,圉圉焉;少则洋洋焉;攸然而逝。'子产曰:'得其所哉! 得其所哉!'校人出,曰:'孰谓子产智? 予既烹而食之,曰:得其所哉,得其所哉。'故君子可欺以其方,难罔以非其道。彼以爱兄之道来,故诚信而喜之,奚伪焉?"

——《孟子·万章上》

【释义】万章问:"舜的父母打发舜去修缮谷仓,等舜上了屋顶,便抽去梯子,他父亲瞽瞍还放火焚烧那谷仓,幸而舜设法逃了下来了。于是舜的父亲又打发舜去淘井,接着用土填塞井口。舜的兄弟象说:'谋害舜都是我的功劳,牛羊分给父母,仓廪分给父母,干戈归我,琴归我,弤弓归我,两位嫂嫂替我铺床叠被。'这件事发生后,象再见到舜时,对舜假惺惺地表示思念之情,舜说:'我想念着这些臣下和百姓,你替我管理管理吧!'难道舜不知道象曾经要杀他吗?"

孟子答道:"怎么会不知道呢? 但是象是舜的弟弟,象忧愁,舜也忧愁;象高兴,舜也高兴。"

万章说:"那么舜的高兴是假装的吗?"

孟子回答说:"不是。(孟子接着给万章讲了子产的故事)从前有一个人送条活鱼给郑国的子产,子产便让主管池塘的人畜养起来,那人却把子产的鱼煮着吃了,然后报告子产说:'刚放在池塘里,它还要死不活的;一会儿,摇摆着尾巴活动起来了,突然间远远地不知去向。'子产说:'它到了它该去的好地方呀!'偷吃鱼的人出来后说道:'谁说子产聪明,我已经把那条鱼煮着吃了,他还说:'到了它该去的好地方呀'(讲完这个故事,孟子接着对万章解释舜的行为)对于君子,可以用合乎人情的方法来欺骗他,但是不能用违反道理的诡诈欺骗他。象既然假装着敬爱兄长的样子来,弟弟思念哥哥是人之常情,所以舜相信了他,舜不是假装的。"

万章问曰:"敢问友。"

孟子曰:"不挟长,不挟贵,不挟兄弟而友;友也者,友其德也,不可以有挟也。"

——《孟子·万章下》

【释义】万章问孟子交朋友的原则。孟子回答说:"交朋友不要倚仗自己年纪大,不要倚仗自己地位高,不要倚仗自己兄弟的富贵。要因为对方的品德而与对方交朋友,心中不能有所倚仗。"

万章问曰:"敢问交际,何心也?"孟子曰:"恭也。"

——《孟子·万章下》

【释义】万章问孟子与人交往的时候应该存什么心？孟子回答说："应该存恭敬的心。"

孟子曰："牛山之木尝美矣，以其郊于大国也，斧斤伐之，可以为美乎？是其日夜之所息，雨露之所润，非无萌蘖之生焉，牛羊又从而牧之，是以若彼濯濯也。人见其濯濯也，以为未尝有材焉，此岂山之性也哉？虽存乎人者，岂无仁义之心哉？其所以放其良心者，亦犹斧斤之于木也。旦旦而伐之，可以为美乎？其日夜之所息，平旦之气，其好恶与人相近也者几希，则其旦昼之所为，有梏亡之矣。梏之反复，则其夜气不足以存；夜气不足以存，则其违禽兽不远矣。"

——《孟子·告子上》

【释义】孟子说："牛山的树木曾经很茂盛，但是因为长在大都市的郊外，经常被斧子砍伐，当然，它日日夜夜在生长着，被雨水露珠滋润着，也有新条嫩芽生长出来，但是紧跟着放羊牧牛的又来了，正是因为这些原因，牛山才变成现在光秃秃的样子。大家看见它光秃秃的样子，便认为牛山是从来不长树的荒山，难道这真的是牛山的本性吗？人的品德修养也是这样，某些人丧失掉良心的过程正和树木被斧子砍伐的过程一样，夜里经过反省产生的善念不断地被第二天的所作所为消灭掉，这样反复地消灭，那么善念也就没有存在的可能性了。善念不存在，便离禽兽不远了。"

有天下易生之物也，日暴之，十日寒之，未有能生者也。

——《孟子·告子上》

【释义】即使天下最容易生长的植物，晒它一天，再冻它十天，也不可能生长起来。

今夫弈之为数，小数也；不专心致志，则不得也。弈秋，通国之善弈者也。使弈秋诲二人弈，其一人专心致志，惟弈秋之为听。一人虽听之，一心以为鸿鹄将至,思援弓缴而射之,虽与之俱学,弗若之矣。为是其智弗若与?曰:非然也。

——《孟子·告子上》

【释义】譬如下棋,这只是小技艺,如果不一心一意,也不可能学好。弈秋是全国的下棋圣手。假使他教导两个人,一个人一心一意,专心听从弈秋的教导;而另一个人,虽然看起来也在听,但是心里却想着天鹅飞来的时候要用弓箭去射它,这样三心二意,成绩一定不如前一个人好,这是因为他的才智不如人家吗? 不是的。

孟子曰:"鱼,我所欲也,熊掌亦我所欲也;二者不可得兼,舍鱼而取熊掌者也。生亦我所欲也,义亦我所欲也;二者不可得兼,舍生而取义者也。"

——《孟子·告子上》

【释义】孟子说:"鱼是我想要的,熊掌也是我想要的;当二者不能同时得到的时候,舍弃鱼而选择熊掌。生存是我想要的,道义也是我想要地;当二者不能同时得到的时候,选择道义而舍弃生存。"

孟子曰:"仁,人心也;义,人路也。舍其路而弗由,放其心而不知求,哀哉! 人有鸡犬放,则知求之;有放心而不知求。学问之道无他,求其放心而已矣。"

——《孟子·告子上》

【释义】孟子把"仁"与"义"的关系,比喻成"心"与"路"的关系,有些人放弃了"义"这条正路而不走,丢失了自己善良的本心而不知道去找回,是一件很可悲的事情。现在的人,家里丢了一只鸡或一只狗,还知道去找一找,但是做人的根本——良心丢掉的时候,却无动于衷,不知道去找,这是多么荒诞的一件事啊! 孟子告诫说:"学问之道没其他的,就是把丧失了的良心找回来罢了。"

孟子曰："今有无名之指屈而不信,非疾痛害事也,如有能信之者,则不远秦、楚之路,为指之不若人也。指不若人,则知恶之;心不若人,则不知恶,此之谓不知类也。"

——《孟子·告子上》

【释义】孟子说："现在的人有个无名指弯曲伸不直,算不上病痛,也不妨碍做事,但是如果他知道有人能医好他的手指头,那么即使大夫在秦国、楚国那么远的地方,他也一定会去治疗。他这么做是因为觉得自己的手指头长得没有别人的好。无名指不如别人,还知道去治疗;良心不如别人了,却不知道嫌恶,这就叫作不知轻重。"

孟子曰："有天爵者,有人爵者。仁义忠信,乐善不倦,此天爵也;公卿大夫,此人爵也。古之人修其天爵,而人爵从之。今之人修其天爵,以要人爵;既得人爵,而弃其天爵,则惑之甚者也,终亦必亡而已矣。"

——《孟子·告子上》

【释义】孟子说："有天爵,有人爵。仁爱正义、忠诚守信,乐于善行而不感到厌倦,这是天爵;公、卿、大夫,这是人爵。古时候的人追求天爵,人爵便随之而来;现今的人追求天爵的目的是获得人爵,一旦得到了人爵就抛弃了天爵,真是太糊涂了,这样做最终也一定会失去人爵。"

《诗》云："既醉以酒,既饱以德。"言饱乎仁义也,所以不愿人之膏粱之味也;令闻广誉施于身,所以不愿人之文绣也。

——《孟子·告子上》

【释义】《诗经》说："酒已经醉了,德已经饱了。"这是说拥有仁义已经很富足了,就不必羡慕别人的肥肉细米了;人人都晓得的好名声在我身上,也就不必羡慕别人的绣花衣裳了。

孟子曰："仁之胜不仁也,犹水胜火。今之为仁者,犹以一杯水救一车薪之火也;不熄,则谓之水不胜火,此又与于不仁之甚者也,亦终必亡而已矣。"

——《孟子·告子上》

【释义】孟子说:"仁能胜过不仁,就像水可以扑灭火一样,是真理。但是如今行仁的人,对仁没有信心,是因为他们行仁的过程就好像用一杯水来救一车木柴的火焰一样,火焰不熄灭,只能说明水太少了,不能说明水不能扑灭火。如果行仁的人不能从仁义不够这个角度去思考问题,那这和不仁的人就一样了,仁德也会从他们身上消失的。"

尧舜之道,孝悌而已矣。

——《孟子·告子下》

【释义】尧舜之道可以归结为孝悌之道。

子服尧之服,诵尧之言,行尧之行,是尧而已矣。子服桀之服,诵桀之言,行桀之行,是桀而已矣。

——《孟子·告子下》

【释义】人格修养的高低取决于自己的选择,你穿尧的衣服,说尧的话,做尧所做的事,那就可以成为尧那样的人;反之,你穿桀的衣服,说桀的话,做桀所做的事,那就会变成桀那样的人。

亲之过大而不怨,是愈疏也;亲之过小而怨,是不可矶也。愈疏,不孝也;不可矶,亦不孝也。

——《孟子·告子下》

【释义】孟子认为,父母的过错大,却不抱怨,这实际上是疏远父母的表现;父母的过错小,却去抱怨,这是不该发怒却发怒。疏远父母是不孝,因为父母的小过错而向父母发怒也是不孝。

孟子曰:"舜发于畎亩之中,傅说举于版筑之间,胶鬲举于鱼盐之中,管夷吾举于士，孙叔敖举于海，百里奚举于市。故天将降大任于是人也，必先苦其心志，劳其筋骨，饿其体肤，空乏其身，行拂乱其所为，所以动心忍性，曾益其所不能。人恒过，然后能改；困于心，衡于虑，而后作；征于色，发于声，而后喻。入则无法家拂士，出则无敌国外患者，国恒亡。然后知生于忧患而死于安乐也。"

——《孟子·告子下》

【释义】孟子通过列举舜、傅说、胶鬲、管仲、孙叔敖、百里奚六位历史名人的奋斗历程，说明了磨难对提升人能力与修养的作用，从而得出"生于忧患、死于安乐"的论点。"舜从田野之中兴起，傅说从筑墙的工作中被提举出来，胶鬲从鱼盐的工作中被提举出来，管夷吾从狱官的手里被释放而提举出来，孙叔敖从海边被提举出来，百里奚从买卖场所被提举出来。所以天将要把重大的任务降落到某人身上，一定要先使他的内心痛苦，使他的筋骨劳累，使他经受饥饿，以致肌肤消瘦，使他受贫困之苦，他的行为总是不能如意，这样，便可以震动他的心意，坚韧他的性情，增加他的能力。一个人，错误常常发生，才能改正；心意困苦，思虑阻塞，才能有所愤发而创造；表现在面色上，吐发在言语中，才能被人了解。一个国家，国内没有有法度的大臣和足为辅弼的士子，国外没有相与抗衡的邻国和外患，往往容易亡国，这样人们才会明白，忧患可以使人生存，而安逸享乐使人死亡。"

孟子曰："尽其心者，知其性也。知其性，则知天矣。存其心，养其性，所以事天也。夭寿不贰，修身以俟之，所以立命也。"

——《孟子·尽心上》

【释义】孟子说："把良心充分发挥出来，就是懂得了人的本性。懂得了人的本性，就懂得天命了。保持人的良心，培养人的本性，就是对待天命的方法。不管寿命长短，都不三心二意，只是修养身心以等待天命，这就是安身立命的方法。"

孟子曰："莫非命也,顺受其正。是故知命者不立乎岩墙之下。尽其道而死者,正命也;桎梏死者,非正命也。"

——《孟子·尽心上》

【释义】孟子说:"懂得命运的人不会站在有倾倒危险的墙壁之下。尽力行道但仍不能避开的死亡是正命,而因为犯罪而死的人所受的就不是正命。"

孟子曰:"求则得之,舍则失之,是求有益于得也,求在我者也。求之有道,得之有命,是求无益于得也,求在外者也。"

——《孟子·尽心上》

【释义】孟子说:"追求就会得到,放弃就得不到,这就是'求在我者';可以按一定方式去追求,但最终结果却与这种追求的行为没有必然关系,这就是'求在外者'。"

终身由之而不知其道者,众也。

——《孟子·尽心上》

【释义】在孟子看来,普通人只知道做事,却不知道去思索为何要这样做。

孟子曰:"人不可以无耻。"

——《孟子·尽心上》

【释义】孟子说:"人不能没有羞耻心。"

孟子曰:"不耻不若人,何若人有?"

——《孟子·尽心上》

【释义】孟子说:"不以赶不上别人为羞耻的人,永远赶不上别人。"

孟子曰:"人知之,亦嚣嚣;人不知,亦嚣嚣。"

(宋勾践)曰:"何如斯可以嚣嚣矣?"

曰:"尊德乐义,则可以嚣嚣矣。故士穷不失义,达不离道。穷不失义,故士得己焉;达不离道,故民不失望焉。古之人,得志,泽加于民;不得志,修身见于世。穷则独善其身,达则兼善天下。"

——《孟子·尽心上》

【释义】孟子认为,不管别人是否理解自己,都应该自得其乐。怎样才能做到自得其乐呢?无论在什么样的处境之下都能做到崇尚德与义,便可以做到自得其乐了。孟子认为,穷则独善其身,达则兼善天下,是古代贤人为我们做出的榜样,值得效仿。

孟子曰:"人之有德慧术知者,恒存乎疢疾。独孤臣孽子,其操心也危,其虑患也深,故达。"

——《孟子·尽心上》

【释义】孟子说:"人之所以有道德、智慧、本领、知识,往往是因为他们的生活中有灾患。例如,那些被孤立的大臣,那些非嫡妻所生的庶子,因为处境不好,需要时常保持警惕,进行周全的考虑,所以这些人也往往比普通人更通达事理。"

父母俱存,兄弟无故,一乐也;仰不愧于天,俯不怍于人,二乐也;得天下英才而教育之,三乐也。

——《孟子·尽心上》

【释义】人生有三种快乐:父母健康,兄弟没有灾祸,是人生的第一种快乐;做人无愧于天地,是人生的第二种快乐;有教育优秀人才的机会,是人生的第三种快乐。

君子所性,仁、义、礼、智根于心。其生色也睟然,见于面、盎于背、施于四体,四体不言而喻。

——《孟子·尽心上》

【释义】人的内在道德修养会显现于外在容貌举止中,当仁义礼智根植于心中时,就会表现于颜面,反映于肩背,以至于手足四肢。在举手投足间,不需要说话,别人就能感受到这是一个具备了仁义礼智四种美好德性的人。

孟子曰:"鸡鸣而起,孳孳为善者,舜之徒也;鸡鸣而起,孳孳为利者,跖之徒也。欲知舜与跖之分,无他,利与善之间也。"

——《孟子·尽心上》

【释义】孟子说:"努力追求善的人就是舜一类的人,努力追求利的人就是跖一类的人,他们之间的区别就在于人生志向的不同。"

执中无权,犹执一也。所恶执一者,为其贼道也,举一而废百也。

——《孟子·尽心上》

【释义】如果希望按照中庸之道做事,但是却不懂得变通,那就背离了中庸之道,同样是执着于一端。之所以厌恶执着于一端,因为那是"贼道",该道仅仅坚持一点而对其他一切不管不顾。

孟子曰:"君子之所以教者五:有如时雨化之者,有成德者,有达财者,有答问者,有私淑艾者。此五者,君子之所以教也。"

——《孟子·尽心上》

【释义】孟子说:"君子教育人的方式有五种,有像及时雨那样教育的,有成全德行的,有通达才能的,有解答疑问的,有以自身的善行来让他人学习的。"

孟子曰:"天下有道,以道殉身;天下无道,以身殉道;未闻以道殉乎人者也。"

——《孟子·尽心上》

【释义】孟子说："政治清明的时候，君子就会身体力行地去施行仁道；政治黑暗、没有机会践行仁道的时候，君子便不惜为道而死。要么施行道，要么为道而死，还从来没有听说过让'道'迁就人的事情。"

孟子曰："君子之物也，爱之而弗仁；于民也，仁之而弗亲。亲亲而仁民，仁民而爱物。"

——《孟子·尽心上》

【释义】孟子认为仁爱的对象尽管很广泛，不仅爱亲人，也爱其他人，不仅爱人而且爱物。但是爱的程度又是有差别的，爱亲人、爱别人、爱物的程度是不一样的。"君子对于万物，爱惜它，但谈不上仁爱；对于百姓，仁爱，但谈不上亲爱。亲爱亲人而仁爱百姓，仁爱百姓而爱惜万物。"

孟子曰："尽信《书》，则不如无《书》。"

——《孟子·尽心下》

【释义】孟子说："如果完全相信《书》，那还不如没有《书》。"

孟子曰："吾今而后知杀人亲之重也：杀人之父，人亦杀其父；杀人之兄，人亦杀其兄。然则非自杀之也，一间耳。"

——《孟子·尽心下》

【释义】孟子说："我现在知道了杀戮别人的亲人会得到很严重的报复：杀了别人的父亲，别人也会杀他的父亲；杀了别人的哥哥，别人也会杀他的哥哥。那么虽然自己的父亲和哥哥不是被自己杀掉的，但实际上和自己亲手去杀也相差不远了。"

孟子曰："身不行道，不行于妻子；使人不以道，不能行于妻子。"

——《孟子·尽心下》

【释义】孟子说："一个人如果自己不能依道而行,那么让自己的老婆孩子依道而行是不可能的事。一个人如果不能以道役使别人,那么连自己的老婆孩子也不会听他的。"

孟子曰:"仁也者,人也。合而言之,道也。"

——《孟子·尽心下》

【释义】孟子说："仁的意思就是人,仁与人合并起来说,便是道。"

貉稽曰:"稽大不理于口。"孟子曰:"无伤也。士憎兹多口。"

——《孟子·尽心下》

【释义】貉稽说："我被人家说得很坏。"孟子说："没有关系,士厌恶那些七嘴八舌的人。"

孟子曰:"贤者以其昭昭使人昭昭,今以其昏昏使人昭昭。"

——《孟子·尽心下》

【释义】孟子说："贤人必先使自己彻底明白了,然后才去使别人明白;现在的人自己还模模糊糊,却妄图用这些模模糊糊的东西去使别人明白。"

孟子曰:"言近而指远者,善言也;守约而施博者,善道也。君子之言也,不下带而道存焉;君子之守,修其身而天下平。人病舍其田而芸人之田;所求于人者重,而所以自任者轻。"

——《孟子·尽心下》

【释义】孟子说："言语浅近,意义却深远的,这就是有价值的语言;操作简单,效果却广大,这就是掌握了做事的有效路径。君子的言语,讲的虽是平常的事,但是'道'却蕴含其中;君子的操守,从修养自己开始,然后去影响别人,从而使天下太平。有些人的毛病就在于放弃自己的田地,却去替别人耘田;要求别人很多,要求自己承担的却很少。"

孟子曰："哭死而哀，非为生者也。经德不回，非以干禄也。言语必信，非以正行也。君子行法，以俟命而已矣。"

——《孟子·尽心下》

【释义】孟子说："哭死者而悲哀，不是做给生者看的。依德而行，不违背礼，不是为了谋求官职。言语一定信实，不是为了使人知道我的行为端正。君子依法度而行，至于结果如何，就等待命运的安排罢了。"

孟子曰："养心莫善于寡欲。其为人也寡欲，虽有不存焉者，寡矣；其为人也多欲，虽有存焉者，寡矣。"

——《孟子·尽心下》

【释义】孟子说："修养心性最好的方法就是减少欲望。一个欲望不多的人即使善性有所丧失，也不会丧失太多；反之，一个欲望很多的人，善性即使有所保存，也不会保存太多。"

（万章）曰："何如斯可谓之乡原矣？"

（孟子）曰："阉然媚于世也者，是乡原也。"

万子曰："一乡皆称原人焉，无所往而不为原人，孔子以为德之贼，何哉？"

曰："非之无举也，刺之无刺也，同乎流俗，合乎污世，居之似忠信，行之似廉洁，众皆悦之，自以为是，而不可与入尧舜之道，故曰'德之贼'也。"

——《孟子·尽心下》

【释义】万章问："什么样的人可以称为乡原（好好先生）呢？"孟子回答说："八面玲珑，四方讨好的人就是乡原。"万章说："全乡的人都说他是老好人，他也到处表现出是一个老好人，孔子竟视他为贼害道德的人，为什么呢？"孟子回答："这种人，你要指责他，却又举不出什么大错误来；要责骂他，却也无可责骂，他只是同流合污，为人好像忠诚老实，行为好像方正廉洁，大家也都喜欢他，他自己也认为自己正确，但实际上却与尧舜之道完全违背，这种人就是贼害道德的人。"

《荀子》

　　学不可以已。青，取之于蓝而青于蓝；冰，水为之而寒于水。木直中绳，輮以为轮，其曲中规，虽有槁暴，不复挺者，輮使之然也。故木受绳则直，金就砺则利，君子博学而日参省乎己，则知明而行无过矣。故不登高山，不知天之高也；不临深谿，不知地之厚也；不闻先王之遗言，不知学问之大也。干、越、夷、貉之子，生而同声，长而异俗，教使之然也。

——《荀子·劝学》

　　【释义】 学习是没有止境的。靛青是从蓼蓝中提炼出来的，但比蓼蓝还青；冰是由水凝固而成的，但比水更寒冷。木材本来笔直得合于绳墨，但是将它烘烤弯曲做成车轮，其曲度也能合于圆规的要求，即使再经过火烤暴晒，也不能伸直了，这是因为烘烤弯曲使它这样啊。所以木材打上墨线加工后才能变直，金属在磨刀石上磨过才锋利，君子只有通过广博地学习而又每天多次反省自己，才能智慧通达，避免行为中的过错。如果从来都没有登过高山，就不可能知道天有多高；如果从来不曾亲临深渊，就不可能知道地有多厚；如果从来没有聆听过前代圣王的遗言，就不可能知道知识的渊博。吴国、越国、夷族、貉族的孩子，生下来哭声相同，长大了习俗却不一样，这都是因为后天所受教育不同的缘故。

　　南方有鸟焉，名曰蒙鸠，以羽为巢，而编之以发，系之苇苕，风至苕折，卵破子死。巢非不完也，所系者然也。西方有木焉，名曰射干，茎长四寸，生于高山之上,而临百仞之渊,木茎非能长也,所立者然也。蓬生麻中,不扶而直;白沙在涅,与之俱黑。兰槐之根是为芷,其渐之滫,君子不近,庶人不服。其质非不美也,所渐者然也。故君子居必择乡,游必就士,所以防邪辟而近中正也。

——《荀子·劝学》

【释义】南方有一种叫蒙鸠的鸟,它用羽毛筑巢,用毛发将巢编织起来,系在芦苇上,一阵风吹来,苇条折断,造成了卵破子死的悲惨结局。这不是因为它的巢不完善,而是它把巢系错了地方。西方有一种草,名字叫作射干,虽然它的茎只有四寸长,但是因为生在高山之上,也能够获得俯临百丈深渊的视野,这并非因为它的茎自己长得高,而是因为它站对了地方。蓬蒿生长在麻中,不需要扶持就能自然挺直;洁白的沙子掺和在黑土中,就会变得和黑土一样黑。兰槐的根叫作芷,本来很香,但是如果把它浸泡在尿中,君子不会接近它,百姓也不会佩带它。所以君子应该待在有利于提升自身修养的地方,一定要与贤士结交,这是为了让自己离邪僻远一些,而离中正之道近一些。

物类之起,必有所始。荣辱之来,必象其德。肉腐出虫,鱼枯生蠹。怠慢忘身,祸灾乃作。强自取柱,柔自取束。邪秽在身,怨之所构。施薪若一,火就燥也;平地若一,水就湿也。草木畴生,禽兽群焉,物各从其类也。是故质的张而弓矢至焉,林木茂而斧斤至焉,树成阴而众鸟息焉,醯酸而蚋聚焉。故言有召祸也,行有招辱也,君子慎其所立乎!

——《荀子·劝学》

【释义】各类事物的兴起,必定有它的起因。荣誉和耻辱的到来,必定与它的品德相一致。肉腐臭了就会生蛆,鱼干枯了就会生虫。懈怠散漫而忘掉自身,灾祸就会发生。刚强的东西容易折断,柔弱的东西容易受约束。邪恶污秽集于一身,就会招致怨恨。干与湿的柴草堆放在一起,看起来一样,但是火总会向有干草的地方烧去;地面看起来十分的平整,但是水总会向潮湿的方向流去。草木丛生,禽兽群居,万物总是与它们的同类生活在一起。哪里有靶子,弓箭就会射向哪里;哪里林木繁茂,斧头就会砍伐到哪里;哪里树木成荫,众鸟就会栖息在哪里;哪里的醋酸了,蚋蠓就会聚集在哪里。所以说话有时会招来祸患,行为有时会招来耻辱,君子一定要谨慎自己的立身处世啊!

积土成山,风雨兴焉;积水成渊,蛟龙生焉;积善成德,而神明自得,圣心备焉。故不积跬步,无以至千里;不积小流,无以成江海。骐骥一跃,不能十步;驽马十驾,功在不舍。锲而舍之,朽木不折;锲而不舍,金石可镂。蚓无爪牙之利,筋骨之强,上食埃土,下饮黄泉,用心一也。蟹六跪而二螯,非蛇鳝之穴无可寄托者,用心躁也。是故无冥冥之志者,无昭昭之明;无惛惛之事者,无赫赫之功。行衢道者不至,事两君者不容。目不能两视而明,耳不能两听而聪。螣蛇无足而飞,鼫鼠五技而穷……故君子结于一也。

——《荀子·劝学》

【释义】堆积泥土形成高山,风雨就会在那里兴起;汇积水流形成深渊,蛟龙就会在那里生长;积累善行养成高尚的品德,就会通于神明,也就具备了圣人的精神境界。不从一步步开始积累,就不能到达千里;不聚积起小的水流,就不能汇成江海。千里马一跃,不能超过十步;劣马跑上十天也能到达千里,它的成功在于不放弃。用刀刻东西,如果一会儿就停止,就是朽木也不能刻断;如果不停地刻下去,那么金石也能刻透。蚯蚓没有锐利的爪牙和强壮的筋骨,但上能吃到泥土,下能喝到泉水,这是因为它用心专一的缘故。螃蟹有八只足和两只螯,但如果找不到蛇、鳝的洞穴就没有地方藏身,这是因为它用心浮躁的缘故。所以没有专心致志的精神,就不会有显著的成就;没有埋头苦干的行动,就不会有显赫的功绩。走上歧途的人不能到达目的地,侍奉两个君主的人不能被容纳。眼睛不能同时看清楚两种东西,耳朵不能同时听清楚两种声音。腾蛇没有脚却能飞行,鼫鼠有五种技能却还是会陷于困境……所以君子应该把注意力集中在一点上。

昔者瓠巴鼓瑟，而流鱼出听；伯牙鼓琴，而六马仰秣。故声无小而不闻，行无隐而不形。玉在山而草木润，渊生珠而崖不枯。为善不积邪，安有不闻者乎！

——《荀子·劝学》

【释义】以前瓠巴弹瑟的时候，水底的鱼儿就会浮到水面倾听，伯牙鼓琴的时候，拉车的马儿就会仰头停食来听。所以声音再细小也不要担心没人听见，行动再隐蔽也总会表现出来；山上如果藏着宝玉，那么山上的草木自然就滋润有光泽，深渊里如果有珍珠，那么四周崖岸就不会干枯。坚持去积累善行吧，声名一定有显扬的一天。

学恶乎始？恶乎终？曰：其数则始乎诵经，终乎读礼；其义则始乎为士，终乎为圣人。真积力久则入，学至乎没而后止也。故学数有终，若其义则不可须臾舍也。为之，人也，舍之，禽兽也。

——《荀子·劝学》

【释义】学习从哪里开始？到哪里结束？回答是：学习的顺序从诵读《诗》《书》等经书开始，到阅读《礼》等典籍结束；学习的目标从成为"士"开始，到成为圣人结束。学习要日积月累、坚持不懈，持续深入，一直到生命结束才能停止。所以尽管学习的顺序是有终点的，但学习的过程却一刻也不能停止。这样做，就是人；不这样做，就是禽兽。

君子之学也，入乎耳，著乎心，布乎四体，形乎动静。端而言，蝡而动，一可以为法则。小人之学也，入乎耳，出乎口。口耳之间则四寸耳，曷足以美七尺之躯哉！古之学者为己，今之学者为人。君子之学也，以美其身；小人之学也，以为禽犊。

——《荀子·劝学》

【释义】君子学习，进入耳里，记在心中，体现在行动上。君子细微的一言一行、一举一动，都可以成为别人效法的榜样。小人学习，耳朵听见了，嘴里就说出来了，口、耳之间距离不过四寸长，怎么可能使整个人都完美起来呢？古代的学者为完善自己而学，现在的学者为取悦别人而学。君子学习，目的是修养身心，完善自己；小人学习，是为了取悦别人，谋求私利。

学莫便乎近其人。《礼》《乐》法而不说，《诗》《书》故而不切，《春秋》约而不速。方其人之习君子之说，则尊以遍矣，周于世矣。故曰：学莫便乎近其人。

——《荀子·劝学》

【释义】学习没有比接近贤师更方便的了。《礼》《乐》讲法度却不详加解说，《诗》《书》记旧事而不切实际，《春秋》词义隐约而不易迅速了解。效仿良师、学习君子的学说，则可以全面感受到高尚的品德，渊博的知识，以及对世事的通达。所以说学习没有比接近贤师更方便的了。

问楛者，勿告也；告楛者，勿问也；说楛者，勿听也。有争气者，勿与辩也。故必由其道至，然后接之；非其道则避之。故礼恭，而后可与言道之方；辞顺，而后可与言道之理；色从而后可与言道之致。故未可与言而言，谓之傲；可与言而不言，谓之隐；不观气色而言，谓之瞽。故君子不傲、不隐、不瞽，谨顺其身。诗曰："匪交匪舒，天子所予。"此之谓也。

——《荀子·劝学》

【释义】有人问不合礼法的事，不要告诉他；有人告诉不合礼法的事，不要去问他；有人谈论不合礼法的事，不要去听他；意气用事的人不要跟他辩论。按照礼义之道来访的，才接待他，不合乎礼义之道就回避他。一个人恭敬有礼然后才可以同他谈论大道的方向，言辞和顺然后才可以与他谈论大道的原理，态度谦逊然后才可以与他谈论大道的奥妙。还不到和他谈论的时机就谈论叫作急躁，该同他谈论却不谈叫作隐瞒，不看对方脸色而谈叫作盲目。所以君子不急躁，不隐瞒，也不盲目，而是谨慎地顺从情势来行事。《诗经》中说："不急躁、不懈怠，这是天子所赞许的。"说的就是这个意思。

百发失一,不足谓善射;千里跬步不至,不足谓善御;伦类不通,仁义不一,不足谓善学。学也者,固学一之也。一出焉,一入焉,涂巷之人也;其善者少,不善者多,桀、纣、盗跖也。全之尽之,然后学者也。

——《荀子·劝学》

【释义】射箭目标是射中一百次,有一次没有射中,也不能叫作善于射箭;驾马车的目标是一千里,只差半步没有赶到,也不能称得上善于驾车;礼法不能融会贯通,仁义不能始终如一,就不能叫作善于学习。学习,本来就应专心致志,坚持如一。如果一会儿学,一会儿不学,那是街头巷尾中的普通人。如果好的行为少,坏的行为多,那便是桀、纣、盗跖一类的人。全面地掌握了所学的知识,又尽力去实行,然后才是一个好的学者。

权利不能倾也,群众不能移也,天下不能荡也。生乎由是,死乎由是,夫是之谓德操。德操然后能定,能定然后能应。能定能应,夫是之谓成人。天见其明,地见其光,君子贵其全也。

——《荀子·劝学》

【释义】权利不能动摇他,众人不能改变他,天下不能打动他。从生到死都能有道德坚守,这就叫作德操。有了德操,内心便会有定力,内心有定力然后才能应物自如,这样才能称之为"成人"。天显现出它的光明,地显现出它的广阔,君子以德行完美为贵。

见善,修然必以自存也;见不善,愀然必以自省也。善在身,介然必以自好也;不善在身,菑然必以自恶也。

——《荀子·修身》

【释义】看见好的行为,一定要认真检查自身是否具有;看见不好的行为,一定要心怀忧惧地反省自己。好的品行在身,一定要意志坚定地珍惜;不好的品行在身,一定要像受到灾害似的痛恨。

非我而当者,吾师也;是我而当者,吾友也;谄谀我者,吾贼也。故君子隆师而亲友,以致恶其贼。

——《荀子·修身》

【释义】批评我又批评得中肯的人,就是我的老师;肯定我而又肯定得恰当的人,就是我的朋友;阿谀奉承我的人,就是陷害我的贼人。所以,君子尊敬老师、亲近朋友,而极度憎恨贼人。

小人反是,致乱而恶人之非己也,致不肖而欲人之贤己也;心如虎狼,行如禽兽,而又恶人之贼己也。谄谀者亲,谏争者疏,修正为笑,至忠为贼,虽欲无灭亡,得乎哉!

——《荀子·修身》

【释义】小人与君子正好相反:胡作非为,却怨恨别人责怪自己;非常无能,却希望别人说自己贤能;心像虎狼一样,行为像禽兽一样,却又憎恨别人说自己的坏话。奉承自己的人就亲近,规劝自己的人就疏远,把纠正自己的错误看作讥笑,把极端忠诚的行为看作陷害,这种人即使不想灭亡,可能吗?

以善先人者谓之教,以善和人者谓之顺;以不善先人者谓之谄,以不善和人者谓之谀。是是、非非谓之知,非是、是非谓之愚。伤良曰谗,害良曰贼。是谓是,非谓非曰直。窃货曰盗,匿行曰诈,易言曰诞。趣舍无定谓之无常,保利弃义谓之至贼。

——《荀子·修身》

【释义】用好的言行引导别人叫作教化,用好的言行应和别人叫作随顺;用不好的言行引导别人叫作谄媚,用不好的言行附和别人叫作奉承。以是为是、以非为非叫作明智,以非为是、以是为非叫作愚蠢。中伤好人叫作谗毁,陷害好人叫作迫害。是就是、非就是非叫作正直。偷盗货物叫作盗窃,隐匿行为叫作奸诈,说话轻率叫作荒诞。进退没有标准叫作无常,为了保住利益而舍弃道义叫作大贼。

治气养心之术：血气刚强，则柔之以调和；知虑渐深，则一之以易良；勇胆猛戾，则辅之以道顺；齐给便利，则节之以动止；狭隘褊小，则廓之以广大；卑湿、重迟、贪利，则抗之以高志；庸众驽散，则劫之以师友；怠慢僄弃，则炤之以祸灾；愚款端悫，则合之以礼乐，通之以思索。凡治气养心之术，莫径由礼，莫要得师，莫神一好。

——《荀子·修身》

【释义】 调理血气、修养身心的方法是：血气刚强的人，就用平心静气来柔化他；思想深沉的人，就用平易率直来改造他；勇猛凶暴的人，就用训导来辅助他；行为匆忙的人，就用举止安详来节制他；心胸狭窄气量很小的人，就用宽宏大度来开导他；卑贱迟钝贪婪的人，就用高尚的志向来激发他；庸俗愚钝散漫的人，就用良师益友来改变他；怠慢轻薄自暴自弃的人，就用灾祸来警醒他；愚笨老实的人，就用礼乐来调和他，用动脑思考来疏导他。大凡理气养心的方法，没有比遵守礼义更直接的了，没有比得到贤师的教导更重要的了，没有比专心致志更神妙的了。

志意修则骄富贵，道义重则轻王公，内省而外物轻矣。传曰："君子役物，小人役于物。"此之谓矣。

——《荀子·修身》

【释义】 志向美好就能蔑视富贵，以道义为重就能轻视王公，注重内在修养就能看轻外物。古书上所说的"君子役使外物，小人为外物所役使"就是这个道理。

体恭敬而心忠信，术礼义而情爱人，横行天下，虽困四夷，人莫不贵。劳苦之事则争先，饶乐之事则能让，端悫诚信，拘守而详，横行天下，虽困四夷，人莫不任。体倨固而心执诈，术顺墨而精杂污，横行天下，虽达四方，人莫不贱。劳苦之事则偷儒转脱，饶乐之事则佞兑而不曲，辟违而不悫，程役而不录，横行天下，虽达四方，人莫不弃。

——《荀子·修身》

【释义】外貌恭敬而内心诚实,遵循礼义而性情仁爱,这样的人即使穷困潦倒、沦落到蛮夷之地,人们也尊敬他。劳苦的事争着干,享乐的事让给别人,忠厚诚实,谨守礼法而明察事理,这样的人即使困厄、沦落到蛮夷之地,人们也信任他。外貌倨傲而内心险诈,思想纷杂污秽,这样的人即使显于四方,人们也会鄙视他。劳苦的事就偷懒退缩,享乐的事就口齿伶俐、肆意争夺,邪僻、不诚实而放纵,这样的人即使显赫于四方,人们也会唾弃他。

好法而行,士也;笃志而体,君子也;齐明而不竭,圣人也。人无法,则伥伥然;有法而无志其义,则渠渠然;依乎法而又深其类,然后温温然。

——《荀子·修身》

【释义】爱好礼法且能实行的,是士;意志坚强且身体力行的,是君子;思虑敏锐而又永不枯竭的,是圣人。人没有礼法,就会不知所措;有了礼法而不了解它的意义,就会局促不安;遵循礼法而又深入了解它的准则,然后就会悠闲自若。

端悫顺弟,则可谓善少者矣;加好学逊敏焉,则有钧无上,可以为君子者矣。偷儒惮事,无廉耻而嗜乎饮食,则可谓恶少者矣;加惕悍而不顺,险贼而不弟焉,则可谓不详少者矣,虽陷刑戮可也。

——《荀子·修身》

【释义】忠厚诚实而又顺从兄长,就可以称为好少年;再加上好学、谦逊、敏捷的品质,那就没有人能够超越他,就可以成为君子了。懒惰、懦弱、怕事,没有廉耻而又贪图享受,就可以称为坏少年;再加上放荡凶悍而不顺从礼法,奸诈害人而又不尊敬兄长的坏品质,就可以称作不祥的少年了,即使遭受刑罚诛杀也是有可能的。

君子之求利也略,其远害也早,其避辱也惧,其行道理也勇。君子贫穷而志广,富贵而体恭,安燕而血气不惰,劳倦而容貌不枯,怒不过夺,喜不过予。

——《荀子·修身》

【释义】君子对于利益的态度淡泊,对于祸害有预见能力,他能谨慎地避开灾祸,也能勇敢地奉行道义。君子贫穷但志向远大,富贵但体貌恭敬,安逸但精神不懈怠,劳倦但容貌端正,愤怒也不过分地惩罚别人,高兴也不过分地奖赏别人。

君子行不贵苟难,说不贵苟察,名不贵苟传,唯其当之为贵。故怀负石而赴河,是行之难为者也,而申徒狄能之;然而君子不贵者,非礼义之中也。"山渊平","天地比","齐秦袭","入乎耳,出乎口","钩有须","卵有毛",是说之难持者也,而惠施邓析能之;然而君子不贵者,非礼义之中也。盗跖吟口,名声若日月,与舜禹俱传而不息;然而君子不贵者,非礼义之中也……故曰:君子行不贵苟难,说不贵苟察,名不贵苟传,唯其当之为贵。

——《荀子·不苟》

【释义】君子做事不以"难能"为可贵,辩说不以"明察"为可贵,名声不以"流传"为可贵,只有当它们符合礼义时君子才视之为可贵。所以怀抱石头投河自杀,这是难以做到的事情,而申徒狄能够做到,但是君子并不认为申徒狄的行为可贵,因为它不符合礼义的标准。辩论"高山和深渊一样平","天和地一样高","齐国和秦国连在一起","耳进口出","妇女长胡须","卵有羽毛"等这些论题,是难以做到的事情,而惠施和邓析却能够加以辩论,但是君子并不认为他们的学说可贵,因为它们不符合礼义的标准。盗跖大家都知道,他的名声从表面上看就像太阳、月亮一样长久,和舜、禹的事迹一起流传不息,但是君子并不认为这种名声可贵,因为它不符合礼义的标准……所以说君子做事不以"难能"为可贵,辩说不以"明察"为可贵,名声不以"流传"为可贵,只有当它们符合礼义时君子才视之为可贵。

君子易知而难狎，易惧而难胁，畏患而不避义死，欲利而不为所非，交亲而不比，言辩而不辞。荡荡乎，其有以殊于世也。

——《荀子·不苟》

【释义】君子容易结交却不可亵渎，容易恐惧却不可胁迫，害怕祸患却甘愿为正义而死，虽想得到利益但却不会为此去做不正确的事情，与人亲密交往却不结党营私，言谈善辩却不玩弄辞藻。君子胸怀坦荡，与世俗之人不同。

君子能则宽容易直以开道人，不能则恭敬绌以畏事人；小人能则倨傲僻违以骄溢人，不能则妒嫉怨诽以倾覆人。

——《荀子·不苟》

【释义】君子有才能就宽容大度、诚心诚意地开导别人，没有才能就恭敬谦逊地小心对待别人；小人有才能就傲慢邪僻地凌辱别人，没有才能就妒嫉诽谤来倾轧别人。

君子宽而不慢，廉而不刿，辩而不争，察而不激，寡立而不胜，坚强而不暴，柔从而不流，恭敬谨慎而容。

——《荀子·不苟》

【释义】君子宽容却不懈怠，方正却不伤害别人，善辩却不争吵，明察却不偏激，为人正直却不盛气凌人，坚定刚强却不凶暴，宽柔和顺却不随波逐流，恭敬谨慎却从容不迫。

君子崇人之德，扬人之美，非谄谀也；正义直指，举人之过，非毁疵也；言己之光美，拟于舜禹，参于天地，非夸诞也；与时屈伸，柔从若蒲苇，非慑怯也；刚强猛毅，靡所不信，非骄暴也；以义变应，知当曲直故也。诗曰："左之左之，君子宜之；右之右之，君子有之。"此言君子以义屈信变应故也。

——《荀子·不苟》

【释义】君子推崇别人的美德，褒扬别人的优点，并不是阿谀奉承；公正地议论、直率地指出别人的过错，而不是诽谤污蔑；称自己的美好比得上舜、禹，可以和天地相参配，这并不是狂妄荒诞；随着形势的变化或屈或伸，柔顺的时候，能像蒲苇一样，但并不是因为胆小怕事；刚强勇猛的时候，并不是因为骄横凶暴。《诗经》说：'该在左就在左，君子在左无不可；该在右就在右，君子在右也得行。'君子这些不同的表现，只是根据道义所做的随机应变，这是君子懂得因时或屈或伸的表现。

君子养心莫善于诚，致诚则无它事矣。

——《荀子·不苟》

【释义】君子修养身心没有比真诚更好的了，达到真诚就不用再做其他事情了。

与人善言，暖于布帛；伤人之言，深于矛戟。

——《荀子·荣辱》

【释义】对别人说好话，比给人衣服穿还要温暖；用恶语伤害别人，比用矛戟刺人伤得还深。

斗者，忘其身者也，忘其亲者也，忘其君者也。行其少顷之怒而丧终身之躯，然且为之，是忘其身也；室家立残，亲戚不免乎刑戮，然且为之，是忘其亲也；君上之所恶也，刑法之所大禁也，然且为之，是忘其君也。下忘其身，内忘其亲，上忘其君，是刑法之所不舍也，圣王之所不畜也。乳彘不触虎，乳狗不远游，不忘其亲也。人也，优忘其身，内忘其亲，上忘其君，则是人也，而曾狗彘之不若也。

——《荀子·荣辱》

【释义】争斗的人，忘掉了自己的身体，忘掉了自己的亲人，忘掉了自己的君主。发泄一时的忿怒，而丧失了生命，然而还是去做，这是忘了自己的身体;家庭因此被摧残,亲戚也难免受连累,然而还是去做,这是忘记了自己的亲人;争斗是君主所厌恶、刑法所禁止的,然而还是去做,这是忘记了自己的君主。忘记自己的身体,忘记自己的亲人,忘记自己的君主,这是刑法和圣王都不能容忍的事情。哺乳的母猪尚且知道不触犯老虎,哺乳的母狗尚且知道不去远处游逛,但是作为一个人,却忘记了自己的身体,忘记了自己的亲人,忘记了自己的君主,这种人真是连猪狗都不如。

有狗彘之勇者,有贾盗之勇者,有小人之勇者,有士君子之勇者。争饮食,无廉耻,不知是非,不辟死伤,不畏众强,恈恈然惟利饮食之见,是狗彘之勇也。为事利,争货财,无辞让,果敢而振,猛贪而戾,恈恈然惟利之见,是贾盗之勇也。轻死而暴,是小人之勇也。义之所在,不倾于权,不顾其利,举国而与之,不为改视,重死持义而不桡,是士君子之勇也。

——《荀子·荣辱》

【释义】有狗和猪的勇敢,有商贾和盗贼的勇敢,有小人的勇敢,有士与君子的勇敢:争夺吃喝,没有廉耻,不分是非,不避死伤,不怕对手的强大,贪婪地只看到吃的和喝的,这是狗和猪的勇敢。做事贪图利益,争夺财物,不知谦让,手段果断而狠毒,贪婪地只看到利益,这是商人和盗贼的勇敢。轻视死亡而又残暴,这是小人的勇敢。坚持道义,不屈从于权势,不考虑自己的利益;即使把整个国家给他,他也不改变立场;虽爱惜生命但为了坚持正义而不怕牺牲生命,这是士与君子的勇敢。

自知者不怨人,知命者不怨天;怨人者穷,怨天者无志。失之己,反之人,岂不迂乎哉!

——《荀子·荣辱》

【释义】有自知之明的人不会埋怨别人,了解命运的人不会埋怨上天,越是埋怨别人,处境越困窘;埋怨上天是没有志气的表现。失误在自己,却反过来责难别人,这不是绕远了吗?

先义而后利者荣,先利而后义者辱。

——《荀子·荣辱》

【释义】以道义为先而以利益为后的就是光荣,以利益为先而以道义为后的就是耻辱。

小人也者,疾为诞而欲人之信己也,疾为诈而欲人之亲己也,禽兽之行而欲人之善己也。虑之难知也,行之难安也,持之难立也,成则必不得其所好,必遇其所恶焉。故君子者,信矣,而亦欲人之信己也;忠矣,而亦欲人之亲己也;修正治辨矣,而亦欲人之善己也;虑之易知也,行之易安也,持之易立也,成则必得其所好,必不遇其所恶焉。是故穷则不隐,通则大明,身死而名弥白。

——《荀子·荣辱》

【释义】小人做荒诞的事情却还要别人相信自己,做奸诈的事情却还要别人亲近自己,行为如同禽兽却还要别人善待自己。处理问题不明事理,做起事来不稳妥,坚持的主张不成立,最终必然会遭到别人的厌恶。君子则不同,君子也希望别人相信自己、亲近自己、善待自己,但是君子依靠的是对人诚实、品行正直、办事得当、考虑问题明达事理、观点正确,君子这样做,最终一定会得到别人的喜欢。所以君子在失意时,名声也不会被隐没,在得意时,名声会显赫,死后名声更加辉煌。

凡人有所一同:饥而欲食,寒而欲暖,劳而欲息,好利而恶害,是人之所生而有也,是无待而然者也,是禹桀之所同也。目辨白黑美恶,耳辨声音清浊,口辨酸咸甘苦,鼻辨芬芳腥臊,骨体肤理辨寒暑疾养,是又人之所常生而有也,是无待而然者也,是禹桀之所同也。可以为尧禹,可以为桀跖,可以为工匠,可以为农贾,在势注错习俗之所积耳。

——《荀子·荣辱》

【释义】凡人都有相同的地方:饿了就想吃东西,冷了就想暖和,累了就想休息,喜欢利益而厌恶祸害,这是人生下来就会有的本性,是无所依待就会这样的,这是禹和桀所相同的地方。眼睛能分辨白黑美丑,耳朵能分辨声音的清浊,嘴巴能分辨酸咸甜苦,鼻子能分辨芳香恶臭,身体肌肤能分辨冷热痛痒,这也是人生下来就有的习性,是用不着学习就是这样的,也是禹、桀所共有的。人可以成为尧、禹,也可以成为桀、跖,可以成为工匠,也可以成为农民和商人,这都是人们的行为举止和习俗长期积累造成的不同。

相人,古之人无有也,学者不道也。古者有姑布子卿,今之世,梁有唐举,相人之形状颜色而知其吉凶妖祥,世俗称之。古之人无有也,学者不道也。故相形不如论心,论心不如择术。形不胜心,心不胜术。术正而心顺之,则形相虽恶而心术善,无害为君子也;形相虽善而心术恶,无害为小人也。君子之谓吉,小人之谓凶。故长短、小大,善恶形相,非吉凶也。

——《荀子·非相》

【释义】通过观看人的相貌来推断人的吉凶祸福,古人不做这种事,学者也不谈论这种事。古时有个人叫姑布子卿,当今之世,梁国有个人叫唐举,据说他们可以通过看人的形体容貌来推知人的吉凶祸福,世俗之人都称赞他们。但是古人不会做这种事,学者也不谈论这种事。观察人的相貌不如研究他的思想,研究他的思想不如辨别他的行为。相貌比不上思想,思想比不上行为。一个人相貌虽丑,但如果思想行为美好,也不会妨害他成为君子;反之,相貌虽好但思想行为恶劣,也不会妨害他成为小人。君子会带来吉祥,小人会招来凶险。所以高矮、大小,相貌的美丑和吉凶都没有关系。

人有三不祥:幼而不肯事长,贱而不肯事贵,不肖而不肯事贤,是人之三不祥也。人有三必穷:为上则不能爱下,为下则好非其上,是人之一必穷也;乡则不若,偝则谩之,是人之二必穷也;知行浅薄,曲直有以相县矣,然而仁人不能推,知士不能明,是人之三必穷也。人有此三数行者,以为上则必危,为下则必灭。

　　　　　　　　　　　　　　　　　　　　——《荀子·非相》

　　【释义】人有三种不祥：年幼而不肯侍奉年长的人，卑贱而不肯侍奉尊贵的人，不肖而不肯侍奉有贤德的人，这是人的三种不祥。人有这三种行为必然会带来穷困的事：作为上级却不爱护下级，作为下级却喜欢非议上级，这是第一种；当面不顺从，背后又谩骂人家，这是第二种；智能品行浅薄，辨别是非的能力又差，然而对于仁人还不推崇，对于智士还不尊重，这是第三种。人有了这三不祥、三必穷，处在上位则必然危险，处在下位则必然灭亡。

　　人之所以为人者，何已也？曰：以其有辨也。饥而欲食，寒而欲暖，劳而欲息，好利而恶害，是人之所生而有也，是无待而然者也，是禹桀之所同也。然则人之所以为人者，非特以二足而无毛也，以其有辨也。今夫狌狌形笑，亦二足而无毛也，然而君子啜其羹，食其胾。故人之所以为人者，非特以其二足而无毛也，以其有辨也。夫禽兽有父子，而无父子之亲，有牝牡而无男女之别。故人道莫不有辨。

　　　　　　　　　　　　　　　　　　　　——《荀子·非相》

　　【释义】人之所以称为人，是因为什么呢？因为人有辨别是非善恶的能力。饿了想吃，冷了想取暖，累了想休息，喜欢利益而厌恶祸患，这些是人生下来就有的，是无所依待就会有的本能，是禹、桀相同的地方。然而这些并不是人之所以的根据。人之所以为人，并不只是因为人有两只脚、身上没有毛，现在猩猩的形状，也是两只脚、脸上无毛，然而君子却能喝猩猩肉煮成的汤，吃猩猩的肉。因此，人之所以称为人，并不只是因为有两只脚、没有毛，而是因为有辨别是非善恶的能力。禽兽有父子之实，却不会依父子之间的礼节相待，有雌雄的不同却没有男女的分别，人之所以为人，就在于人有辨别是非善恶的能力。

　　君子之于言也，志好之，行安之，乐言之，故君子必辩。凡人莫不好言其所善，而君子为甚。故赠人以言，重于金石珠玉；观人以言，美于黼黻、文章；

听人以言,乐于钟鼓琴瑟。故君子之于言无厌。鄙夫反是,好其实,不恤其文,是以终身不免埤污佣俗。故《易》曰:"括囊,无咎无誉。"腐儒之谓也。

——《荀子·非相》

【释义】君子对于正确的言论,心里喜欢它,行动上就会遵循它,也会乐于谈论它,君子一定善辩。人没有不乐于谈论自己喜欢的东西的,君子尤其是这样。以善言赠送别人,比金石珠玉还贵重;以善言勉励别人,比礼服上色彩斑斓的花纹还美丽;把善言讲给别人听,比钟鼓、琴瑟还悦耳动听。所以君子对于言谈从不厌倦。鄙陋的人与君子相反,只注重实际而不注意文采,因此免不了卑贱和庸俗。这正如《易经》上说:"扎紧了口的袋子,既没有过错也不可能获得赞誉。"说的就是这种迂腐的儒生。

君子之度己则以绳,接人则用抴。度己以绳,故足以为天下法则矣。接人用抴,故能宽容,因求以成天下之大事矣。故君子贤而能容罢,知而能容愚,博而能容浅,粹而能容杂,夫是之谓兼术。

——《荀子·非相》

【释义】君子正己要像用绳墨取直一样严格要求自己,待人要像船工驾船迎客一样热情耐心。如果正己能像用绳墨一样严格,那么便足以成为天下人效法的榜样。如果待人能像用船接客一样耐心、宽容,那就可以获得众人的支持而成就大业。所以君子贤能却能容下无能的人,聪明却能容纳愚蠢的人,博学却能容纳浅陋的人,纯粹却能容纳驳杂的人,这就叫作兼容并包之法。

信信,信也;疑疑,亦信也。贵贤,仁也;贱不肖,亦仁也。言而当,知也;默而当,亦知也。故知默犹知言也。故多言而类,圣人也;少言而法,君子也;多少无法而流湎然,虽辩,小人也。

——《荀子·非十二子》

【释义】相信可信的,是诚实;怀疑可疑的,也是诚实。尊重贤能,是仁爱;鄙视不贤的人,也是仁爱。说话恰当,是明智;沉默得当,也是明智。所以懂得沉默如同懂得说话一样。说话多而合乎礼义,是圣人;说话少而合乎法度,是君子;说多说少不合法度而沉湎其中,即使善辩,也是小人。

士君子之所能不能为:君子能为可贵,不能使人必贵己;能为可信,而不能使人必信己;能为可用,而不能使人必用己。故君子耻不修,不耻见污;耻不信,不耻不见信;耻不能,不耻不见用。是以不诱于誉,不恐于诽,率道而行,端然正己,不为物倾侧,夫是之谓诚君子。

——《荀子·非十二子》

【释义】士君子能做与不能做的事情分别是:君子能够做让人尊重的事,但不能使人一定尊重自己;能够做让人信任的事,但不能使人一定信任自己;能够值得君主任用,但不能使君主一定任用自己。所以君子以品行不好为羞耻,不以被人污辱为羞耻;以不讲信用为羞耻,不以不被信任为羞耻;以没有才能为羞耻,不以不被任用为羞耻。不被名誉所诱惑,不被诽谤所吓倒,按照道义行事,严肃地端正自己,不为外物所动摇,像这样才是真正的君子。

佚而不惰,劳而不僈,宗原应变,曲得其宜,如是,然后圣人也。

——《荀子·非十二子》

【释义】安逸而不懒惰,辛劳而不懈怠,遵守原则而又随机应变,各方面都处理得恰到好处,像这样,才能成为圣人。

持宠处位终身不厌之术:主尊贵之,则恭敬而僔;主信爱之,则谨慎而嗛;主专任之,则拘守而详;主安近之,则慎比而不邪;主疏远之,则全一而不倍;主损绌之,则恐惧而不怨。贵而不为夸,信而不处谦,任重而不敢专。财利至则言善而不及也,必将尽辞让之义然后受。福事至则和而理,祸事至则静而理。富则广施,贫则用节。可贵可贱也,可富可贫也,可杀而不可使为奸也,是持宠处位终身不厌之术也。

——《荀子·仲尼》

【释义】保住尊崇、守住职位,终身不被厌弃的方法是:君主尊重你,就要恭敬而谦让;君主信任爱护你,就要谨慎谦虚;君主把大权交托给你,就要安于职守详明法度;君主亲近你,就要顺从亲附而不邪恶;君主疏远你,就要一心一意忠心耿耿而不背叛;君主贬损罢免你,就要心怀恐惧而不怨恨。富贵了也不奢侈,得到信任也要避免嫌疑,承担重任时不敢独断专行。财利来临但自己的善行还不足以得到它时,就一定要尽谦让之礼才接受,吉事来临时就要平和地对待它,祸事来临时就要冷静地处理它,富裕了就要广施恩惠,贫穷了就要节俭费用,要做到可以高贵也可以卑贱,可以富裕也可以贫穷,即使被杀头也不去做奸邪的事,这就是保住尊崇、守住职位、终身不被厌弃的方法。

知者之举事也,满则虑嗛,平则虑险,安则虑危,曲重其豫,犹恐及其祸,是以百举而不陷也。

——《荀子·仲尼》

【释义】聪明的人做事,盈满了就要考虑到不足,顺利时就要考虑到艰险,安全时就要考到危险,在周全地作好防范的情况下还要担心遭到祸患,抱着上述心态做事,就不会有失误了。

君子时诎则诎,时伸则伸也。

——《荀子·仲尼》

【释义】君子在时势要求屈从时就屈从,在有机会大显身手时就大显身手。

我欲贱而贵,愚而智,贫而富,可乎? 曰:其唯学乎。彼学者,行之,曰士也;敦慕焉,君子也;知之,圣人也。

——《荀子·儒效》

【释义】想由卑贱变得高贵，由愚蠢变得聪明，由贫穷变得富有，可能吗？答案就是：只有学习才能让人发生这样的改变！那些能将学到的东西付诸行动的人，就是"士"；那些勤勉努力去贯彻所学东西的人，就是"君子"；能够对值得学习的内容有透彻了解的人，就是"圣人"。

贵名不可以比周争也，不可以夸诞有也，不可以势重胁也，必将诚此然后就也。争之则失，让之则至，遵道则积，夸诞则虚。故君子务修其内而让之于外，务积德于身而处之以遵道。如是，则贵名起之如日月，天下应之如雷霆。

——《荀子·儒效》

【释义】尊贵的名声并不是依靠拉帮结派便可以争得的，并不是依靠夸耀吹嘘便可以拥有的，并不是依靠权力地位便可以威胁来的，必定是真诚地学习然后才能得到的。争夺就会失去，礼让就会得到，谦虚就会积累，夸耀吹嘘就会落空。所以君子一定要加强内在的修养，行为上要谦让；一定要积累德行而又谦虚，这样，尊贵的名声就会像日月一样升起，天下人就会雷霆般地响应。

以从俗为善，以货财为宝，以养生为己至道，是民德也。行法至坚，不以私欲乱所闻，如是，则可谓劲士矣。行法至坚，好修正其所闻以矫饰其情性；其言多当矣而未谕也；其行多当矣而未安也；其知虑多当矣而未周密也；上则能大其所隆，下则能开道不己若者，如是，则可谓笃厚君子矣。修百王之法若辨白黑；应当时之变若数一二；行礼要节而安之若生四肢；要时立功之巧若诏四时；平正和民之善，亿万之众而博若一人，如是，则可谓圣人矣。

——《荀子·儒效》

【释义】以顺从习俗为美德，以钱财货物为珍宝，以保养长生为自己最高的追求，这是百姓的德行。行为公正，意志坚定，不因个人的私欲歪曲所学的东西,这样的人就可以称作刚强的士。行为公正,意志坚定,喜欢以学到的东西修正矫正自己的性情,言论多半恰当但还未能完全讲明白,行为多半正确但还不完全妥当,思虑多半恰当但还不够周密,能发扬光大他所尊崇的礼义,能开导不如自己的人,这样的人就可以叫作诚实忠厚的君子。学习百王的法度就像分辨黑白那样清晰,应付时局的变化就像数一、二那样容易,奉行礼法、遵守礼节就像身上生出四肢那样自然,抓住时机建立功业的技巧就像预告四季那样准确,治理国家、安定百姓非常妥善,使亿万群众团结得就像一个人,这样的人就可以叫作圣人了。

闻之而不见,虽博必谬;见之而不知,虽识必妄;知之而不行,虽敦必困。

——《荀子·儒效》

【释义】听到却没有看到,即使听到的很广博,也一定会有错误;看到了却不了解,即使记住了,也必然虚妄;了解了却不去实践,即使知识丰富,也必然困惑。

积土而为山,积水而为海,旦暮积谓之岁,至高谓之天,至下谓之地,宇中六指谓之极,涂之人——百姓,积善而全尽谓之圣人。彼求之而后得,为之而后成,积之而后高,尽之而后圣,故圣人也者,人之所积也。人积耨耕而为农夫,积斲削而为工匠,积反货而为商贾,积礼义而为君子。

——《荀子·儒效》

【释义】泥土不断积聚就会形成高山,水流不断积聚就会成为大海,一天天积累起来就叫作年,最高的就叫作天,最低的就叫作地,宇宙中六个方向就叫作极,普通百姓积累善行达到了完美就叫作圣人。这些事例说明:追求以后才能得到,努力之后才能成功,不断积累才能提高,达到完善然后才能成为圣人,所以圣人是普通人长期积累的结果。人们积累了耕种的经验就成为农夫,积累了砍削的经验就成为工匠,积累了贩卖货物的经验就成为商人,积累了礼义就成为君子。

志不免于曲私而冀人之以己为公也,行不免于污漫而冀人之以己为修也,甚愚陋沟瞀而冀人之以己为知也,是众人也。志忍私然后能公,行忍情性然后能修,知而好问然后能才,公修而才,可谓小儒矣。志安公,行安修,知通统类,如是则可谓大儒矣。

——《荀子·儒效》

【释义】思想上不免于偏私却希望别人认为自己公正,行为上不免于污秽却希望别人认为自己美好,非常愚昧无知却希望别人认为自己聪明,这是一般民众。思想上能克服私心然后才能产生公心,行为上能克服本性然后才能变得美好,聪明而又喜欢请教然后才能拥有才能,公正美好而又有才能,这样的人可以称作小儒。思想上习惯于公正,行为上习惯于美好,智慧能够通晓纲纪法度,这样的人可以称作大儒。

水火有气而无生,草木有生而无知,禽兽有知而无义,人有气、有生、有知,亦且有义,故最为天下贵也。

——《荀子·王制》

【释义】水火有气却没有生命,草木有生命却没有知觉,禽兽有知觉却不懂得道义,人有气、有生命、有知觉,也懂得道义,所以是天下最尊贵的。

请问为人父?曰:宽惠而有礼。请问为人子?曰:敬爱而致文。请问为人兄?曰:慈爱而见友。请问为人弟?曰:敬诎而不苟。请问为人夫?曰:致功而不流,致临而有辨。请问为人妻?曰:夫有礼,则柔从听侍;夫无礼,则恐惧而自竦也。

——《荀子·君道》

【释义】请问怎样做父亲?答案是:宽厚慈爱而合乎礼。请问怎样做儿子?答案是:敬爱而非常有礼貌。请问怎样做哥哥?答案是:慈爱而友善。请问怎样做弟弟?答案是:恭敬顺从而不马虎。请问怎样做丈夫?答案是:努力做事而不放荡,尽力亲近妻子而又夫妇有别。请问怎样做妻子?答案是：丈夫遵守礼义，就温柔顺从侍奉他；丈夫不遵守礼义，就害怕担心而自己好好做。

恭敬而逊，听从而敏，不敢有以私决择也，不敢有以私取与也，以顺上为志，是事圣君之义也。忠信而不谀，谏争而不谄，挢然刚折，端志而无倾侧之心，是案曰是，非案曰非，是事中君之义也。调而不流，柔而不屈，宽容而不乱，晓然以至道而无不调和也，而能化易，时关内之，是事暴君之义也。

——《荀子·臣道》

【释义】恭敬而谦逊，听话而行动敏捷，不敢以私意去抉择，不敢以私意去取舍，以顺从君主作为志向，这是侍奉圣明君主的原则。忠诚守信而不奉承，劝谏力争而不谄媚，刚强果断，思想端正而没有陷害别人的想法，是就说是，不是就说不是，这是侍奉一般君主的原则。调和而不随波逐流，柔顺而不屈从，宽容而不昏乱，让君主通晓治国大道，感化君主向善，时时开导君主让他接纳正确的意见，这是侍奉暴虐的君主的原则。

仁者必敬人。凡人非贤，则案不肖也。人贤而不敬，则是禽兽也；人不肖而不敬，则是狎虎也。禽兽则乱，狎虎则危，灾及其身矣……故仁者必敬人。敬人有道：贤者则贵而敬之，不肖者则畏而敬之；贤者则亲而敬之，不肖者则疏而敬之。其敬一也，其情二也。若夫忠信端悫而不害伤，则无接而不然，是仁人之质也。忠信以为质，端悫以为统，礼义以为文，伦类以为理，喘而言，臑而动，而一可以为法则。

——《荀子·臣道》

【释义】仁人一定会尊敬别人。世间之人大致可以分成贤人和不贤之人两类。对于贤人而不尊敬，那是禽兽；对于不贤之人而不尊敬，那是戏弄老虎。禽兽就会作乱，戏弄老虎就会给自己招来危险，灾难就会殃及自身……所以仁人一定尊敬别人。尊敬别人有一定的原则：对贤人就用崇敬的心情来尊敬他，对不贤的人就用畏惧的心情来尊敬他；对贤人就用亲近的方式尊敬他，对不贤的人就用疏远的方式尊敬他。尊敬的表面是一样的，但实质是不一样的。至于忠诚守信端正厚道而不伤害别人，对待什么样的人都一样，这是仁人的本质。以忠诚守信为本质，以端正厚道为准则，以礼义为规范，以伦理法度为原则，这样去为人处世的人，其一言一行都可以成为别人学习的榜样。

恭敬，礼也；调和，乐也；谨慎，利也；斗怒，害也。故君子安礼乐利，谨慎而无斗怒，是以百举而不过也。小人反是。

——《荀子·臣道》

【释义】谦恭尊敬，是礼的表现；协调和谐，是乐的表现；谨慎小心，就会有利；争斗愤怒，就会有害。所以君子安守礼节、谨慎小心，而不是争斗愤怒，这样就可以避免行动上的过错。小人与此相反。

知莫大乎弃疑，行莫大乎无过，事莫大乎无悔。事至无悔而止矣，成不可必也。

——《荀子·议兵》

【释义】智慧没有比解除疑虑更高的了，行为没有比不犯过错更好的了，事情没有比不后悔更重要的了。事情做到了不后悔的地步就可以了，而不必要求一定成功。

积微，月不胜日，时不胜月，岁不胜时。

——《荀子·强国》

【释义】积累微小的事情，每月积累不如每日积累，每季积累不如每月积累，每年积累不如每季积累。

君子敬其在己者，而不慕其在天者；小人错其在己者，而慕其在天者。君子敬其在己者而不慕其在天者，是以日进也；小人错其在己者而慕其在天者,是以日退也。故君子之所以日进与小人之所以日退,一也。君子小人之所以相县者在此耳。

——《荀子·天论》

【释义】人生中的事情有一部分取决于自己,有一部分不取决于自己。君子慎重地对待取决于自己的事情,而不去关注自己掌控不了的事情;小人则相反,总是舍弃取决于自己的事情,而过分思虑不取决于自己的事情。君子认真做好自己能够掌控的那一部分,所以每天都进步;小人不去做自己能够掌控的事情,却羡慕取决于上天的事情,所以每天都退步。君子每天进步与小人每天退步的原因是一样的,君子和小人差别悬殊的原因就在这里。

星坠木鸣,国人皆恐。曰:是何也? 曰:无何也! 是天地之变,阴阳之化,物之罕至者也。怪之,可也;而畏之,非也。夫日月之有蚀,风雨之不时,怪星之党见,是无世而不常有之。上明而政平,则是虽并世起,无伤也;上暗而政险,则是虽无一至者,无益也。夫星之坠,木之鸣,是天地之变,阴阳之化,物之罕至者也。怪之,可也;而畏之,非也。

——《荀子·天论》

【释义】流星陨落、树木鸣响,人们都害怕,问:这是为什么? 回答说:没有什么,这是天地的变化,阴阳的作用,只是很少出现而已,如果觉得奇怪是可以的,但畏惧它们就不对了。太阳和月亮发生日食和月食,不合时宜地出现大风暴雨,偶尔出现奇怪的星星,这是哪个社会都有可能出现的情况。君主英明而政治清平,那么这些现象即使同时出现,也没有什么伤害;反之,君主昏暗而政治险恶,那么这些现象即使一种也没有出现,也没有什么好处。流星的陨落,树木的鸣响,是天地的变化,阴阳的作用,对待这些很少出现的现象,认为它们奇怪是可以的,但畏惧它们就不对了。

有义荣者,有势荣者;有义辱者,有势辱者。志意修,德行厚,知虑明,是荣之由中出者也,夫是之谓义荣。爵列尊,贡禄厚,形势胜,上为天子诸侯,下为卿相士大夫，是荣之从外至者也，夫是之谓势荣。流淫污僈，犯分乱理，骄暴贪利，是辱之由中出者也，夫是之谓义辱。詈侮捽搏，捶笞膑脚，斩断枯磔，藉靡后缚，是辱之由外至者也，夫是之谓势辱。是荣辱之两端也。故君子可以有势辱，而不可以有义辱；小人可以有势荣，而不可以有义荣。有势辱无害为尧，有势荣无害为桀。

——《荀子·正论》

【释义】 光荣与耻辱可分为不同的类型：有道义上的光荣，有权势上的光荣；有道义上的耻辱，有权势上的耻辱。思想美好，德行纯朴，智虑精明，这是由自身品行所带来的光荣，叫作道义上的光荣。爵位尊贵，俸禄丰厚，地位优越，在上是天子诸侯，在下是卿相士大夫，这种光荣是依靠外在条件带来的，叫作权势上的光荣。淫荡污秽，违反名分、扰乱伦理，骄横暴虐、贪图利益，这种耻辱是由自身的行为带来的，叫作道义上的耻辱。受到谩骂侮辱、被揪着头发痛打，被杖刑鞭打、剔除膑骨，被斩头断尸、弃市车裂，被五花大绑，这种耻辱是外部加于自己身上的，叫作权势上的耻辱。君子可以有权势上的耻辱，而不会遭到道义上的耻辱；小人可以获得权势上的光荣，却不可能得到道义上的光荣。有权势上的耻辱不妨害成为尧，有权势上的光荣不妨害成为桀。

今人之性，生而有好利焉，顺是，故争夺生而辞让亡焉；生而有疾恶焉，顺是，故残贼生而忠信亡焉；生而有耳目之欲，有好声色焉，顺是，故淫乱生而礼义文理亡焉。然则从人之性，顺人之情，必出于争夺，合于犯分乱理而归于暴。故必将有师法之化，礼义之道，然后出于辞让，合于文理，而归于治。

——《荀子·性恶》

【释义】 就人的本性来看，生下来便有喜好利益之心，任其发展，争夺就会产生而谦让就没有了；生下来就有嫉妒憎恨之心，任其发展，残杀陷害的行为就会产生，而忠信的美德就没有了；生下来就有耳目之欲，爱好声色，任其发展，淫乱就会产生而礼法就消失了。总之，放纵人的本性，就一定产生争夺、混乱。所以人需要老师的教化，礼法的引导，然后才有可能从谦让出发，让行为符合礼义，这样社会才能安定。

"涂之人可以为禹。"曷谓也？曰：凡禹之所以为禹者，以其为仁义法正也。然则仁义法正有可知可能之理。然而涂之人也，皆有可以知仁义法正之质，皆有可以能仁义法正之具，然则其可以为禹明矣。

——《荀子·性恶》

【释义】 "普通人都可以成为大禹"，这是什么意思？回答是：凡是禹之所以为禹，是因为他能实行仁义法度。而仁义法度是可以了解，可以实行的，普通人都具有解仁义法度的能力，都有践行仁义法度的条件，那么普通人可以成为大禹就说得通了。

小人可以为君子而不肯为君子，君子可以为小人而不肯为小人。小人、君子者，未尝不可以相为也，然而不相为者，可以而不可使也。故涂之人可以为禹则然，涂之人能为禹，则未必然也。虽不能为禹，无害可以为禹。足可以遍行天下，然而未尝有遍行天下者也……用此观之，然则可以为，未必能也；虽不能，无害可以为。然则能不能之与可不可，其不同远矣，其不可以相为明矣。

——《荀子·性恶》

【释义】 小人可以成为君子而不肯成为君子，君子可以成为小人而不肯成为小人。小人、君子，未尝不可以相互转化，然而不相互转化，是因为他们意愿不同。所以说普通人可以成为禹是对的，但是认为普通人都是禹，就不对了。但即使不能成为禹，也不妨害可以成为禹。这就好比脚可以遍行天下，但是因为没有去尝试和坚持，所以并没有能真正走遍天下的人……由此看来，可以做到，未必能做到；即使不能做到，也不妨害可以做到。能不能和可不可之间的差距是很大的。

礼也者,贵者敬焉,老者孝焉,长者弟焉,幼者慈焉,贱者惠焉。

——《荀子·大略》

【释义】 所谓礼义,就是对尊贵的人要尊敬,对年老的人要孝顺,对年长的人要敬爱,对年幼的人要慈爱,对卑贱的人要布施恩惠。

君子之于子,爱之而勿面,使之而勿视,道之以道而勿强。

——《荀子·大略》

【释义】 君子对于子女,疼爱他们而不要形于色,使唤他们而不用和颜悦色,要用道理引导他们而不强迫。

君子隘穷而不失,劳倦而不苟,临患难而不忘细席之言。岁不寒,无以知松柏,事不难,无以知君子无日不在是。

——《荀子·大略》

【释义】 君子在穷困中也不会失去志气,在劳累中也不会苟且,在困难局面下也不会忘记平时的话。恰恰是因为季节寒冷才让人了解到松柏的毅力,恰恰是因为事情困难才能够彰显君子始终如一的品质。

君子进,则益上之誉而损下之忧。不能而居之,诬也;无益而厚受之,窃也。学者非必为仕,而仕者必如学。

——《荀子·大略》

【释义】 君子做官便能增加君主的荣誉,减少百姓的忧虑。没有才能而居于官位,那就是欺骗;不能给君主和人民带来好处却享受高官厚禄,那就相当于盗窃。学习的人不一定都要做官,而做官的人一定要学习。

匹夫不可不慎取友。友者,所以相有也。道不同,何以相有也?均薪施火,火就燥;平地注水,水流湿。夫类之相从也,如此之著也,以友观人,焉所疑?取友善人,不可不慎,是德之基也。

——《荀子·大略》

【释义】人一定要谨慎小心地选择朋友。朋友，是为了友好相处的。奉行的大道不同，怎么可能友好相处呢？把柴草均匀地铺好，点上火，火就会向干燥的地方燃烧；在平地上倒上水，水就会向潮湿的地方流去。同类会聚在一起，根据这个人所交往的朋友来观察他的为人，是很可靠的途径。选择朋友不能不小心，这是道德的根基。

蓝苴路作，似知而非。懦弱易夺，似仁而非。悍戆好斗，似勇而非。

——《荀子·大略》

【释义】伺机欺诈，看似聪明其实不是真的聪明。软弱而立场不定，看似仁慈其实却不是真的仁慈。凶暴愚蠢喜欢争斗，看似勇敢其实却不是真的勇敢。

大者不能，小者不为，是弃国捐身之道也。

——《荀子·大略》

【释义】大事不会做，小事又不做，这是亡国灭身的道路。

祸之所由生也，生自纤纤也。是故君子蚤绝之。

——《荀子·大略》

【释义】祸患产生的根源，都是来自细微的地方，所以君子一定要趁早灭绝它。

疑则不言，未问则不言。

——《荀子·大略》

【释义】自己尚且有疑问的就不要轻易说出口，别人不请教，自己也不要说。

无用吾之所短,遇人之所长,故塞而避所短,移而从所仕。

——《荀子·大略》

【释义】不要用自己的短处对付别人的长处,要避开自己的短处,发挥自己的长处。

多言而类,圣人也;少言而法,君子也;多言无法,而流湎然,虽辩,小人也。

——《荀子·大略》

【释义】说话多而合乎法度,是圣人;说话少而合乎法度,是君子;说话多而不合乎法度,却沉醉其中,即使善辩,也是小人。

君子能为可贵,不能使人必贵己;能为可用,不能使人必用己。

——《荀子·大略》

【释义】君子能够做到使自己可贵,却不一定能使人认为自己尊贵;能够做到使自己成为可用之才,却不一定能使人任用自己。

夫贤不肖者,材也;为不为者,人也;遇不遇者,时也;死生者,命也。今有其人,不遇其时,虽贤,其能行乎?苟遇其时,何难之有!故君子博学深谋,修身端行,以俟其时。

——《荀子·宥坐》

【释义】是否贤能,在于资质;做还是不做,在于个人;遇到还是遇不到贤明的君主,要靠机遇;生还是死,在于命运。现在有一个贤能的人,在遇不到好时机的情况下能有所作为吗?但是一旦遇到好时机,这样的贤人想实现自己的理想那有什么困难的呢?所以君子应该广泛地学习、深谋远虑、修养身心,端正行为来等待时机。

入孝出弟,人之小行也。上顺下笃,人之中行也;从道不从君,从义不从父,人之大行也。

——《荀子·子道》

【释义】在家孝顺父母、出门尊敬兄长,这是较小的德行;能够处理好上上下下的关系,这是中等的德行;顺从道义而不是一味地顺从君主,顺从道义而不是一味地顺从父亲,这是最大的德行。

孝子所以不从命有三:从命则亲危,不从命则亲安,孝子不从命乃衷;从命则亲辱,不从命则亲荣,孝子不从命乃义;从命则禽兽,不从命则修饰,孝子不从命乃敬。故可以从而不从,是不子也;未可以从而从,是不衷也;明于从不从之义,而能致恭敬,忠信、端悫、以慎行之,则可谓大孝矣。

——《荀子·子道》

【释义】孝子在以下三种情况下可以不听从父母的命令:听从命令父母就危险,不听从命令父母就安全,孝子不听从命令就是忠诚;听从命令父母就会遭受耻辱,不听从命令父母就会获得光荣,孝子不听从命令就是奉行道义;听从命令就会变成禽兽,不听从命令反倒能够端正行为,孝子不听从命令就是恭敬。因此,可以听从而不听从,就是不孝之子;不可以听从而听从,是没有了悟孝的真谛。明白了从和不从之间的界限,而能够恭敬、忠信、端正地来小心实行它,这就可以称为最大的孝顺了。

劳苦雕萃而能无失其敬,灾祸患难而能无失其义,则不幸不顺见恶而能无失其爱,非仁人莫能行。《诗》曰:"孝子不匮。"此之谓也。

——《荀子·子道》

【释义】尽管自己劳苦憔悴但却能够不丧失对父母的恭敬,即使遇到灾祸患难也能够不失去对父母的道义,即使不幸因不顺从父母被憎恶也能够不失去对父母的爱,这些只有仁人才能做得到,《诗经》说:"孝子的孝心没有穷尽",说的就是这个意思。

昔万乘之国有争臣四人，则封疆不削；千乘之国有争臣三人，则社稷不危；百乘之家有争臣二人，则宗庙不毁。父有争子，不行无礼；士有争友，不为不义。故子从父，奚子孝？臣从君，奚臣贞？审其所以从之之谓孝、之谓贞也。

——《荀子·子道》

【释义】过去拥有万辆战车的国家如果有四个谏诤之臣，那么疆域就不会削减；有千辆战车的国家如果有三个谏诤之臣，那么社稷就不会有危险；拥有百辆战车的国家如果有两个谏诤之臣，那么宗庙就不会毁灭。父亲有个能够劝谏他的儿子，就不会做不合礼的事；士有个能够劝谏他的朋友，就不会做不合道义的事。只是简单地听从父亲，怎么能说是孝顺呢？只是简单地服从君主，怎么能说是忠贞呢？要弄清所以服从的原因才能叫作孝顺，叫作忠贞。

子路问于孔子曰："有人于此，夙兴夜寐，耕耘树艺，手足胼胝，以养其亲，然而无孝之名，何也？"孔子曰："意者身不敬与？辞不逊与？色不顺与？古之人有言曰：'衣与！缪与！不女聊。'"

——《荀子·子道》

【释义】子路问孔子："这里有个人，早起晚睡，耕耘栽种，手脚上都磨出了老茧，来赡养他的双亲，然而却没有获得孝顺的名声，为什么呢？"孔子说："大概是态度不恭敬吧？言语不谦逊吧？脸色不温顺吧？古人有句话说：'给我穿衣服，给我准备一切，但是如果对我不恭敬我还是不会依赖你。'"

君子知之曰知之，不知曰不知，言之要也；能之曰能之，不能曰不能，行之至也。言要则知，行至则仁。既知且仁，夫恶有不足矣哉！

——《荀子·子道》

【释义】君子知道就说知道，不知道就说不知道，这是说话的要领；能做就说能做，不能做就说不能做，这是行为的最高准则。说话合乎要领就是聪明，行为合乎准则就是有仁德。既聪明又有仁德，就不会有不足的地方了。

子路问于孔子曰："君子亦有忧乎？"孔子曰："君子其未得也，则乐其意；既已得之，又乐其治。是以有终生之乐，无一日之忧。小人者，其未得也，则忧不得；既已得之，又恐失之。是以有终身之忧，无一日之乐也。"

——《荀子·子道》

【释义】子路问孔子说："君子也有忧虑吗？"孔子说："君子，还没有得到职位时，就为自己的志向而快乐；已经得到职位，又为自己的事业而快乐。所以终生都快乐，没有一天忧虑。小人，没有得到职位时，就为得不到职位而忧虑；已经得到职位，又害怕失去，所以一生都忧虑着，而没有一天的快乐。"

曾子曰："无内人之疏而外人之亲，无身不善而怨人，无刑已至而呼天。内人之疏而外人之亲，不亦反乎！身不善而怨人，不亦远乎！刑已至而呼天，不亦晚乎！

——《荀子·法行》

【释义】曾子说："不要疏远亲人而亲近外人，不要自己做得不好而埋怨别人，不要等已经面临刑罚了才呼喊上天。疏远亲人而亲近外人，不是违反情理吗？自己做得不好而埋怨别人，不是离事实太远了吗？刑罚已经降临了才呼喊上天，不是太晚了吗？"

曾子病，曾元持足。曾子曰："元！志之！吾语汝。夫鱼鳖鼋鼍犹以渊为浅而堀其中，鹰鸢犹以山为卑而增巢其上，及其得也，必以饵。故君子能无以利害义，则耻辱亦无由至矣。"

——《荀子·法行》

【释义】曾子病重，曾元抱着他的脚。曾子说："曾元，你记住！我告诉你：鱼鳖鼋鼍因为觉得深渊太浅，所以往下面继续挖洞，鹰鸢因为认为山太低,所以不停地在上面筑巢,被人捉住,一定是因为诱饵的缘故。所以君子如果能够做到不因为利益而损害道义,那么耻辱也就不会到来了。"

曾子曰:"同游而不见爱者,吾必不仁也;交而不见敬者,吾必不长也;临财而不见信者,吾必不信也。三者在身,曷怨人? 怨人者穷,怨天者无识。失之己而反诸人,岂不亦迂哉?"

——《荀子·法行》

【释义】曾子说:"共同游玩而不被别人喜爱,一定是因为自己不够仁爱;与人交往而不被尊敬,一定是因为自己不尊敬别人;接近财物而不被信任,一定是因为自己不讲信用。这三个原因都在自己身上,怎么还能埋怨别人呢? 越埋怨别人,越会无路可走;越是埋怨上天,越是没有见识。失误在自己,却反而去责备别人,这不是绕远了吗?"

孔子曰:"君子有三恕:有君不能事,有臣而求其使,非恕也;有亲不能报,有子而求其孝,非恕也;有兄不能敬,有弟而求其听令,非恕也。士明于此三恕,则可以端身矣。"

——《荀子·法行》

【释义】孔子说:"君子有三种恕道:有君主不能侍奉,有臣子却要役使他们,这不是恕道;有父母不能奉养,有儿子却想要他孝顺,这不是恕道;对兄长不能尊敬,却要求弟弟听从自己的命令,这不是恕道。士人明白这三种恕道,就可以端正身心了。"

孔子曰:"君子有三思,而不可不思也:少而不学,长无能也;老而不教,死无思也;有而不施,穷无与也。是故君子少思长则学;老思死则教;有思穷则施也。"

——《荀子·法行》

【释义】孔子说:"君子有三种必须思考的事情:年少不学习,长大了就没有才能;老年时不帮助教育年轻人,死后就没人怀念;自己富足时却不舍得施舍,等到自己穷困的时候就没人帮助。所以君子年少时如果能思考长大后怎么办,就会去学习;年老后如果能思考自己死后怎么办,就会去教育帮助年轻人,在自己富足的时候如果去思考自己穷困了怎么办,就会去施舍别人。"

子贡问于孔子曰:"赐为人下而未知也。"孔子曰:"为人下者乎?其犹土也。深抇之而得甘泉焉,树之而五谷蕃焉,草木殖焉,禽兽育焉,生则立焉,死则入焉,多其功而不息。为人下者其犹土也。"

——《荀子·尧问》

【释义】予贡问孔子说:"我想为人谦虚却不知该如何做。"孔子说:"为人谦虚吗?应该像土地一样吧?深深地挖掘就能得到甘泉,播种就会五谷丰盛、草木繁殖、禽兽繁衍,活着的站在上面,死了的埋在下面,功劳大却不自以为有功德。想要为人谦虚,就应该像土地一样。"

《老子》

道可道,非常道;名可名,非常名。无,名天地之始;有,名万物之母。故常无,欲以观其妙;常有,欲以观其徼。此两者,同出而异名,同谓之玄。玄之又玄,众妙之门。

——《老子》第一章

【释义】可以阐述解说的"道",就不再是"常道";一旦命名,便不再是"常名"。因为"常道"是无法具体言说和准确命名的,是一种只可意会、难以言传的存在。无,是天地的初始;有,是万物的根源。因此,要经常从"无"中体会道的微妙;要经常从"有"中体会道的端倪。"无"和"有"这两者,同出于道而名称不同,都可以代表"道",都很玄妙幽深。玄妙而又玄妙,是一切变化的总源头。

天下皆知美之为美,斯恶已;皆知善之为善,斯不善已。有无相生,难易相成,长短相形,高下相倾,音声相和,前后相随,恒也。

——《老子》第二章

【释义】天下都知道什么是"美",那么丑就显露出来了;都知道什么是"善",那么不善就显露出来了。任何事物都有它的对立面,对立面相互依赖而存在,就像有和无、难和易、长与短、高与下、音与声、前与后相互依存一样,这是普遍现象。

圣人处无为之事,行不言之教;万物作而弗始,生而弗有,为而弗恃,功成而弗居。夫唯弗居,是以不去。

——《老子》第二章

【释义】圣人用无为的方式处事,实行不言的教化;万物兴起而不加干涉,生养万物却不占有,化育万物却不自恃己能,成就了功业却不居功。正因为圣人不居功,他的功绩反而不会泯灭。

道冲,而用之或不盈。渊兮,似万物之宗;湛兮,似或存。吾不知谁之子,象帝之先。

——《老子》第四章

【释义】道是空虚的,但是它的作用却不会穷尽。它很深邃,好像万物的宗主;它很隐秘,不容易发现但却是真实的存在。我不知道它从哪里来,似乎在天帝之前它就存在了。

天长地久。天地所以能长且久者,以其不自生,故能长生。是以圣人后其身而身先;外其身而身存。以其无私,故能成其私。

——《老子》第七章

【释义】天地之所以能够长久存在,是因为天地不为自己而生,所以能够长生。圣人效法天地的生存之道,把自身置于众人之后,反而因此获得了大家的爱戴而走在了众人的前面;把自身置之度外,反倒保全了自己。圣人正因为无私,反而成就了自己。

上善若水。水善利万物而不争,处众人之所恶,故几于道。居善地,心善渊,与善仁,言善信,政善治,事善能,动善时。夫唯不争,故无尤。

——《老子》第八章

【释义】最好的品性就像水一样。水滋养万物却不与万物争夺,处在人们厌恶的低洼之地,但那却是离道最近的地方。具备了像水一样品性的人,很善于选择自己该待的地方，他们的心很沉静，与值得交往的人交往，说话遵守信用，治理国家能够做到清静自正，处事能够发挥所长，行动善于把握时机。具备了像水一样品性的人，不会与其他人争夺，所以也就不会有过失。

持而盈之，不如其已；揣而锐之，不可长保。金玉满堂，莫之能守；富贵而骄，自遗其咎。功遂身退，天之道也。

——《老子》第九章

【释义】执持盈满，还不如适时而止；显露锋芒，锐势反倒难保长久。金玉满堂，守护不住；富贵而骄，只会给自己招致祸患。功成身退，这才符合天道。

三十辐共一毂，当其无，有车之用。埏埴以为器，当其无，有器之用。凿户牖以为室，当其无，有室之用。故有之以为利，无之以为用。

——《老子》第十一章

【释义】三十根辐条汇集到一个车毂上，正因为车毂是中空的，车轮才能够转动起来，从而使车具备了车的功能；和陶土做器皿，正因为中间是空的，器皿才能盛东西，从而使器皿具备了器皿的功能；开凿门窗建房子，正因为房子中间是空的，所以房子才具备了房子的功能。从这些事例中就可以得出结论："有"给人带来的便利，是"无"赋予它的。

五色令人目盲，五音令人耳聋，五味令人口爽，驰骋畋猎令人心发狂，难得之货令人行妨。是以圣人为腹不为目，故去彼取此。

——《老子》第十二章

【释义】五色（青、黄、赤、白、黑，泛指多种颜色）缤纷使人眼花缭乱，五音（宫、商、角、徵、羽，泛指多种音乐）繁乱使人听觉不灵敏，五味（甜、酸、苦、辣、咸，泛指多种味道）混杂使人味觉出现偏差，纵马驰骋围猎使人内心放荡,珍稀的物品妨害人的操行。因此,圣人摈弃物欲的诱惑,而只求温饱而不追逐声色之娱。

古之善为道者,微妙玄通,深不可识。夫唯不可识,故强为之容:豫兮,若冬涉川;犹兮,若畏四邻;俨兮,其若客;涣兮,其若凌释;敦兮,其若朴;旷兮,其若谷;混兮,其若浊。孰能浊以静之徐清?孰能安以动之徐生?保此道者,不欲盈。夫唯不盈,故能蔽而新成。

——《老子》第十五章

【释义】古代善于行道的人,精妙通达,深刻而难以认识。正因为难以认识,只能勉强地来形容描述他的样子:他小心谨慎,像冬天涉过江河;他警觉戒惕,像提防四面的威胁;他恭敬庄重,像是去做客;他融和可亲,像河冰消解;他纯厚自然,像未经雕饰的原木;他心胸宽广,像幽深的山谷;他混然包容,像无法看透的浑水浊流。谁能够将浊水静止,慢慢澄清?谁能在安定中启动,慢慢产生?能够持守大道的人,不追求盈满,正因为不盈满,故能去旧更新。

致虚极,守静笃。万物并作,吾以观复。夫物芸芸,各复归其根。归根曰静,静曰复命。复命曰常,知常曰明。不知常,妄作凶。知常容,容乃公,公乃全,全乃天,天乃道,道乃久,没身不殆。

——《老子》第十六章

【释义】要把虚静的功夫做到极致和扎实。万物蓬勃生长,我从中体会到了"循环往复"的道理。万物尽管纷纷纭纭,但是最终都会返回自己本根。返回本根就叫作"静",静就是"复命","复命"就是"常道",能够体悟了解这个"常道",就叫作"明"。反之,不了解常道,胡乱作为,就会招来凶险灾祸。能够认识把握"常道"就能包容,能够包容就能公正,能公正就能周遍,能够周遍就意味着能够符合天地自然之道,能够符合天道就能长久,终生便不会陷入危殆之中。

道之为物,惟恍惟惚。惚兮恍兮,其中有象;恍兮惚兮,其中有物。窈兮冥兮,其中有精;其精甚真,其中有信。自今及古,其名不去,以阅众甫。吾何以知众甫之状哉? 以此。

——《老子》第二十一章

【释义】 道,尽管看似恍恍惚惚,其中却有形象,却有实物;道,遥远幽深,其中却有精质,这精质非常真切,可以验证。从古到今,道永远不会消失,可以用来观察万物的初始。我怎么知道万物的情状呢? 就是由体认"道"而得知。

曲则全,枉则直,洼则盈,敝则新,少则得,多则惑。是以圣人抱一为天下式。不自见,故明;不自是,故彰;不自伐,故有功;不自矜,故长。夫唯不争,故天下莫能与之争。古之所谓"曲则全"者,岂虚言哉! 诚全而归之。

——《老子》第二十二章

【释义】 委曲反而能保全,弯曲反而能伸直,低洼反而能充盈,破旧反而能生新,少取反而能多得,贪多反而会迷惑。所以圣人效法道那样去为人处世。不自显于众,反而能够看清世事;不自以为是,反而能够得到彰显;不自我夸耀,功劳反而能够得到承认;不骄傲,反而能长久。正因为守柔贵慈,不争强好胜,反而天下没有人能够与他争。古人所说的"委屈可以保全",难道说的是空话吗? 不是的,那是为人处世实实在在的道理。

飘风不终朝,骤雨不终日。孰为此者? 天地。天地尚不能久,而况人乎?

——《老子》第二十三章

【释义】 狂风刮不了一早晨,暴雨下不了一整天。是谁刮的飘风,下的骤雨呢? 是天地。天地用飘风骤雨的方式尚且不能持久,人用飘风骤雨的方式去做事更不可能成功。

企者不立,跨者不行,自见者不明,自是者不彰,自伐者无功,自矜者不长。其在道也,曰:余食赘行,物或恶之,故有道者不处。

——《老子》第二十四章

【释义】踮起脚尖站着,本想比别人站得高一点,反而站不稳;跨步向前,本想比别人走得快一点,反而走不快;自我显示的人,反而不能显闻;自以为是的人,反而不能彰显;自我夸耀的人,反而不会被认为有功劳;骄傲自大的人,反而不能持久。以上这些急躁炫耀的行为,从"道"的观点来看,都是惹人厌恶的剩饭赘瘤,所以有"道"的人不会这样做。

有物混成,先天地生。寂兮寥兮,独立而不改,周行而不殆,可以为天地母。吾不知其名,强字之曰"道",强为之名曰"大"。大曰"逝",逝曰"远",远曰"反"。故道大,天大,地大,人亦大。域中有四大,而人居其一焉。人法地,地法天,天法道,道法自然。

——《老子》第二十五章

【释义】有一个浑然一体的事物,在天地形成以前就存在了,人们听不到它的声音,也看不到它的形体,它独立存在永不改变,循环往复生生不息,它是生成天地万物的根源。我不知道它的名字,勉强给它命一个名字,称之为"道"。它广大无边、周流不息、伸展遥远而又能返回本原。域中有四大:道、天、地、人。这四者的关系是:人效法地,地效法天,天效法道,道就是自然而然。

重为轻根,静为躁君……轻则失根,躁则失君。

——《老子》第二十六章

【释义】重是轻率的根本,沉静是浮躁的主宰……轻率就会丧失根本,浮躁就会丧失主宰。

圣人常善救人,故无弃人;常善救物,无弃物……善人者,不善人之师;

不善人者善人之资。

——《老子》第二十七章

【释义】圣人能够做到人尽其才，在圣人眼中没有没用的人；圣人能够做到物尽其用，在圣人眼中没有没用的物……善人可以作为不善的人的老师，不善的人可以作为善人的借鉴。

圣人去甚，去奢，去泰。

——《老子》第二十九章

【释义】圣人没有极端、奢侈、过度的行为。

知人者智，自知者明。胜人者有力，自胜者强。知足者富。强行者有志。不失其所者久。死而不亡者寿。

——《老子》第三十三章

【释义】能够了解别人可以称得上机智，能够了解自己才算真正的高明。能够战胜别人算得上有力，能够战胜自己才算真正的强大。知道满足就是富有。努力不懈就是有志。不离失根基才能长久。虽然身死但精神长存，才是真正的长寿。

将欲歙之，必固张之；将欲弱之，必固强之；将欲废之，必固兴之；将欲取之，必固与之。是谓微明。柔弱胜刚强。鱼不可脱于渊，国之利器，不可以示人。

——《老子》第三十六章

【释义】要想收敛它，一定要先扩张它；要想削弱它，一定先让它强盛；要想废弃它，就先兴举它；将要夺取它，就先给予它。这就是深藏起来的高明。柔弱能够战胜刚强。鱼不能离开深渊，国家的利器不能随便向人炫耀。

大丈夫处其厚，不居其薄；处其实，不居其华。故去彼取此。

——《老子》第三十八章

【释义】大丈夫以敦厚修身，而不浅薄；以笃实修身，而不虚华。大丈夫抛弃浅薄虚华，而保留敦厚笃实。

反者道之动；弱者道之用。天下万物生于有，有生于无。

——《老子》第四十章

【释义】"道"按照"反"的规律而运行①；"道"通过柔弱的方式来发挥自己的作用。天下万物生于"有"，"有"的根本是"无"。

上士闻道，勤而行之；中士闻道，若存若亡；下士闻道，大笑之。不笑，不足以为道。

——《老子》第四十一章

【释义】上士听了道，努力实行；中士听了道，将信将疑；下士听了道，哈哈大笑。"道"如果不被嘲笑，如果人人都能够理解它，那它也就不足以成为"道"了。

名与身孰亲？身与货孰多？得与亡孰病？甚爱必大费，多藏必厚亡。故知足不辱，知止不殆，可以长久。

——《老子》第四十四章

【释义】名誉与生命，哪一个对人来说更亲近？生命与财产，哪一个对人来说更重要？获得名利与失去生命，哪一个对人来说危害更大？过分的爱名爱利就会为名利付出巨大的代价，物质财富累积得越多，一旦遭遇意外，损失也会越惨重。因此，知道满足才不会给自己带来耻辱，知道适可而止，才不会陷入危险中，这样才可以保持长久。

---

① 学术界一般认为"反"有两层含义：一为相反，即任何事物都有自己对立面，对立面会互相转化；二为返回，事物最终都会复归于道。

大成若缺,其用不弊。大盈若冲,其用不穷。大直若屈,大巧若拙,大辩若讷,大赢若绌。静胜躁,寒胜热。清静为天下正。

——《老子》第四十五章

【释义】最美好的东西好像残缺,但是它的作用不会停止。最充盈的东西好像空虚,但是它的作用不会穷尽。最正直的东西好像弯曲,最灵巧的东西好像笨拙,最雄辩的人好像口吃,最大的赢利好像亏本。沉静能够战胜浮躁,寒冷能够战胜炎热。清静无为可以让人成为天下的君长。

祸莫大于不知足,咎莫大于欲得。故知足之足,常足矣。

——《老子》第四十六章

【释义】没有比不知足更大的祸患了,没有比贪得无厌更大的罪过了。因此,知道满足,才会永远满足。

为学日益,为道日损。损之又损,以至于无为。

——《老子》第四十八章

【释义】"为学"追求的是经验知识,所以学的越多,累积的也就越多;但是"为道"致力于透过现象看本质,"为道"的功夫下得越深,越可以剥离掉与本质无关的东西,妄见越少,最后会达到无为的境地,即返璞归真。

天下有始,以为天下母。既得其母,以知其子;既知其子,复守其母。没身不殆。塞其兑,闭其门,终身不勤。开其兑,济其事,终身不救。见小曰明,守柔曰强。用其光复归其明,无遗身殃。是为袭常。

——《老子》第五十二章

【释义】天地万物都有自己的本原,那就是"道";了解了"道",就能了解万物;持守"道",终身都不会有危险。堵塞嗜欲的感官,关闭巧利的门径,则终身都不会辛苦;打开嗜欲的感官,陷入纷杂的事件中,则终身都不可救药。能够观察到细微之处叫作"明",能够坚守柔弱称之为"强"。使用智慧的

"光",返照内在的"明",不给自身带来祸殃,就是承袭了永恒的道。

物壮则老,谓之不道。不道早已。

——《老子》第五十五章

【释义】事物发展到过分盛壮的程度就要开始衰弱了,追求盛壮不符合道。不符合道,就会提早消亡。

挫其锐,解其纷,和其光,同其尘,是谓"玄同"。

——《老子》第五十六章

【释义】不露锋芒,销解纷扰,柔和光芒,混同尘世,这样就达到了玄妙齐同的境界。

祸兮,福之所倚;福兮,祸之所伏。孰知其极?其无正也。正复为奇,善复为妖。人之迷,其日固久。

——《老子》第五十八章

【释义】灾祸,是幸福倚傍的地方;幸福,里面往往潜伏着灾祸。谁知道它们最终走向呢?它们的转化并没有定准,正忽而变成邪,善忽而转变为恶。人们对此感到迷惑,已经很长时间了。

图难于其易,为大于其细;天下难事,必作于易,天下大事,必作于细……夫轻诺必寡信,多易必多难。是以圣人犹难之,故终无难矣。

——《老子》第六十三章

【释义】解决困难要从容易的地方着手,做大事情要从细小的地方入手。天下的难事,一定从简易开始;天下的大事,必定由细小开始……轻易应诺别人,往往会失信于人;把事情看得太容易,遇到的困难就一定多。因此圣人遇到事情总是把它看得艰难,最后反倒没有困难了。

　　其安易持，其未兆易谋。其脆易泮，其微易散。为之于未有，治之于未乱。合抱之木，生于毫末；九层之台，起于累土；千里之行，始于足下……民之从事，常于几成而败之。慎终如始，则无败事。

——《老子》第六十四章

　　【释义】事物稳定时，容易掌握；事物还没有出现变化迹象时，容易图谋；事物脆弱时，容易分解；事物还微小时，容易打散。要在事情还没有发生变化时就把它做好，要在混乱还没有产生时就把它治理好。合抱的大树，是从细小的萌芽生长起来的；九层的高台，是从一筐筐土开始堆积而成的；千里的远行，是从脚下第一步开始的……人们做事情，常常在快要成功的时候就失败了。如果在事情要完成的时候也能像事情开始时那样谨慎，就不会有失败的事情了。

　　我有三宝，持而保之。一曰慈，二曰俭，三曰不敢为天下先。

——《道德经》第六十七章

　　【释义】我一直持守着三件宝贝，第一是慈爱，第二是节俭，第三是不敢争先。

　　知不知，尚矣；不知知，病也；圣人不病，以其病病。夫唯病病，是以不病。

——《老子》第七十一章

　　【释义】知道自己有所不知道，最好；不知道却自以为知道，这是缺点。有"道"的圣人没有缺点，因为他把缺点当作缺点，正因为圣人重视缺点，所以缺点最终不会显现在他身上。

　　人之生也柔弱，其死也坚强。草木之生也柔脆，其死也枯槁。故坚强者死之徒，柔弱者生之徒。是以兵强则灭，木强则折。强大处下，柔弱处上。

——《老子》第七十六章

【释义】人活着的时候,身体是柔软的,死的时候就变得僵硬了。草木生长着的时候是柔软的,死了就变得干枯了。所以说,坚强的东西是属于死亡一类的,柔弱的东西反倒是有生命力的象征。因此,打仗逞强就会灭亡,树木强大就会遭受砍伐。凡是强大的,反而最终会处下;凡是柔弱的,最终反而会处上。

天下莫柔弱于水,而攻坚强者莫之能胜,以其无以易之。弱之胜强,柔之胜刚;天下莫不知,莫能行。

——《老子》第七十八章

【释义】世界上的事物没有比水更柔弱的,但是攻击坚硬的东西,却没有什么能胜过水。弱能胜强、柔能胜刚,天下的人都知道这个道理,却没有人能够真正遵循它。

信言不美,美言不信。善者不辩,辩者不善。知者不博,博者不知。圣人不积,既以为人,己愈有;既以与人,己愈多。天之道,利而不害;圣人之道,为而不争。

——《老子》第八十一章

【释义】真话不动听,动听的话不真诚。善良的人不巧辩,巧辩的人不善良。真正能够深入了解事物的人知识面不会太广博,知识面广博的人往往所知并不深入。圣人不为自己私藏财富,他尽全力帮助别人,自己反而更充足;他尽可能给予别人,自己反而更富有。自然的法则,是利物而不害物;圣人的准则,是帮助别人而不和别人争夺。

《庄子》

　　且夫水之积也不厚,则其负大舟也无力。覆杯水于坳堂之上,则芥为之舟,置杯焉则胶,水浅而舟大也。风之积也不厚,则其负大翼也无力,故九万里则风斯在下矣。而后乃今培风,背负青天而莫之夭阏者,而后乃今将图南。蜩与学鸠笑之曰:"我决起而飞,抢榆枋,时则不至,而控于地而已矣,奚以之九万里而南为?"适莽苍者,三餐而反,腹犹果然;适百里者,宿舂粮;适千里者,三月聚粮。之二虫,又何知? 小知不及大知,小年不及大年。奚以知其然也? 朝菌不知晦朔,蟪蛄不知春秋,此小年也。楚之南有冥灵者,以五百岁为春,五百岁为秋;上古有大椿者,以八千岁为春,八千岁为秋。此大年也。而彭祖乃今以久特闻,众人匹之,不亦悲乎?

——《庄子·逍遥游》

　　【释义】水如果汇积不深,它浮载大船就没有力量。如果倒一杯水在厅堂的低洼处,那么用小小的芥草当船就足够了,如果放一个杯子在上面,就会粘在地面上,原因就在于水太浅而船太大了。风如果聚积的力量不雄厚,那么它就托不起大鹏的翅膀,大鹏之所以能够飞到九万里的高空,就是因为有狂风在它身下托着,于是大鹏才能借着风力,背负青天向南飞去。蜩与学鸠讥笑大鹏说:"我从地面急速起飞,也只能碰着榆树和枋树的树枝,有时候甚至连树枝也碰不到,为什么要先到九万里的高空再往南飞呢?"到郊野去,带上三餐就可以往返,肚子还是饱饱的;到百里之外去,就需要用一整夜时间准备粮食;到千里之外去,就需要提前三个月准备粮食。生存的条件和追求的目标不同,这两只小鸟又哪里懂得呢? 小聪明理解不了大智慧,寿命短的理解不了寿命长的。这就好比只能活一个早晨的菌类不会懂得什么是昼夜交替,只能活到夏天的蟪蛄不会懂得什么是春秋,这就是短寿。楚国南边有叫冥灵的大龟,它把五百年当作春,把五百年当作秋;上古有叫大椿的古树,它把八千年当作春,把八千年当作秋,这就是长寿。彭祖以年寿长久而闻名于世,人们如果不顾自身情况与彭祖攀比,那岂不是太可悲了吗?

尧让天下于许由,曰:"日月出矣,而爝火不息,其于光也,不亦难乎? 时雨降矣,而犹浸灌,其于泽也,不亦劳乎? 夫子立而天下治,而我犹尸之,吾自视缺然,请致天下。"许由曰:"子治天下,天下既已治也,而我犹代子,吾将为名乎? 名者,实之宾也;吾将为宾乎? 鹪鹩巢于深林,不过一枝;偃鼠饮河,不过满腹。归休乎君,予无所用天下为! 庖人虽不治庖,尸祝不越樽俎而代之矣!"

——《庄子·逍遥游》

【释义】尧要把天下让给许由,说:"日月都出来了,而火把还不熄灭,它难道还想和日月比光辉吗? 及时雨已经降落,还在用人力浇灌,这难道不是徒劳吗? 你如果来做天子,天下就可太平,而我却还占着这个位子,我自己觉得很惭愧,请让我把天下交给你。"许由说:"你治理天下,天下已经太平了,而我还来代替你,我是为了名吗? 名是实的附属品,难道我会为了这区区附属品吗? 鹪鹩即使在深林里,筑巢也只不过需要一根树枝;偃鼠即使趴到河边喝水,也只不过喝饱肚皮就行了。你请回吧! 天下对我来说毫无用处。厨师即使不尽职,尸祝也不必越位而代替他去烹调。

瞽者无以与乎文章之观,聋者无以与乎钟鼓之声。岂唯形骸有聋盲哉? 夫知亦有之!

——《庄子·逍遥游》

【释义】没办法同瞎子共同欣赏花纹和色彩,没办法同聋子共同聆听钟鼓的乐声。难道只是形骸上有聋与瞎吗？思想上也有聋和瞎啊！

惠子谓庄子曰："魏王贻我大瓠之种，我树之，成，而实五石。以盛水浆，其坚不能自举也；剖之以为瓢，则瓠落无所容。非不呺然大也，吾为其无用而掊之。"庄子曰："夫子固拙于用大矣！宋人有善为不龟手之药者，世世以洴澼絖为事。客闻之，请买其方百金。聚族而谋曰：'我世世为洴澼絖，不过数金。今一朝而鬻技百金，请与之。'客得之，以说吴王。越有难，吴王使之将，冬，与越人水战，大败越人，裂地而封之。能不龟手一也，或以封，或不免于洴澼絖，则所用之异也。今子有五石之瓠，何不虑以为大樽而浮乎江湖，而忧其瓠落无所容？则夫子犹有蓬之心也夫！"

——《庄子·逍遥游》

【释义】惠子对庄子说："魏王送我大葫芦种子，我将它培植起来，结出的果实有五石容积。用这个大葫芦去盛水浆，可是它的坚固程度承受不了水的压力；把它剖开做瓢又太大了，没有什么地方可以放得下。这个葫芦确实很大，但实在没什么用处，我就把它砸烂了。"庄子说："先生实在是不善于使用大东西啊！宋国有一善于调制不龟手药物的人家，世世代代以漂洗丝絮为职业。有个游客听说了这件事，愿意用一百金的高价收买他的药方。全家人聚集在一起商量：'我们世世代代在河水里漂洗丝絮，所得不过数金，如今一下子就可以得到一百金。还是把药方卖给他吧。'这个游客得到药方，来游说吴王。正巧越国发难，吴王派他统率部队，冬天与越军在水上交战，吴军凭借这个不龟手的药物战胜了越军，吴王因此划割土地封赏他。同样的药方，有的人用它来获得封赏，有的人却只知道靠它在水中漂洗丝絮，这是使用方法不同造成的。如今你有五石容积的大葫芦，怎么不考虑用它来制成腰舟来浮游于江湖之上呢？却还担忧葫芦太大无处可放？看来你真是不开窍啊！"

夫随其成心而师之，谁独且无师乎？奚必知代而心自取者有之？愚者

与有焉……物无非彼,物无非是。自彼则不见,自知则知之。故曰:彼出于
是,是亦因彼……是以圣人不由而照之于天,亦因是也。是亦彼也,彼亦是
也。彼亦一是非,此亦一是非……劳神明为一,而不知其同也。

——《庄子·齐物论》

【释义】世人如果都以自己的成见作为判别是非的标准,那么谁没有一
个标准呢? 何必非得是懂得事物更替变化之理的聪明人才有是非标准呢?
即使是愚蠢的人也是有的。以我观物,则万物都是"彼";以物自观,则万物
皆为"此"。用彼方的观点来观察此方,则丝毫不见此方的是处;用此方的观
点来自视,则自己尽是是处。所以说彼方是由于和此方相对待而产生的,此
方也是由于和彼方相对待而产生的。辩论者费尽精神以求一致,而不知道
万物本来就是同一的。

民湿寝则腰疾偏死,鳅然乎哉? 木处则惴栗恂惧,猿猴然乎哉? 三者孰
知正处? 民食刍豢,麋鹿食荐,蝍蛆甘带,鸱鸦耆鼠,四者孰知正味……毛嫱
丽姬,人之所美也;鱼见之深入,鸟见之高飞,麋鹿见之决骤。四者孰知天下
之正色哉? 自我观之,仁义之端,是非之涂,樊然淆乱,吾恶能知其辩!

——《庄子·齐物论》

【释义】人如果睡在潮湿的地方,腰部就会患病,甚至会造成半身不遂,
但是泥鳅也会这样吗? 人如果居住在树上就会惊恐战栗,猿猴也会这样吗?
人、泥鳅、猿猴这三者,究竟谁知道哪里是该待的好地方呢? 人吃家畜的肉,
麋鹿吃草,蜈蚣吃小蛇,猫头鹰和乌鸦喜欢吃老鼠,这四者究竟谁知道什么
是可口的味道呢……毛嫱和丽姬,人们都认为她们美丽,但是鱼儿见到她们
就避入水底,鸟儿见到她们就飞上高空,麋鹿见到她们就急速逃跑。这四者
究竟谁知道什么是真正的美丽呢? 依我看来,仁义的头绪,是非的界限,本
来就错综杂乱,哪有什么明确的区别啊!

既使我与若辩矣,若胜我,我不若胜,若果是也,我果非也邪? 我胜若,

若不吾胜,我果是也,而果非也邪……使同乎若者正之,既与若同矣,恶能正之? 使同乎我者正之,既同乎我矣,恶能正之? 使异乎我与若者正之,既异乎我与若矣,恶能正之? 使同乎我与若者正之,既同乎我与若矣,恶能正之?

——《庄子·齐物论》

【释义】假使我与你辩论,你胜了我,我没有胜你,你果真是对的吗? 我果真是错的吗? 我胜了你,你没有胜我,我果真是对的吗? 你果真是错的吗? 如果让观点和你相同的人来评定,既然与你的观点相同,又怎么能评定呢? 如果让观点和我相同的人来评定,既然与我的观点相同,又怎么能评定呢? 如果让观点和你我都不同的人来评定,既然与你我的观点都不同,又怎么能评定呢? 如果让观点和你我都相同的人来评定,既然与你我的观点都相同,又怎么能评定呢?

吾生也有涯,而知也无涯 。以有涯随无涯,殆已! 已而为知者,殆而已矣! 为善无近名,为恶无近刑,缘督以为经,可以保身,可以全生,可以养亲,可以尽年。

庖丁为文惠君解牛,手之所触,肩之所倚,足之所履,膝之所踦,砉然响然,奏刀騞然,莫不中音。合于《桑林》之舞,乃中《经首》之会。文惠君曰:"嘻,善哉! 技盖至此乎?"庖丁释刀对曰:"臣之所好者,道也,进乎技矣。始臣之解牛之时,所见无非牛者。三年之后,未尝见全牛也;方今之时,臣以神遇而不以目视,官知止而神欲行。依乎天理,批大郤,导大窾,因其固然。技经肯綮之未尝,而况大軱乎! 良庖岁更刀,割也;族庖月更刀,折也。今臣之刀十九年矣,所解数千牛矣,而刀刃若新发于硎。彼节者有间,而刀刃者无厚;以无厚入有间,恢恢乎其于游刃必有余地矣,是以十九年而刀刃若新发于硎。虽然,每至于族,吾见其难为,怵然为戒,视为止,行为迟。动刀甚微,謋然已解,如土委地。提刀而立,为之四顾,为之踌躇满志,善刀而藏之。"文惠君曰:"善哉! 吾闻庖丁之言,得养生焉。"

——《庄子·养生主》

【释义】人的生命是有限的,而知识是无限的。以有限的生命去追求无限的知识,就会很疲惫! 既然这样还要执着地去追求知识,只会疲惫不堪。做好事不要求名,做坏事也要注意不要达到要遭受刑罚的地步,以顺应自然作为修身处世的法则,便可以保护生命,可以保全天性,可以奉养双亲,可以享尽天年。

庖丁给文惠君宰牛。手接触的地方,肩膀倚靠的地方,脚踩的地方,膝盖顶的地方,哗哗作响,进刀时发出的声音都合乎音律:合乎《桑林》舞乐的节拍,又合乎《经首》乐曲的节奏。梁惠王说:"嘻,好啊! 你解牛的技术怎么竟会高超到这种程度啊?"庖丁放下刀回答说:"我追求的是道,而不是一般的技术。起初我宰牛的时候,眼里看到的是一只完整的牛;三年以后,看到的不再是完整的牛而是牛的结构;现在,我凭精神和牛接触,而不用眼睛去看,顺着牛身上自然的纹理,劈开筋肉的间隙,顺着骨节间的空处进刀,这样,连筋脉经络相连和筋骨结合的地方,都不会碰到,更不可能碰到大骨头了。技术好的厨师每年更换一把刀,刀是割断筋肉的时候割坏的;技术一般的厨师每月就得更换一把刀,是因为砍骨头而把刀砍坏的。而我的刀已经用了十九年,所宰的牛有几千头了,但刀刃锋利得就像刚在磨刀石上磨好的一样。那是因为牛的骨节有间隙,而刀刃很薄,我用很薄的刀刃插入有空隙的骨节,绰绰有余,因此十九年来,刀刃还像刚从磨刀石上磨出来的一样锋利。每当碰到筋骨交错聚结很难下刀的地方,我就小心翼翼地提高警惕,视力集中到一点,动作缓慢下来,动起刀来非常轻,哗啦一声,牛的骨和肉一下子就解开了,就像泥土散落在地上一样。我提着刀站立起来,举目四望,悠然自得,心满意足,然后把刀擦抹干净,收藏起来。"梁惠王说:"好啊! 我听了庖丁的这番话,懂得了养生的道理了。"

泽雉十步一啄,百步一饮,不蕲畜乎樊中。神虽王,不善也。

——《庄子·养生主》

【释义】水泽中的野鸡走十步才能啄到一口食,走百步才能饮上一口水,但它却并不希望被养在笼子里。在笼中,确实能够让自己精神旺盛,但这种不自在的生活并不值得追求。

适来,夫子时也;适去,夫子顺也。安时而处顺,哀乐不能入也,古者谓是帝之县解。

——《庄子·养生主》

【释义】来了,就顺应它;走了,也顺应它。安时处顺,不与命运抗争,便不会受到哀、乐这些情绪的困扰,古代的圣人称其为把人从倒挂着的痛苦状态下解脱出来的好方法。

夫道不欲杂,杂则多,多则扰,扰则忧,忧而不救。

——《庄子·人间世》

【释义】修道应当专心致志,而不可以心志杂乱,心杂就会多事,多事就会自扰,自扰就有忧患,有忧患就会不可救药。

回曰:"敢问心斋。"仲尼曰:"若一志! 无听之以耳而听之以心,无听之以心而听之以气。听止于耳,心止于符。气也者,虚而待物者也。唯道集虚。虚者,心斋也。"

——《庄子·人间世》

【释义】颜回说:"请问什么是内心的斋戒?"孔子说:"专一你的心志,不要用耳朵去听,而要用心灵去体会,不仅要用心灵去体会,而且还要用气去感应。耳朵的作用仅限于听闻声响而已,心的思虑仅能与外物相合而已。至于气,乃是以虚空容纳万物的。真道唯聚于空明虚静的心境,这就是心斋的要义。"

自事其心者,哀乐不易施乎前,知其不可奈何而安之若命,德之至也。

——《庄子·人间世》

【释义】调养自己的心性，让哀与乐的情绪都不来影响自己，知道事情无可奈何而顺应它，这就是修道的最高境界。

兽死不择音，气息茀然，于是并生心厉。剋核大至，则必有不肖之心应之，而不知其然也。

——《庄子·人间世》

【释义】逼兽于死地，它就会发出怪叫之声，野兽的怒气勃然发作了，便会产生伤人的恶念。同样的，一个人如果做事太苛刻，别人就会起恶念来报复他，遭到报复之后，他自己还不知道为什么会这样呢。

汝不知夫螳螂乎？怒其臂以当车辙，不知其不胜任也，是其才之美者也。戒之，慎之！

——《庄子·人间世》

【释义】你难道没见过螳螂吗？螳螂奋力举起臂膀去抵挡车轮前进，螳螂这样做是因为它把自己的本领看得太大了，完全不知道自己胜任不了的缘故。一定要引以为戒，一定要谨慎啊！

夫爱马者，以筐盛矢，以蜄盛溺。适有蚊虻仆缘，而拊之不时，则缺衔、毁首、碎胸。意有所至，而爱有所亡，可不慎邪！

——《庄子·人间世》

【释义】爱马的人，用竹筐接马粪，用大蛤壳接马尿。偶尔有蚊虻叮在马身上，如果拍打得不及时，马就会咬断衔勒，用蹄踢人以至于夺人性命。如果爱马爱得太过分了，马反而有可能会忘掉你的爱意转而得寸进尺地伤害你，一定要谨慎啊！

匠石之齐，至于曲辕，见栎社树。其大蔽数千牛，絜之百围，其高临山十仞而后有枝……观者如市，匠伯不顾，遂行不辍。弟子厌观之，走及匠石，曰:"自吾执斧斤以随夫子,未尝见材如此其美也。先生不肯视,行不辍,何邪?"曰:"已矣,勿言之矣! 散木也。以为舟则沉,以为棺椁则速腐,以为器则速毁,以为门户则液樠,以为柱则蠹,是不材之木也,无所可用,故能若是之寿。"匠石归,栎社见梦曰:"女将恶乎比予哉? 若将比予于文木邪? 夫柤梨橘柚果蓏之属,实熟则剥,剥则辱。大枝折,小枝泄。此以其能苦其生者也,故不终其天年而中道夭,自掊击于世俗者也,物莫不若是。

——《庄子·人间世》

【释义】有个名叫石的木匠到齐国去,到了曲辕,看见了一棵栎树。这棵树大到可以遮蔽几千头牛,树身有一百围粗;树木高大,树干竽出山顶八丈以上才有分枝……前来观看这棵树的人像赶集的一样多,然而匠石看都不看一眼,脚步不停地往行走。弟子把这树仔细查看了一番后,跑着赶上匠石,说:"自从我拿着斧头跟随先生以来,从没有见过像这样好的木材。先生你却不肯看一眼,走个不停,这是为什么呢?"匠石说:"算了,不要说它了!那是没有用的散木,用它来造船就会沉没,用它来做棺材很快就会腐烂,用它来做器具很快会毁坏,用它来做门户就会脂液外渗,用它来做柱子就会虫蛀,这是不成材的树木。正是因为它没有什么用处,所以能够这样长寿。"匠石回来后,栎树托梦给他说:"你要把我和什么相比呢? 你要把我和那些有用的树木相比吗? 山楂树、梨树、橘树、柚子树等这些瓜果树之类,果实成熟了就会遭受敲打,大枝被折断,小枝被牵扭。就是因为它们有用才害苦了自己,以至于不能享尽天年而中途夭折。因为自身有用反倒招来了世俗者的打击,这样的情况太常见了。

山木自寇也,膏火自煎也。桂可食,故伐之;漆可用,故割之。人皆知有用之用,而莫知无用之用也。

——《庄子·人间世》

【释义】山上的树木自己招来了砍伐之祸,油脂的燃烧最终熬干了自己。桂树可供食用,所以遭到了砍伐;漆树可以用,所以遭到了刀割。人们都知道有用的好处,却不知道无用的好处。

哀公曰:"何谓才全?"仲尼曰:"死生、存亡、穷达、贫富、贤与不肖、毁誉、饥渴、寒暑,是事之变,命之行也,日夜相代乎前,而知不能规乎其始者也。故不足以滑和,不可入于灵府。使之和、豫、通而不失于兑,使日夜无郤而与物为春,是接而生时于心者也。是之谓才全。"

——《庄子·德充符》

【释义】哀公说:"什么叫才性完备呢?"孔子说:"死生、存亡、穷达、贫富、贤与不肖、毁誉、饥渴、寒暑,这些都是事物的变化,天命的运行,它们在人们的眼前日夜循环更替,而人并没有能力干涉它们。既然如此,就不要让这些变化扰乱自己和顺的本性,侵入自己纯真的心灵。有能力让自己的心灵始终保持心灵安适.顺畅,而不失去愉悦之情,在与物境接触时,只是客观地反映它而不带任何成见,也不受任何影响,这就叫作才性完备。"

有人之形,无人之情。有人之形,故群于人;无人之情,故是非不得于身。眇乎小哉,所以属于人也;謷乎大哉,独成其天……惠子曰:"人而无情,何以谓之人?"庄子曰:"道与之貌,天与之形,恶得不谓之人?"惠子曰:"既谓之人,恶得无情?"庄子曰:"是非吾所谓情也。吾所谓无情者,言人之不以好恶内伤其身,常因自然而不益生也。"

——《庄子·德充符》

【释义】圣人虽然具有常人的形貌,却没有常人各种有所偏好的情感。具有常人形貌,所以能与常人共处;没有常人那种有所偏好的情感,所以是非不会扰乱他的身心。圣人渺小,是因为他的形貌和常人一样;圣人伟大,是因为他真正体会了天道……惠子问庄子:"人应该是无情的吗?"庄子说:"是的。"惠子说:"人如果没有情感,怎么能称作人呢?"庄子说:"道给了人容貌,天给了人形质,怎么不能称作人呢?"惠子说:"既然称作人,怎么会没有人的情感呢?"庄子说:"这不是我所说的情感。我所说的无情,乃是说人不要让好恶之情损害自的身心，应该经常顺其自然而不人为地去增益。"

知天之所为，知人之所为者，至矣。

——《庄子·大宗师》

【释义】知道哪些是属于天然的，哪些是属于人为的，这就是洞察事理的极境了。

死生，命也；其有夜旦之常，天也。人之有所不得与，皆物之情也……泉涸，鱼相与处于陆，相呴以湿，相濡以沫，不如相忘于江湖。与其誉尧而非桀也，不如两忘而化其道。

——《庄子·大宗师》

【释义】死生有命，日夜由天。这是人所不能干预的。因此圣人任由天道支配，把人生、毁誉看破。无所谓得，亦无所谓失；既乐于生，也乐于死……泉水干枯了，共同被困于陆地的鱼，用残存的湿气相互滋润，用唾沫相互沾湿，与其这样，还不如在江湖里彼此相忘而自在。与其称誉尧而非难桀，还不如善恶两忘而与大道化而为一。

子祀、子舆、子犁、子来四人相与语曰："孰能以无为首，以生为脊，以死为尻，孰知死生存亡之一体者，吾与之友矣。"四人相视而笑，莫逆于心，遂相与为友。俄而子舆有病，子祀往问之。曰："伟哉，夫造物者将以予为此拘拘也。"曲偻发背，上有五管，颐隐于齐，肩高于顶，句赘指天。阴阳之气有沴，其心闲而无事，跰𨇤而鉴于井，曰："嗟乎！夫造物者又将以予为此拘拘也！"子祀曰："女恶之乎？"曰："亡，予何恶！浸假而化予之左臂以为鸡，予因以求时夜；浸假而化予之右臂以为弹，予因以求鸮炙。浸假而化予之尻以为轮，以神为马，予因以乘之，岂更驾哉！且夫得者，时也；失者，顺也。安时而处顺，哀乐不能入也……俄而子来有病，喘喘然将死，其妻子环而泣之。子犁往问之，曰："叱！避！无怛化！"倚其户与之语曰："伟哉造化！又将奚以汝为? 将奚以汝适? 以汝为鼠肝乎? 以汝为虫臂乎?"子来曰:"父母于子,东西南北,唯命之从,阴阳于人,不翅于父母。彼近吾死而我不听,我则悍矣,彼何罪焉? 夫大块载我以形,劳我以生,佚我以老,息我以死。故善吾生者,乃所以善吾死也。

——《庄子·大宗师》

【释义】子祀、子舆、子犁、子来四个人共同谈论,说:"谁能把无当作头,把生当作脊梁,把死当作尾骨,谁能认识到死生存亡是一体的,我们就和他交朋友。"四个人相视一笑,彼此心意相通,于是就共同结为朋友。不久,子舆生病了,子祀去看望他。子舆说:"伟大啊! 造物者要把我变成这样一个曲背的人啊!"虽然这是子舆腰曲背弯,五脏的穴位随背而向上,面颊缩在肚脐里,肩膀高过头顶,脑后的发髻朝天,阴阳二气乖戾不调,但是他仍闲逸自适而不以病重为累,他步履艰难地走到井边照着自己的影子说:"哎呀! 造化把我变成了这样一个曲背的人啊!"子祀说:"你厌恶这种变化吗?"子舆说:"不,我哪里厌恶呢! 如果造化把我的左臂渐渐地变成公鸡,我就用它来报晓;如果造化把我的右臂渐渐地变成弹弓,我就用它来打鸟烤肉吃;如果造化把我的尾骨渐渐地变成车轮,把我的精神变成骏马,我就坐上它,还不用另外找车驾呢! 该我活着时,我就应时而生;该我死去时,我就顺时而去,安时处顺,悲哀和欢乐的情绪就不能侵入内心……不久,子来生病了,呼吸急促地将要死去,他的妻子和儿女围着他哭。子犁前往问候他,对子来的亲属说:"去! 走开! 不要惊动正在变化的人!"他靠着门户对子来说:"造物者真伟大啊! 又要把你变成什么东西呢? 又要把你送到哪儿去呢? 要把你变成鼠肝吗? 要把你变成虫臂吗?"子来说:"子女对于父母,无论东西南北,都要听从父母之命。人对于阴阳造化,与对父母没有区别。如果造化令我死亡而我却不服从,那我就算忤逆不顺了,造化有什么罪过呢? 大自然赋予我形体,是要让我生时勤劳,老时安逸,死后休息。所以我把生看成是美事,也必须把死同样看成是美事。"

颜回曰："回益矣。"仲尼曰："何谓也?"曰："回忘仁义矣。"曰："可矣,犹未也。"他日复见,曰："回益矣。"曰："何谓也?"曰："回忘礼乐矣。"曰："可矣,犹未也。"他日复见,曰："回益矣。"曰："何谓也?"曰："回坐忘矣。"仲尼蹴然曰："何谓坐忘?"颜回曰："堕肢体,黜聪明,离形去知,同于大通,此谓坐忘。"仲尼曰："同则无好也,化则无常也。而果其贤乎! 丘也请从而后也。"

——《庄子·大宗师》

【释义】颜回说："我进步了。"孔子说："怎么讲呢?"颜回说："我已经忘掉仁义了。"孔子说："好,但还没有进入大道境界。"过了几天,颜回又见到孔子,说："我进步了。"孔子说："怎么讲呢?"颜回说："我已忘掉礼乐了。"孔子说："好,但还没有进入大道境界。"过了几天,颜回又见到孔子,说："我进步了。"孔子说："怎么讲?"颜回说："我达到了坐忘的境界。"孔子惊奇地说:"什么叫坐忘?"颜回说："忘掉自己的形体,泯灭聪明,形智皆弃,与大道混同为一,这就是坐忘。"孔子说："与道混同为一就没有好恶之情,与变化同游就不会受到约束。你果真成了贤人啊! 我愿意跟在你的后面学习。"

无为名尸,无为谋府,无为事任,无为知主。体尽无穷,而游无朕。尽其所受乎天而无见得,亦虚而已。至人之用心若镜,不将不迎,应而不藏,故能胜物而不伤。

——《庄子·应帝王》

【释义】不要做名誉的承受者,不要动用智谋,不要承担世俗的事情,不要去追逐智慧。体悟着无穷的大道,与道同游。享受着从上天那里所禀受的自然本性,不要执着于本性之外的追求,这就是虚寂无为的心境。至人用心犹如明镜,物来不迎,物去不送,所以能够超脱物外而不为外物劳神伤身。

南海之帝为倏,北海之帝为忽,中央之帝为浑沌。倏与忽时相与遇于浑沌之地,浑沌待之甚善。倏与忽谋报浑沌之德,曰："人皆有七窍以视听食息,此独无有,尝试凿之。"日凿一窍,七日而浑沌死。

——《庄子·应帝王》

【释义】南海的主宰名叫倏,北海的主宰名叫忽,中央的主宰名叫浑沌。倏和忽时常在浑沌的住地相遇,浑沌款待他们特别周到丰盛。倏和忽共同商量着要报答浑沌的盛情厚意,说:"人都有七窍用来看、听、吃、呼吸,唯独浑沌没有,我们试着给他凿开出来吧。"他们就每天给浑沌凿一窍,凿到第七天浑沌就死了。

《韩非子》

至言忤于耳而倒于心，非贤圣莫能听。

——《韩非子·难言》

【释义】恳切合理的意见逆耳而不顺心，如果不是圣贤是听不进去的。

凡说之难：在知所说之心，可以吾说当之。所说出于为名高者也，而说之以厚利，则见下节而遇卑贱，必弃远矣。所说出于厚利者也，而说之以名高，则见无心而远事情，必不收矣。所说阴为厚利而显为名高者也，而说之以名高，则阳收其身而实疏之；说之以厚利，则阴用其言显弃其身矣。此不可不察也。

——《韩非子·说难》

【释义】进言劝说的主要困难在于：了解进言劝说对象的心理，并能用自己的话去迎合他的心理是困难的。如果进言劝说的对象想要得到高尚的名声，而进说者却用厚利来游说他，就会被看成是节操低下的人而得到卑贱的待遇，一定会遭到抛弃和疏远。如果进言劝说的对象对厚利有兴趣，进说者却用高尚的名声去游说他，那么进说者就会被看作没有心计且不切实际的人，也一定不会被采纳。如果进言劝说的对象是暗地里想得到厚利而表面上却装作追求高名的人，进说者如果用名声来游说他，那么就会表面上被采用而实际上被疏远；进说者如果用厚利来游说他，就会暗地里采纳进说者的意见而公开地抛弃进说者本人。以上这些都是不能不明察的情况。

夫龙之为虫也,柔可狎而骑也;然其喉下有逆鳞径尺,若人有婴之者,则必杀人。人主亦有逆鳞,说者能无婴人王之逆鳞,则几矣。

——《韩非子·说难》

【释义】龙这种动物,驯服时可以和它游戏并骑着它;但是它的喉下有一尺长的倒长着的鳞片,如果有人触动了这些鳞片,龙就一定会杀死他。君主也有倒长着的鳞片,进说的人能够不触动君主倒长着的鳞片,那就差不多了。

木之折也必通蠹,墙之坏也必通隙。然木虽蠹,无疾风不折;墙虽隙,无大雨不坏。

——《韩非子·亡征》

【释义】树木折断一定由于虫蛀,土墙倒塌一定由于有了裂缝。但是树木虽然生了蛀虫,没有大风是不会折断的;土墙虽然出现了裂缝,没有大雨是不会倒塌的。

医善吮人之伤,含人之血,非骨肉之亲也,利所加也。故舆人成舆,则欲人之富贵;匠人成棺,则欲人之夭死也。非舆人仁而匠人贼也,人不贵,则舆不售;人不死,则棺不买。情非憎人也,利在人之死也。

——《韩非子·备内》

【释义】医生善于吮吸别人的伤口,吸出别人的脓血,不是与别人有骨肉霜情,是利益加在这种行为上面。造车的人造成车子,就希望别人富贵;造棺材的人制成棺材,就希望别人早死。这不是造车的人仁德,制棺材的人狠毒。别人不富贵,那么车子就卖不掉;别人不死,那么就没有人买棺材。本意并不是憎恨别人,而是因为利益就取决于别人的死亡。

子围见孔子于商太宰。孔子出,子围人,请问客。太宰曰:"吾已见孔子,则视子犹蚤虱之细者也。吾今见之于君。"子围恐孔子贵于君也,因谓太宰曰："君已见孔子,亦将视子犹蚤虱也。"太宰因弗复见也。

——《韩非子·说林上》

【释义】子围将孔子引见给宋国的太宰。孔子出来,子围进去,向宋太宰问他对孔子的看法。太宰说:"我见过孔子之后,再看您就像跳蚤、虱子一样微小了。我现在就要把他引见给我们宋国的国君。"子围怕孔子被君主看重,于是对太宰说:"君主见到孔子之后,也会把您看成像跳蚤和虱子一样了。"太宰因此不再引见孔子去见宋国的君主了。

子胥出走,边候得之。子胥曰:"上索我者,以我有美珠也。今我已亡之矣。我且曰:子取吞之。"候因释之。

——《韩非子·说林上》

【释义】伍子胥从楚国出逃,楚国的边关守吏抓住了他。伍子胥说:"楚王搜捕我,因为我手里有美珠。现在我已经把美珠弄丢了。我将会对楚王说:你抢去吞到肚子里去了。"守吏于是放了他。

假人于越而救溺子,越人虽善游,子必不生矣。失火而取水于海,海水虽多,火必不灭矣,远水不救近火也。

——《韩非子·说林上》

【释义】从越国借人来救溺水的孩子,越人虽然很会游水,但溺水的孩子一定不会得救。失了火而后从海里取水来救火,海水虽然很多,火一定不会被泼灭,因为远水救不了近火。

乐羊为魏将而攻中山,其子在中山。中山之君烹其子而遗之羹,乐羊坐于幕下而啜之,尽一杯。文侯谓堵师赞曰:"乐羊以我故而食其子之肉。"答曰:"其子而食之,且谁不食?"乐羊罢中山,文侯赏其功而疑其心。

孟孙猎得麑,使秦西巴持之归,其母随之而啼。秦西巴弗忍而与之。孟孙归,至而求麑,答曰:"余弗忍而与其母。"孟孙大怒,逐之。居三月,复召以为其子傅。其御曰:"曩将罪之,今召以为子傅,何也?"孟孙曰:"夫小忍麑,又且忍吾子乎?"

故曰:"巧诈不如拙诚。"乐羊以有功见疑,秦西巴以有罪益信。

——《韩非子·说林上》

【释义】乐羊担任魏国将领进攻中山国,他的儿子在中山国。中山国的君主烹杀了他的儿子并送来他儿子的肉汁,乐羊坐在军帐中吃下这些肉汁。魏文侯对堵师赞说:"乐羊为了我而吃下了自己儿子的肉。"堵师赞回答说:"他连自己的儿子都能吃下,还有谁不能吃?"乐羊从中山国作战回来,魏文侯虽然奖赏了他的军功,但却开始怀疑他的用心。

孟孙氏猎获到一头小鹿,让秦西巴带上它回家,小鹿的母亲跟在后边啼哭。秦西巴不忍心母鹿的哀啼,而把小鹿放回了母鹿身边。孟孙氏回来后,到秦西巴那里索要小鹿。秦西巴回答说:"我不忍心,就把它放回到了母鹿身边。"孟孙氏非常生气,把他赶跑了。过了三个月,又召回秦西巴让他做自己儿子的师傅。孟孙氏的车夫说:"您过去将他治罪,现在又召他回来做您儿子的师傅,这是为什么?"孟孙氏说:"他对小鹿都不忍心,何况对我的儿子呢?"

所以说:"智巧和诈伪不如笨拙和诚实。"乐羊因为有功而被怀疑,秦西巴则因为有罪而更受信任。

鲁人身善织屦,妻善织缟,而欲徙于越。或谓之曰:"子必穷矣。"鲁人曰:"何也?"曰:"屦为履之也,而越人跣行,缟为冠之也,而越人被发。以子之所长,游于不用之国,欲使无穷,其可得乎?"

——《韩非子·说林上》

【释义】鲁国有个人很会织草鞋,妻子会纺织生绢,打算迁往越国去。有人对他说:"你一定会陷于困窘。"鲁人说:"为什么呢?"这个人说:"草鞋的作用是为了穿在脚上,但越国人却光着脚走路,生绢做的帽子是为了戴在头上,而越国人却披散着头发。凭你的长处,到用不着它的国家去活动,要想不困窘,怎么可能呢?"

　　陈轸贵于魏王。惠子曰:"必善事左右。夫杨,横树之即生,倒树之即生,折而树之又生。然使十人树之而一人拔之,则毋生杨。至以十人之众,树易生之物而不胜一人者,何也? 树之难而去之易也。子虽工自树于王,而欲去子者众,子必危矣。"

——《韩非子·说林上》

　　【释义】陈轸受到魏王的尊重。惠子说:"一定要好好侍奉君主身边的人。杨树,横栽着能活,倒插着能活,折断了再栽上它还能活。然而使十个人栽一个人拔,就没有活的杨树了。至于用十个人的力量栽容易成活的树木而抵不住一个人的拔,这是什么原因? 是因为栽种它难而拔掉它容易。你虽然善于在魏王那里树立自己的形象,但想要赶跑你的人很多,你一定就会遭遇危险了。"

　　隰斯弥见田成子,田成子与登台四望。三面皆畅,南望,隰子家之树蔽之。田成子亦不言。隰子归,使人伐之。斧离数创,隰子止之。其相室曰:"何变之数也?"隰子曰:"古者有谚曰:'知渊中之鱼者不祥。'夫田子将有大事,而我示之知微,我必危矣。不伐树,未有罪也;知人之所不言,其罪大矣。"乃不伐也。

——《韩非子·说林上》

　　【释义】隰斯弥去会见田成子,田成子和他一同登上高台四面眺望。三面都一览无余,向南眺望,隰斯弥家的树遮蔽了视线。田成子也没有说话。隰斯弥回到家里,派人去砍树。斧头刚砍了几道口子,隰斯弥就制止了砍伐。他身边的随从说:"你怎么变得这样快?"隰斯弥说:"古时的谚语有这样的话:'视力能看到深潭里的鱼不吉利。'田成子将要做大事,我显示出我知道了他隐蔽的心理,我就一定危险了。不砍掉我家园里的树,没有什么过错;知道了他人所不愿说的秘密,这个罪过可就大了。"于是就不砍树了。

杨子过于宋东之逆旅。有妾二人,其恶者贵,美者贱。杨子问其故。逆旅之父答曰:"美者自美,吾不知其美也;恶者自恶,吾不知其恶也。"杨子谓弟子曰:"行贤而去自贤之心,焉往而不美?"

——《韩非子·说林上》

【释义】杨朱经过宋国东部的一家客店。店主人有两个妾,那个长得丑的受尊重,而长得美的被轻贱。杨朱询问其中的原因。客店的主人回答说:"长得美的自以为美,我不觉得她漂亮;长得丑的自以为丑,我不觉得她丑。"杨朱对他的弟子说:"做贤德的事而去掉自以为贤德的念头,到哪里会不受赞美呢?"

卫人嫁其子而教之曰:"必私积聚。为人妇而出,常也;其成居,幸也。"其子因私积聚,其姑以为多私而出之。其子所以反者,倍其所以嫁。其父不自罪于教子非也,而自知其益富。

——《韩非子·说林上》

【释义】有个卫国人嫁女儿时教导女儿说:"一定要私下积攒财物。做人家的妻子被休回娘家,是平常的事;而终生在一起,则是侥幸的事。"他的女儿因而私下积聚财物,她的婆婆因为她私下积攒很多财物而将她休了。这个卫人的女儿所带回来的财物是他给女儿嫁妆的数倍。这个父亲不后悔自己错误地教育了女儿,却自以为很聪明。

鲁丹三说中山之君而不受也,因散五十金事其左右。复见,未语,而君与之食。鲁丹出,而不反舍,遂去中山。其御曰:"反见,乃始善我,何故去之?"鲁丹曰:"夫以人言善我,必以人言罪我。"

——《韩非子·说林上》

【释义】鲁丹三次游说中山国的君主而不被接受,于是散发五十金贿赂君主身边的侍从。再次去拜见中山国君主时,还没开口说话,君主就赐给他酒食。鲁丹从宫中出来,没有返回馆舍,就离开了中山国。他的马车夫说:

"你回过头再去谒见时,君主才开始和我们交好,为什么要离开呢?"鲁丹说:"因为别人的话而对我好,也一定会因为别人的话加罪于我。"

慧子曰:"狂者东走,逐者亦东走。其东走则同,其所以东走之为则异。故曰:同事之人,不可不审察也。"

——《韩非子·说林上》

【释义】惠施说:"疯子朝东跑,追赶他的人也向东跑。他们都朝东跑是相同的,他们朝东跑的原因则不同。所以说,对于做同样事情的人,不能不考察他们不同的动机。"

惠子曰:"置猿于柙中,则与豚同。"故势不便,非所以逞能也。

——《韩非子·说林下》

【释义】惠施说:"把猿关在木笼子里,那么它与猪也没有什么不同。"这是因为情势不利于它,不是它施展才能的地方。

卫将军文子见曾子,曾子不起而延于坐席,正身于奥。文子谓其御曰:"曾子,愚人也哉!以我为君子也,君子安可毋敬也?以我为暴人也,暴人安可侮也?曾子不僇,命也。"

——《韩非子·说林下》

【释义】卫将军文子去见曾参,曾参不起身请文子入座,自己却端坐在座席的尊位上。文子对自己的马车夫说:"曾参,是一个多么愚蠢的人啊!如果把我当成君子,对君子怎么可以不尊敬呢?如果把我当成残暴的人,对残暴的人怎么敢侮辱呢?曾参不遭到杀身之祸,那算他命好。"

鸟有翩翩者,重首而屈尾,将欲饮于河,则必颠,乃衔其羽而饮之。人之所有饮不足者,不可不索其羽也。

——《韩非子·说林下》

【释义】有一种青黑羽毛的鸟，头大而秃尾，如果到河边去饮水，就会栽进河里，一定需要另一只鸟衔着它的羽毛才能够饮水。人若有欲望而不能得到满足，一定要寻求伙伴来帮助自己。

伯乐教其所憎者相千里之马，教其所爱者相驽马。千里之马时一，其利缓；驽马日售，其利急。此《周书》所谓"下言而上用者，惑也"。

——《韩非子·说林下》

【释义】伯乐教自己所憎恶的人识别千里马，教自己喜欢的人识别普通的马。千里马很少见，识别这种马获利慢；普通的马天天都有人买卖，识别这种马获利快。这就是《周书》上所说的，"把适用于一时一事的话当成普遍的原则来使用，这也是一种迷惑"。

桓赫曰："刻削之道，鼻莫如大，目莫如小。鼻大可小，小不可大也；目小可大，大不可小也。"举事亦然。为其后可复者也，则事寡败矣。

——《韩非子·说林下》

【释义】桓赫说："雕刻的原则，雕鼻子不如先雕大一些，眼睛不如先雕小一些。鼻子雕大了可以改小，雕小了则不能变大；眼睛雕小了可以改大，雕大了则不能变小。"办事也是这样的。做的事如果事后可以补救，那事情就很少失败了。

崇侯、恶来知不适纣之诛也，而不见武王之灭之也。比干、子胥知其君之必亡也，而不知身之死也。故曰："崇侯、恶来知心而不知事，比干、子胥知事而不知心。"圣人其备矣。

——《韩非子·说林下》

【释义】崇侯、恶来知道不顺从商纣王就要被诛杀，但预见不到周武王会灭掉纣王。比干、伍子胥知道他们的君主一定会灭亡，但不知道自己会被杀死。所以说："崇侯、恶来知道君主的心理却不知道国事的兴废，比干、伍子胥知道国家的兴亡却不知道君主的心理。"圣人应该是两者兼备的。

三虱相与讼,一虱过之,曰:"讼者奚说?"三虱曰:"争肥饶之地。"一虱曰:"若亦不患腊之至而茅之燥耳,若又奚患于是?"乃相与聚嘬其母而食之。彘臞,人乃弗杀。

——《韩非子·说林下》

【释义】三只虱子互相争辩,一只虱子从旁边经过,说:"你们吵吵嚷嚷争些什么?"三只虱子说:"在争猪身上肥腴的地方。"路过的那只虱子说:"你们也不怕腊祭到来而烤猪的茅草在燃烧,你们又何必在这上面计较呢?"这三只虱子便聚在一起吸食母猪身上的血。母猪消瘦了,人们就不杀它了。

宫有垩,器有涤,则洁矣。行身亦然,无涤垩之地则寡非矣。

——《韩非子·说林下》

【释义】宫墙涂上白色,器具用水冲洗,就洁净了。人修身处世也是这样,到了没有需要洗涤和涂白的地步,那就说明过错很少了。

有与悍者邻,欲卖宅而避之。人曰:"是其贯将满矣,子姑待之。"答曰:"吾恐其以我满贯也。"遂去之。故曰:"物之几者,非所靡也。"

——《韩非子·说林下》

【释义】有个与凶悍的人做邻居的人,想卖掉宅子而避开他。有人对他说:"这个凶暴的人将要恶贯满盈了,你姑且等待一下。"这个人回答说:"我担心他会用我来满他的恶贯。"于是离开了那个凶暴的人。所以说:"事情出现了危险的兆头,就不能再拖延。"

晋中行文子出亡,过于县邑。从者曰:"此啬夫,公之故人。公奚不休舍,且待后车?"文子曰:"吾尝好音,此人遗我鸣琴;吾好珮,此人遗我玉环:是振我过者也。以求容于我者,吾恐其以我求容于人也。"乃去之。果收文子后车二乘而献之其君矣。

——《韩非子·说林下》

【释义】晋国的中行文子出逃，从县城里经过。他的随从说："这个县里的啬父，是在您手下做过事的旧人。您为何不在啬夫家里休息，来等待您后面随行的车辆呢？"中行文子说："曾经我喜爱音乐，这个人就赠送给我响亮的琴；我喜好玉佩，这个人就送给我玉环；这是助长我的过错。求得我对他好感的人，我担心他会把我作为礼物求得别人的容纳。"便离开了。这位啬夫果然没收了中行文子的两辆随从车辆，把它们献给了自己的君主。

齐伐鲁，索谗鼎，鲁以其雁往。齐人曰："雁也。"鲁人曰："真也。"齐曰："使乐正子春来，吾将听子。"鲁君请乐正子春，乐正子春曰："胡不以其真往也？"君曰："我爱之。"答曰："臣亦爱臣之信。"

——《韩非子·说林下》

【释义】齐国攻打鲁国，向鲁国索要谗鼎，鲁国拿了一个假的送去。齐国人说："这是假的。"鲁国人说："这是真品。"齐国人说："让乐正子春来，我们就相信你的话。"鲁国的国君请乐正子春前往，乐正子春说："为什么不拿真的送去呢？"鲁国的国君说："我舍不得谗鼎。"乐正子春回答说："我也爱惜我的信誉。"

郑人有一子，将宦，谓其家曰："必筑坏墙，是不善，人将窃。"其巷人亦云。不时筑，而人果窃之。以其子为智，以巷人告者为盗。

——《韩非子·说林下》

【释义】郑国有个人的儿子，即将出去做官，对他的家里人说："一定要把坏了的墙修筑起来，这个地方不修好，别人将会来偷窃。"这家人的街坊也这样说。后来因为没有及时修筑，果然有人进来偷了这家的东西。这个郑国人认为自己的儿子聪明，而把告诉他应修墙的街坊当成了盗贼。

古之人目短于自见，故以镜观面；智短于自知，故以道正己。故镜无见疵之罪，道无明过之怨。目失镜，则无以正须眉；身失道，则无以知迷惑。西门豹之性急，故佩韦以缓己；董安于之心缓，故佩弦以自急。

——《韩非子·观行》

【释义】古人的眼睛不能看见自己的面孔，所以要用镜子来照自己的面容；智力缺乏自知之明，所以要用道术来端正自己。因此镜子没有照出毛病的罪过，道不会因暴露过失而受到怨恨。眼睛如果失去了镜子，就无法来修整胡须和眉毛；人如果失去了道的指导，就无法分辨出是非。西门豹生性急躁，所以要佩带柔韧的皮带提醒自己从容沉着；董安于心性迟缓，所以要佩带绷紧的弓弦激励自己明快敏捷。

天下有信数三：一曰智有所不能立，二曰力有所不能举，三曰强有所不能胜。故虽有尧之智而无众人之助，大功不立；有乌获之劲而不得人助，不能自举；有贲、育之强而无法术，不得长胜。故势有不可得，事有不可成。

——《韩非子·观行》

【释义】天下有三种必然之理：一是智慧总有不能办成的事情，二是力气总有举不起来的东西，三是实力再强也有不能战胜的对手。因此，即使有尧那样的智慧，如果没有众人的帮助，也不能建立大功；即使有乌获那样强大的力量，如果没有别人的帮助，也不能把自己举起来；即使有孟贲、夏育那样的勇猛，如果没有法术的指导，也不能长久取胜。

夫有材而无势，虽贤不能制不肖。故立尺材于高山之上，则临千仞之溪，材非长也，位高也。桀为天子，能制天下，非贤也，势重也；尧为匹夫，不能正三家，非不肖也，位卑也。千钧得船则浮，锱铢失船则沉，非千钧轻锱铢重也，有势之与无势也。

——《韩非子·功名》

【释义】只有才能没有势位，即使是贤德的人也不能制服无德无才的人。将一尺长的木材树立在高山上，那么它就可以俯视千仞深的山涧，不是木材长高了，而是它处的位置高。夏桀做了天子，能控制天下，不是他的德才好，是他的权势重；尧做一个普通的百姓，不能管理好三户人家，不是他的德才不好，是他的地位太低下了。千钧的重物有船载就能浮起来，很轻的东西没有船载就会下沉，不是千钧的东西轻锱铢重，而是有船这个"势"托着的缘故。

挟智而问，则不智者智；深智一物，众隐皆变。

——《韩非子·内储说上七术》

【释义】带着自己知道的事去询问，那么自己不知道的事也知道了；深入地了解一件事，许多不清楚的事都可以分辨清楚。

倒言反事以尝所疑则奸情得。

——《韩非子·内储说上七术》

【释义】用说反话来试探自己所怀疑的事，那么就可以了解到奸情。

挟夫相为则责望，自为则事行。

——《韩非子·外储说左上》

【释义】怀着相互依赖的心理就会责备和埋怨，自己依赖自己事情反倒能办成。

人为婴儿也，父母养之简，子长而怨；子盛壮成人，其供养薄，父母怒而诮之。子、父，至亲也，而或谯或怨者，皆挟相为而不周于为己也。夫买庸而播耕者，主人费家而美食，调布而求易钱者，非爱庸客也，曰：如是，耕者且深，耨者熟耘也。庸客致力而疾耘耕者，尽巧而正畦陌者，非爱主人也，曰：如是，羹且美，钱布且易云也……故人行事施予，以利之为心，则越人易和；以害之为心，则父子离且怨。

——《韩非子·外储说左上》

【释义】 人小的时候,如果父母抚养他很马虎,孩子长大以后就会埋怨父母;孩子壮年时期,供养父母微薄,父母就恼怒责备他。儿子和父母是血肉至亲,但亦有责骂和埋怨,都是因为各自怀着相互依赖的心理而认为对方不能周到地照顾自己。雇用雇工来播种耕耘,主人花费家财准备好的饮食,挑选布币交换钱币来付报酬,不是喜欢雇工,而是说:这样做,雇工耕地将会深耕,锄草才会精细。雇工尽力而快速地耕田耕地,使尽技巧整理畦埂,不是因为喜爱主人,而是说:这样做,饭菜才会丰盛,钱币才会容易得到……所以人们办事和给人好处,如果从对自己有利着想,那么关系疏远的人也容易和好;从对自己有害处着想,那么父子之间也要分离、埋怨。

因事之理,则不劳而成。

——《韩非子·外储说右下》

【释义】 遵循事物的法则办事,不费劳苦就会成功。

夫智者,知祸难之地而辟之者也,是以身不及于患也。

——《韩非子·难二》

【释义】 那些聪明的人,是知道祸难所在而能够避开它的人,所以自身不至于遭受祸难。

知下明,则禁于微;禁于微,则奸无积。

——《韩非子·难三》

【释义】 清楚地了解下情,就能把坏事禁止在萌芽状态;能够把坏事禁止在萌芽状态,那么奸邪之事就不可能累积。

申子曰:“治不逾官,虽知不言。”

——《韩非子·难三》

【释义】申不害说:"办事情不要超越自己的职责,职责外的事情虽然知道也不要去说。"

事以微巧成,以疏拙败。

——《韩非子·难四》

【释义】事情因隐蔽巧妙而成功,因疏忽笨拙而失败。

《墨子》

为其所难者,必得其所欲焉;未闻为其所欲,而免其所恶者也。

——《墨子·亲士》

【释义】从难做的事情入手,就一定能得到自己想要的东西;只做容易的事情却回避难做的事情,还想避免自己所厌恶的结果,是不可能的。

今有五锥,此其铦,铦者必先挫;有五刀,此其错,错者必先靡。是以甘井近竭,招木近伐,灵龟近灼,神蛇近暴。是故比干之殪,其抗也;孟贲之杀,其勇也;西施之沉,其美也;吴起之裂,其事也。故彼人者,寡不死其所长,故曰:太盛难守也。

——《墨子·亲士》

【释义】现在有五支锥子,其中最尖锐的一支,一定会最先被折断;有五把刀,其中磨得最快的一把,必定最先被损坏。因此,最清甜的井总是最先干枯,最美好的乔木总是最先被砍伐,最灵验的龟总是最先被灼烧用以占卜,最神异的蛇总是最先被曝晒用以求雨。比干因为他的刚直不屈服而死,孟贲因为他的勇气被杀,西施因为她的美貌被沉江,吴起因为他的功业被车裂。可见,这些人大多因为他们的过人之处而死,所以说,太兴盛了就难以保全。

君子之道也,贫则见廉,富则见义,生则见爱,死则见哀,四行者不可虚假,反之身者也。

——《墨子·修身》

【释义】君子所应遵循的原则是:贫穷的时候就表现出清廉,富裕的时候就表现出好义,对生者表现仁爱,对死者表现哀悼,这四种品行不能有虚情假意,而是要发自内心。

志不强者智不达,言不信者行不果。据财不能以分人者,不足与友;守道不笃,徧物不博,辩是非不察者,不足与游。本不固者未必几,雄而不修者,其后必惰。原浊者流不清,行不信者名必耗。名不徒生而誉不自长,功成名遂,名誉不可虚假,反之身者也。

——《墨子·修身》

【释义】意志不坚强的人,他的智力也不会高;说话不讲信用的人,他的行为也不会有结果。有钱财而不愿分给别人的人,不值得与他交朋友;遵守道义不专一、辨别事物不能从大处着眼、是非不分的人,不值得与他共事。根基不牢固必然危及枝节;霸道而不自我修养的人最终必然会失败,源头浑浊的河水必然不清澈,做事不讲信用的人名声必然受到损害。名声不会无端获得,声誉也不会自行生长,有了功劳以后才有可能得到相应的名声,要想获得名誉只能依靠自身的努力。

子墨子言见染丝者而叹曰:染于苍则苍,染于黄则黄,所入者变,其色亦变,五入必,而已则为五色矣。故染不可不慎也……士亦有染。其友皆好仁义,淳谨畏令,则家日益、身日安、名日荣……其友皆好矜奋,创作比周,则家日损、身日危、名日辱。

——《墨子·所染》

【释义】墨子看到染丝的人就感叹说:丝用青色染就成为青色,用黄色染就变成黄色,所用的颜色变了,丝的颜色也就变了,放入五种颜色中,就染成了五色的丝。所以染色不能不谨慎啊……士人也会受到感染。如果他的朋友都喜好仁义，淳朴谨慎，敬畏法令，那么他的家就会一天比一天更加富有、身体就会一天比一天安康、名声就会一天比一天显著……如果他的朋友都喜好骄傲夸耀，结党营私，那么他的家产就会一天比一天减少、身体就会一天比一天危险、名声就会一天比一天受辱。

子墨子曰：天下从事者，不可以无法仪。无法仪而其事能成者，无有也。虽至士之为将相者，皆有法；虽至百工从事者，亦皆有法。百工为方以矩，为圆以规，直以绳，正以县。无巧工不巧工，皆以此五者为法。巧者能中之，不巧者虽不能中，放依以从事，犹逾已。故百工从事，皆有法所度……然则奚以为治法而可？当皆法其父母奚若？天下之为父母者众，而仁者寡，若皆法其父母，此法不仁也。法不仁，不可以为法。当皆法其学奚若？天下之为学者众，而仁者寡，若皆法其学，此法不仁也。法不仁，不可以为法。当皆法其君奚若？天下之为君者众，而仁者寡，若皆法其君，此法不仁也。法不仁，不可以为法。故父母、学、君三者，莫可以为治法……然则奚以为治法而可？故曰：莫若法天……然而天何欲何恶者也？天必欲人之相爱相利，而不欲人之相恶相贼也。

——《墨子·法仪》

【释义】墨子说：不管做什么事情，都不能没有法度。这就好比工匠用矩来画方，用规来画圆，以绳墨来画直线，以悬着重物的绳子来测定物体的斜正一样……对于人来说，应该以什么作为自己的法度呢？不能简单地效法父母、老师和国君，因为天下为人父母的、为人师长的、为人君主的，具备仁义的人很少……那应该效法什么呢？不如效法"天"。上天所希望的是什么，所厌恶的又是什么呢？上天一定希望人们互爱相利，而不希望人们相互厌恶、相互残害。

为宫室之法，曰：室高足以辟润湿，边足以圉风寒，上足以待雪霜雨露，宫墙之高足以别男女之礼。谨此则止。凡费财劳力不加利者，不为也。

——《墨子·辞过》

【释义】建造宫室的原则是：地基的高度足以避免潮湿，四面的墙壁足以抵挡风寒，上面的屋顶足以抵挡雪霜雨露，墙壁的高度足以符合男女有别的礼节就可以了。不应该额外去做劳民伤财，又没有更多好处的事情。

为衣服之法：冬则练帛之中，足以为轻且暖；夏则絺绤之中，足以为轻且清。谨此则止。故圣人为衣服，适身体，和而足矣，非荣耳目而观愚民也。

——《墨子·辞过》

【释义】制作衣服应该遵循的原则是：冬天穿丝制的衣服，轻便又暖和；夏天穿细葛布缝制的衣服，轻便又凉快；达到这样的效果就可以了。圣人缝制衣服，只是为了让身体舒适、肌肤暖和，而不是为了美观。

其为食也，足以增气充虚，强体适腹而已矣。

——《墨子·辞过》

【释义】准备饮食的原则是：能够填饱肚子、维持生存、强壮体格就可以了。

有力者疾以助人，有财者勉以分人，有道者劝以教人。

——《墨子·尚贤下》

【释义】有力量的人应该赶紧去帮助别人，有财产的人应该努力地分给别人，有道术的人应该尽力地教导别人。

家君得善人而赏之，得暴人而罚之。善人之赏，而暴人之罚，则家必治矣。

——《墨子·尚同下》

【释义】家长对家里的善人要奖赏，对恶人要惩罚。善人得到奖赏，恶人得到惩罚，那么家就一定会得到治理。

夫爱人者,人必从而爱之;利人者,人必从而利之;恶人者,人必从而恶之;害人者,人必从而害之。

——《墨子·兼爱中》

【释义】凡是爱别人的,人必然会随即爱他;利别人的,人必然会随即利他;憎恶别人的,人必然会随即憎恶他;害别人的,人必然会随即害他。

为人君必惠,为人臣必忠,为人父必慈,为人子必孝,为人兄必友,为人弟必悌。

——《墨子·兼爱下》

【释义】作为君主一定要有恩惠,作为大臣一定要讲忠信,作为父亲一定要慈爱,作为儿子一定要孝顺,作为兄长一定要友爱,作为弟弟一定要敬爱、顺从兄长。

治国理政

《论语》

子曰:"道千乘之国,敬事而信,节用而爱人,使民以时。"

——《论语·学而》

【释义】孔子说:"治理有一千辆兵车的国家,方法就是严肃认真地对待工作,信实无欺,节约费用,爱护官吏,役使老百姓要在农闲时间。"

子曰:"为政以德,譬如北辰居其所而众星共之。"

——《论语·为政》

【释义】孔子说:"用道德来治理国政,便会像北极星一般,在一定的位置上,别的星辰都环绕着它。"

子曰:"道之以政,齐之以刑,民免而无耻;道之以德,齐之以礼,有耻且格。"

——《论语·为政》

【释义】孔子说:"用政策来引导民众,用刑罚来规范民众,民众可以不做错事,但是却培植不出羞耻心。如果用道德来引导民众,用礼制来规范民众,民众不但有羞耻之心,而且人心也会归服君主。"

哀公问曰:"何为则民服?"孔子对曰:"举直错诸枉,则民服;举枉错诸直,则民不服。"

——《论语·为政》

【释义】鲁哀公问孔子："要做些什么事才能使百姓服从呢?"孔子回答："把正直的人提拔出来,放在邪曲的人之上,百姓就服从了;若是把邪曲的人提拔出来,放在正直的人之上,百姓就不会服从。"

季康子问："使民敬、忠以劝,如之何?"子曰："临之以庄,则敬;孝慈,则忠;举善而教不能,则劝。"

——《论语·为政》

【释义】季康子问孔子："要使人民严肃认真,尽心竭力和互相勉励,应该怎么办呢?"孔子说："你对待人民的事情严肃认真,他们对待你的政令也会严肃认真;你孝顺父母,慈爱幼小,他们也就会对你尽心竭力;你提拔好人,教育能力弱的人,他们也就会互相劝勉。"

定公问："君使臣,臣事君,如之何?"孔子对曰："君使臣以礼,臣事君以忠。"

——《论语·八佾》

【释义】鲁定公问孔子："君主使用大臣,臣子为君主做事,各应该遵循什么样的原则呢?"孔子回答说："君主应该依礼来使用大臣,臣子应该回报给君主忠心。"

樊迟问知。子曰："务民之义,敬鬼神而远之,可谓知矣。"

——《论语·雍也》

【释义】樊迟问怎么样才算聪明。孔子回答："以义来引导民众,严肃地对待鬼神,但并不靠近鬼神,这就可以称得上聪明了。"

子贡曰："如有博施于民而能济众,何如?可谓仁乎?"子曰："何事于仁!必也圣乎!尧舜其犹病诸!"

——《论语·雍也》

【释义】子贡问："假若有这么一个人，广泛地给人民以好处，帮助大家生活得更好，可以说他符合仁道了吗？"孔子回答："如果能这样，那不仅符合仁道，简直算符合圣德了！尧舜恐怕都难以做到呢！"

子贡问政。子曰："足食，足兵，民信之矣。"子贡曰："必不得已而去，于斯三者何先？"曰："去兵。"子贡曰："必不得已而去，于斯二者何先？"曰："去食。自古皆有死，民无信不立。"

——《论语·颜渊》

【释义】子贡问怎样去治理国家。孔子回答："充足的粮食，充足的军备，让百姓对政府有信心。"子贡问："如果迫不得已，在粮食、军备和人民的信心三者之中去掉一项，先去掉哪一项呢？"孔子说："去掉军备。"子贡再问："如果迫于不得已，在粮食和人民的信心两者之中去掉一项，先去掉哪一项呢？"孔子说："去掉粮食。如果人民对政府缺乏信心，国家就失去了立国的根基。"

齐景公问政于孔子。孔子对曰："君君，臣臣，父父，子子。"公曰："善哉！信如君不君，臣不臣，父不父，子不子，虽有粟，吾得而食诸？"

——《论语·颜渊》

【释义】齐景公问孔子如何治理国家。孔子答道："君主要像君主，大臣要像大臣，父亲要像父亲，儿子要像儿子。"景公说道："对呀！若是君不像君，臣不像臣，父不像父，子不像子，即使粮食很多，我能吃得着吗？"

季康子问政于孔子。孔子对曰："政者，正也。子帅以正，孰敢不正？"

——《论语·颜渊》

【释义】季康子问孔子如何治理国家。孔子答道："管理政事，在一定意义上就是端正自己。您自己带头端正，谁敢不端正呢？"

季康子患盗,问于孔子。孔子对曰:"苟子之不欲,虽赏之不窃。"

——《论语·颜渊》

【释义】季康子向孔子求教如何解决盗贼太多的问题。孔子答道:"假若您不贪求太多的财货,就是奖励偷盗,也没有人会去偷盗。"

季康子问政于孔子曰:"如杀无道,以就有道,何如?"孔子对曰:"子为政,焉用杀? 子欲善而民善矣。君子之德风,小人之德草。草上之风,必偃。"

——《论语·颜渊》

【释义】季康子问:"假若杀掉坏人来亲近好人,用这种方法治理国家怎么样呢?"孔子答道:"您治理政治,为什么一定要用杀戮的方式呢? 如果您真想把国家治理好,百姓自然就会好起来。领导人的导向就好比风,老百姓就好比草,风向哪边吹,草向哪边倒。"

子路问政。子曰:"先之劳之。"请益。曰:"无倦。"

——《论语·子路》

【释义】子路问如何管理政事。孔子回答:"在勤劳工作这方面给老百姓带头。"子路请求孔子多讲一点,孔子说:"在给百姓带头这件事上,永远不要懈怠。"

仲弓为季氏宰,问政。子曰:"先有司,赦小过,举贤才。"曰:"焉知贤才而举之?"子曰:"举尔所知;尔所不知,人其舍诸?"

——《论语·子路》

【释义】仲弓做了季氏的总管,向孔子请教如何管理政事。孔子说:"给工作人员带头,不计较别人的小错误,提拔优秀人才。"仲弓问:"怎样去识别优秀人才并把他们提拔出来呢?"孔子答道:"提拔你所知道的;那些你所不知道的,也早晚会通过你所提拔起来的这些人知道,不会被埋没掉的。"

子路曰："卫君待子而为政,子将奚先?"子曰："必也正名乎!"子路曰："有是哉,子之迂也! 奚其正?"子曰："野哉,由也! 君子于其所不知,盖阙如也。名不正,则言不顺;言不顺,则事不成;事不成,则礼乐不兴;礼乐不兴,则刑罚不中;刑罚不中,则民无所措手足。"

——《论语·子路》

【释义】子路问孔子:"如果卫君让您协助他治理国家,您准备首先干什么?"孔子说:"先端正名分。"子路说:"您怎么这么迂腐啊,正名有什么用?"孔子说:"你太鲁莽了,君子对于自己所不懂的,一般采取保留的态度,怎么能乱说呢? 名分不明确,说话就师出无名,进而就会影响到工作、礼乐制度和刑罚。百姓也不知道该干什么好。"

子曰："其身正,不令而行;其身不正,虽令不从。"

——《论语·子路》

【释义】孔子说:"统治者本身行为正当,即使不发命令,事情也能做得成;反之,如果统治者本身行为不正当,即使发号施令,百姓也不会顺从。"

子适卫,冉有仆。子曰："庶矣哉!"冉有曰："既庶矣,又何加焉?"曰:"富之。"曰:"既富矣,又何加焉?"曰:"教之。"

——《论语·子路》

【释义】孔子到卫国,冉有替他驾马车,孔子感叹说:"卫国的人口已经很多了!"冉有问:"人口多了,接下来该怎么办呢?"孔子说:"使百姓富裕起来。"冉有接着问:"已经富裕了,又该怎么办呢?"孔子说,还要教化他们。

子曰："苟正其身矣,于从政乎何有? 不能正其身,如正人何?"

——《论语·子路》

【释义】孔子说:"假若能够端正自己,治国理政又有什么困难呢? 连自己都端正不了,怎么去端正别人呢?"

叶公问政。子曰:"近者悦,远者来。"

——《论语·子路》

【释义】叶公问如何管理政事。孔子回答道:"让境内的人高兴,让境外的人来投奔。"

子夏为莒父宰,问政。子曰:"无欲速,无见小利。欲速,则不达;见小利,则大事不成。"

——《论语·子路》

【释义】子夏做了莒父的长官,问如何管理政事。孔子答道:"不要图快,不要贪图计较小利益。越是图快,越是达不到目的;越是贪图计较小利益,就越办不成大事。"

子曰:"君子易事而难说也。说之不以道,不说也;及其使人也,器之。小人难事而易说也。说之虽不以道,说也;及其使人也,求备焉。"

——《论语·子路》

【释义】孔子说:"为君子工作很容易,讨他的欢喜却很困难。不用正当的方式去讨他的欢喜,他不会欢喜的;等到他使用人的时候,会衡量每个人的才德去分配任务。为小人工作很困难,讨他的欢喜却容易。用不正当的方式去讨他的欢喜,他也会欢喜;等到他使用人的时候,便会百般挑剔,求全责备。"

子曰:"以不教民战,是谓弃之。"

——《论语·子路》

【释义】孔子说:"用未经受过训练的人民去作战,等于糟踏生命。"

子路问事君。子曰:"勿欺也,而犯之。"

——《论语·宪问》

【释义】子路问如何为君主做事。孔子道:"不要欺骗他,但却可以为了正义冒犯他。"

子曰:"上好礼,则民易使也。"

——《论语·宪问》

【释义】孔子说:"在上位的人若遇事依礼而行,就容易使百姓听从指挥。"

子曰:"事君,敬其事而后其食。"

——《论语·卫灵公》

【释义】孔子说:"大臣在为君主做事的时候,应该先认真工作,然后再考虑拿俸禄。"

子曰:"君子不以言举人,不以人废言。"

——《论语·卫灵公》

【释义】孔子说:"君子不会因为人家一句话说得好便提拔他,也不会因为他是坏人而鄙弃他说的有价值的话。"

孔子曰:"天下有道,则礼乐征伐自天子出;天下无道,则礼乐征伐自诸侯出。自诸侯出,盖十世希不失矣;自大夫出,五世希不失矣;陪臣执国命,三世希不失矣。天下有道,则政不在大夫。天下有道,则庶人不议。"

——《论语·季氏》

【释义】孔子说:"天下太平,制礼作乐以及出兵都决定于天子;天下昏乱,制礼作乐以及出兵便决定于诸侯。决定于诸侯,大概传到十代,很少还能继续的;决定于大夫,传到五代,很少还能继续的;若是大夫的家臣把持国家政权,传到三代很少还能继续的。天下太平,国家的最高政治权力就不会掌握在大夫之手。天下太平,老百姓就不会议论纷纷。"

宽则得众,敏则有功,公则说。

——《论语·尧曰》

【释义】宽厚就会得到群众的拥护,勤敏就会创造政绩,公平就会使百姓高兴。

子张问于孔子曰:"何如斯可以从政矣?"子曰:"尊五美,屏四恶,斯可以从政矣。"子张曰:"何谓五美?"子曰:"君子惠而不费,劳而不怨,欲而不贪,泰而不骄,威而不猛。"子张曰:"何谓惠而不费?"子曰:"因民之所利而利之,斯不亦惠而不费乎?择可劳而劳之,又谁怨?欲仁而得仁,又焉贪?君子无众寡,无小大,无敢慢,斯不亦泰而不骄乎?君子正其衣冠,尊其瞻视,俨然人望而畏之,斯不亦威而不猛乎?"子张曰:"何谓四恶?"子曰:"不教而杀谓之虐;不戒视成谓之暴;慢令致期谓之贼;犹之与人也,出纳之吝谓之有司。"

——《论语·尧曰》

【释义】子张向孔子请教如何处理政事。孔子回答道:"推崇五种美德,排除四种恶政,这就可以治理政事了。"子张问:"五种美德是些什么?"孔子回答道:"君子给人民以好处,而自己却没有耗费;役使百姓,却不会招来百姓的怨恨;自己的欲求很合理,没有贪欲;安泰矜持却不骄傲;威严却不凶猛。"子张接着问:"给人民以好处,自己却无所耗费,这应该怎么办呢?"孔子回答道:"顺应人民能得利益之处给予他们便利,不就可以给人民以好处而自己却无所耗费吗?选择老百姓可以为你劳动的时间役使他们,怎么会招来百姓的怨恨呢?自己追求的是仁德因而得到了仁德,还有什么贪求呢?无论人多人少,无论势力大小,君子都不敢怠慢他们,这不就是安泰矜持却不骄傲吗?君子衣冠整齐,目不邪视,让人望而生畏,这不就是威严却不凶猛吗?"子张接着问:"四种恶政又是什么呢?"孔子答道:"不加教育便杀戮叫作虐;不加申诫便要成绩叫作暴;起先懈怠,突然限期叫作贼;给人以财物却出手吝啬,叫作小家子气。"

《孟子》

孟子见梁惠王。王曰："叟,不远千里而来,亦将有以利吾国乎?"孟子对曰:"王何必曰利? 亦有仁义而已矣。王曰:'何以利吾国?'大夫曰:'何以利吾家?'士庶人曰:'何以利吾身?'上下交征利而国危矣! 万乘之国,弑其君者,必千乘之家;千乘之国,弑其君者,必百乘之家。万取千焉,千取百焉,不为不多矣。苟为后义而先利,不夺不餍。未有仁而遗其亲者也,未有义而后其君者也。王亦曰仁义而已矣,何必曰利?"

——《孟子·梁惠王上》

【释义】孟子见梁惠王。梁惠王问孟子:"老先生,您不远千里辛劳而来,能给我国带来什么利益吗?"孟子回答道:"王呀,为什么一定要说利呢? 只要有仁义就行了。王说:'对我国能有什么利益?'大夫说:"对我家能有什么利益?"一般的士人乃至老百姓说:'对我本人能有什么利益?'如果上上下下都追逐私利,那么便要发生危险了。在拥有一万辆兵车的国家里,杀掉国君的,一定是拥有一千辆兵车的大夫;在拥有一千辆兵车的国家里,杀掉国君的,一定是拥有一百辆兵车的大夫。如果轻公利、重私利,那么大夫不把国君的产业夺去,是永远不会满足的。从没有讲'仁'的人遗弃父母的,也没有讲'义'的人怠慢君主的,所以君主只需要倡导仁义就可以了,何必一定要谈什么'义'呢?"

梁惠王曰:"寡人之于国也,尽心焉耳矣! 河内凶,则移其民于河东,移其粟于河内。河东凶亦然。察邻国之政,无如寡人之用心者,邻国之民不加少,寡人之民不加多,何也?"孟子对曰:"王好战,请以战喻。填然鼓之,兵刃既接,弃甲曳兵而走,或百步而后止,或五十步而后止。以五十步笑百步,则何如?"曰:"不可。直不百步耳,是亦走也!"曰:"王如知此,则无望民之多于邻国也。不违农时,谷不可胜食也;数罟不入洿池,鱼鳖不可胜食也;斧斤以时入山林,材木不可胜用也。谷与鱼鳖不可胜食,材木不可胜用,是使民养生丧死无憾也。养生丧死无憾,王道之始也。五亩之宅,树之以桑,五十者可以衣帛矣;鸡豚狗彘之畜,无失其时,七十者可以食肉矣;百亩之田,勿夺其时,数口之家可以无饥矣;谨庠序之教,申之以孝悌之义,颁白者不负戴于道路矣。七十者衣帛食肉,黎民不饥不寒,然而不王者,未之有也! 狗彘食人食而不知检,涂有饿莩而不知发。人死,则曰:'非我也,岁也。'是何异于刺人而杀之,曰:'非我也,兵也!'王无罪岁,斯天下之民至焉。"

——《孟子·梁惠王上》

【释义】当梁惠王向孟子抱怨说:"我很尽心地治理国家,河内如果遭遇了饥荒,我便把那里的百姓迁移到河东,把粮食运到河内;河东遭遇饥荒的时候,也是这样做。考察邻国的政事,没有一个国家的国君像我这样用心的,但是我的国家与邻国相比,人口却没有明显的增加,为什么呢?"孟子回答说:"王喜欢打仗,我就用打仗来做比喻吧。战鼓咚咚一响,兵器交接在一起,就有士兵抛下盔甲拖着兵器向后逃跑,有的一口气跑了一百步停下,有的一口气跑了五十步停下,那么跑了五十步的嘲笑跑了一百步的胆小,行不行呢?"王说:"不行,只不过没跑到一百步罢了,但这也是逃跑啊!"孟子说:"王如果懂得这个道理,那就不要再希望你的百姓比邻国多了。如果在农民耕种收获的季节不去征兵役,那粮食便会吃不完了。如果不用细密的鱼网捕鱼,那鱼也会吃不完了。如果按照时令去砍伐树木,木材也就不会用尽。粮食和鱼类吃不完,木材用不尽,老百姓对生养死葬没有什么不满,这就是王道的开端。给每家五亩大的宅园,种植桑树,那么五十岁以上的人都可以穿上丝绵袄了;不剥夺老百姓的工作时间,让他们有饲养鸡狗与猪等等家畜的时间，那么七十岁以上的人都可以有肉吃了；每家一百亩耕地，不要去妨碍他们的生产，那么八口人的大家庭就可以吃得饱了；然后兴办学校，在学校里教导孝悌之道，那么须发花白的人也就不会背负着重物在在路上行走了。七十岁以上的人有丝绵衣穿、有肉吃，一般百姓饿不着、冻不着，这样还不能使天下归服的，是从来不曾有过的事。反之，富贵人家的猪狗吃掉了老百姓的粮食，却不去制止；闹饥荒的时候，不能及时打开仓库来赈济。老百姓死了，就说"不怪我呀，怪年成不好"。如果这样去做，那和拿刀子杀了人，却说"不怪我呀，怪兵器"有什么不同呢？国家治理没有达到预期的效果时，王如果不归结为外在原因，而是从自身治国理政的方式入手，致力于解决民众的温饱问题，让老百姓安居乐业，那么天下的百姓自然就都会来投奔了。"

梁惠王曰："寡人愿安承教。"孟子对曰："杀人以梃与刃，有以异乎？"曰："无以异也。""以刃与政有以异乎？"曰："无以异也。"曰："庖有肥肉，厩有肥马，民有饥色，野有饿莩，此率兽而食人也。兽相食，且人恶之；为民父母行政，不免于率兽而食人，恶在其为民父母也？"

——《孟子·梁惠王上》

【释义】梁惠王对孟子说："我愿意听您的指教。"孟子问梁惠王："杀人用棍子与用刀子，有什么不同吗？"王说："没有什么不同。"孟子进一步问梁惠王："用刀子杀人与用政治杀人，有什么不同吗？"梁惠王说："没有什么不同。"①孟子说："统治者的厨房里有肥肉，马棚里有肥马，老百姓脸上却有吃不饱的神色，郊野外有饿死的人，这就像率领禽兽来吃人一样。兽类自相残食，人们尚且厌恶，可作为百姓的父母官，管理国家却不能避免这种率兽食人的情况，那又如何做百姓的父母官呢？"

老吾老，以及人之老；幼吾幼，以及人之幼。天下可运于掌。《诗》云：

---

① 孟子举例向梁惠王解释什么是以政治杀人。

"刑于寡妻,至于兄弟,以御于家邦。"言举斯心加诸彼而已。故推恩足以保
四海,不推恩以保妻子。古之人所以大过人者,无他焉,善推其所为而已矣。

——《孟子·梁惠王上》

【释义】尊敬自己长辈的时候,要想到别人也有长辈;爱护自己孩子的
时候,要想到别人也有孩子,如果君子治理国家时,能够将心比心、推己及
人,那么治理国家就会像在手心转动小球那般容易。《诗经》说:"刑于寡妻,
至于兄弟,以御于家邦。"孟子认为这句话讲的意思是:先给妻子做榜样,再
推广到兄弟,进而推广到封邑和国家。如果能以同情心和同理心来治理百
姓,那么把国家治理好并不困难,反之,不具备同情心和同理心,那就连自己
的妻儿老小也照顾不好。古代的圣贤之所以超越了一般人,没有别的诀窍,
只是他们善于把内心的良善推广出去罢了。

　　无恒产而有恒心者,惟士为能。若民,则无恒产,因无恒心。苟无恒心,
放辟邪侈,无不为已。及陷于罪,然后从而刑之,是罔民也。焉有仁人在位,
罔民而可为也! 是故明君制民之产,必使仰足以事父母,俯足以畜妻子;乐
岁终身饱,凶年免于死亡。然后驱而之善,故民之从之也轻。今也制民之
产,仰不足以事父母,俯不足以畜妻子;乐岁终身苦,凶年不免于死亡。此惟
救死而恐不赡,奚暇治礼义哉!

——《孟子·梁惠王上》

【释义】没有赖以生存的资产却还能够有坚定的信念,这样的境界只有
"士"①才能做到。对于老百姓来说,如果没有维系生存的资产就很可能会为
了生存而违法乱纪。等到老百姓为生存所迫去犯法,然后再处以刑罚,这就
等于陷害自己的百姓。真正英明的君主是不会这样做的。因此,英明的君
主会给老百姓提供基本的物质保障,让他们上足以赡养父母,下足以抚养妻
儿;遇到好年成,就能丰衣足食;遇到坏年成,也不致饿死。在此基础上再引

---

　　① "士"是儒家所追求的一种人格形象。

导百姓向善,老百姓也就很容易地听从了。否则,老百姓连活命都来不及,哪有功夫学习礼义呢?

　　(孟子)曰:"独乐乐,与人乐乐,孰乐?"(齐宣王)曰:"不若与人。"(孟子)曰:"与少乐乐,与众乐乐,孰乐?"(齐宣王)曰:"不若与众。""臣请为王言乐。今王鼓乐于此,百姓闻王钟鼓之声、管龠之音,举疾首蹙頞而相告曰:'吾王之好鼓乐,夫何使我至于此极也,父子不相见,兄弟妻子离散。'今王田猎于此,百姓闻王车马之音,见羽旄之美,举疾首蹙頞而相告曰:'吾王之好田猎,夫何使我至于此极也? 父子不相见,兄弟妻子离散。'此无他,不与民同乐也。今王鼓乐于此,百姓闻王钟鼓之声、管龠之音,举欣欣然有喜色而相告曰:'吾王庶几无疾病与,何以能鼓乐?'今王田猎于此,百姓闻王车马之音,见羽旄之美,举欣欣然有喜色而相告曰:'吾王庶几无疾病与,何以能田猎也?'此无他,与民国同乐也。今王与百姓同乐,则王矣!"

——《孟子·梁惠王下》

　　【释义】孟子问齐宣王:"一个人欣赏音乐快乐,与别人一块欣赏也快乐,哪一种更快乐呢?"齐宣王回答说:"跟别人一起欣赏更快乐。"孟子接着问:"跟少数人欣赏音乐快乐,跟多数人欣赏音乐也快乐,哪一种更快乐呢?"齐宣王回答说:"跟多数人一起欣赏音乐更快乐。"在此话题的基础上,孟子向齐宣王阐发了"与民同乐"的道理。孟子说:"我向您谈谈欣赏音乐的道理吧。假使王在这里奏乐,老百姓听到鸣钟击鼓的声音,又听到吹箫奏笛的声音,却全都觉得头痛,愁眉苦脸地互相议论:'我们国王这样爱好音乐,为什么使我们困苦到这般地步呢! 父子不能见面,兄弟妻子离散!'假使王在这里打猎,老百姓听到车马的声音,看到仪仗的华丽,却全都觉得头痛,愁眉苦脸地互相议论:'我们国王这样爱好打猎,为什么使我们困苦到这般地步呢? 父子不能见面,兄弟妻子离散!'百姓之所以会这样反应,就是因为王只图自己快乐而不同大家一同快乐的缘故。假如您正在这里演奏音乐,老百姓听到鸣钟击鼓,吹箫奏笛的声音,全都兴高采烈,喜形于色地相互议论说:'我们的君王身体大概很健康吧，不然怎么会演奏音乐呢？'假若您正在这里打猎，老百姓听到车马滚滚的声音，看到您仪仗的华丽，全都兴高采烈，喜形于色地议论：'我们的君王身体大概很健康吧，不然怎么会外出打猎呢？'这也没有别的原因，只是因为君王能够与老百姓一起娱乐罢了。现在，王如果能够做到与民同乐，那么便可以得到民心，使天下归服。"

　　齐宣王问曰："文王之囿方七十里，有诸？"孟子对曰："于传有之。"曰："若是其大乎？"曰："民犹以为小也。"曰："寡人之囿方四十里，民犹以为大，何也？"曰："文王之囿方七十里，刍荛者往焉，雉兔者往焉，与民同之。民以为小，不亦宜乎？臣始至于境，问国之大禁，然后敢入。臣闻郊关之内，有囿方四十里，杀其麋鹿者，如杀人之罪。则是方四十里，为阱于国中，民以为大，不亦宜乎！"

——《孟子·梁惠王下》

【释义】齐宣王问孟子："周文王有一个方圆四十里的打猎场，有这回事吗？"孟子回答说："听说是有。"齐宣王接着问："是不是太大了？"孟子回答说："老百姓还觉得小呢！"齐宣王说："我的打猎场只有方圆四十里，老百姓却都抱怨太大，是怎么回事呢？"对此，孟子给出了解释，孟子说，老百姓之所以嫌周文王的打猎场小而嫌齐宣王的打猎场大，是因为周文王与老百姓共同使用这个打猎场。但是在齐宣王的打猎场中，老百姓要是杀了麋鹿，就要和杀人一样受到惩治。那么对老百姓来说，齐宣王就相当于于布置了一个方圆四十里的大陷阱。老百姓当然会嫌齐宣王的打猎场大了。

　　不得而非其上者，非也；为民上而不与民同乐者，亦非也。乐民之乐者，民亦乐其乐；忧民之忧者，民亦忧其忧。乐以天下，忧以天下，然而不王者，未之有也。

——《孟子·梁惠王下》

【释义】百姓达不到目的就讲国君的坏话，固然不对，但是作为国家的管理者只知自己享乐，却不能与民同乐，也是不对的。如果国君能把老百姓的快乐当作自己的快乐，那么老百姓就会把国君的快乐当作自己的快乐；如果国君能把老百姓的忧愁当作自己的忧愁，老百姓也会把国君的忧愁当成自己的忧愁。能做到和天下人同忧同乐，却还不能使天下归服于他的，是从来不曾有的事。

王曰："寡人有疾：寡人好货。"对曰："昔者公刘好货，《诗》云：'乃积乃食，乃裹餱粮；于橐于囊，思戢用光；弓矢斯张，干戈戚扬，爰方启行。'故居者有积仓，行者有裹囊也；然后可以爰方启行。王如好货，与百姓同之，于王何有！"王曰："寡人有疾：寡人好色。"对曰："昔者大王好色，爰厥妃。《诗》云：'古公亶父，来朝走马；率西水浒，至于岐下；爰及姜女，聿来胥宇。'当是时也，内无怨女，外无旷夫。王如好色，与百姓同之，于王何有！"

——《孟子·梁惠王下》

【释义】当齐宣王借口自己有喜好钱财的缺点而不愿意施行仁政时，孟子举出《诗经》中记载的公刘和太王的例子来劝导齐宣王：公刘也喜好钱财，但是他主政时，老百姓家里有积储的谷物，出征者有备好的干粮；太王也喜好女色，非常宠爱他的妃子，《诗经》上说：'古公亶父清早便骑着马跑，沿着邠地西边漆水河岸来到岐山之下，还带着他的妻子姜氏女一同视察那里的住处。'但是他主政时，老百姓家的女儿都能嫁的出去，男子都能娶上老婆。孟子以这两个事例告诉齐宣王，喜好钱财、喜好女色并不是施行仁政的障碍，只要能够以同情心和同理心去体察老百姓也有这样的需求，并满足他们的需求，就没有问题。

孟子谓齐宣王曰："王之臣有托其妻子于其友而之楚游者，比其反也，则冻馁其妻子，则如之何？"王曰："弃之。"曰："士师不能治士，则如之何？"王曰："已之。"曰："四境之内不治，则如之何？"王顾左右而言他。

——《孟子·梁惠王下》

【释义】孟子对齐宣王说:"大王的某个大臣把妻儿托付给友人而出游楚国,等他回来,妻儿却在挨冻受饿,那怎么办呢?"齐宣王说:"与此人绝交。"孟子接着问:"司法官不能约束自己的下级,该怎么办呢?"齐宣王说:"撤他的职。"孟子继续问:"国家治理不好,应该拿国君怎么办呢?"齐宣王东张西望、扯开了话题。

左右皆曰贤,未可也;诸大夫皆曰贤,未可也;国人皆曰贤,然后察之;见贤焉,然后用之。左右皆曰不可,勿听;诸大夫皆曰不可,勿听;国人皆曰不可,然后察之;见不可焉,然后去之。左右皆曰可杀,勿听;诸大夫皆曰可杀,勿听;国人皆曰可杀,然后察之;见可杀焉,然后杀之。

——《孟子·梁惠王下》

【释义】(选拔人才是一件很谨慎的事,要全面考察)左右亲近的人都说某人好,还不行;各位大夫都说某人好,还不行;全国的人都说某人好,然后去调查;发现他确实好,然后再起用他。左右亲近的人都说某人不好,不能听信;各位大夫都说某人不好,也不要听信;全国的人都说某人不好,然后去调查;发现他真的不好,然后再罢免他。左右亲近的人都说某人该杀,不要听信;各位大夫都说某人该杀,也不要听信;全国的人都说某人该杀,然后去调查;发现他真的该杀,然后再杀他。

齐宣王问曰:"汤放桀,武王伐纣,有诸?"孟子对曰:"于传有之。"曰:"臣弑其君,可乎?"曰:"贼仁者谓之'贼',贼义者谓之'残'。残贼之人,谓之'一夫'。闻诛一夫纣矣,未闻弑君也。"

——《孟子·梁惠王下》

【释义】齐宣王问孟子:"有没有商汤流放夏桀、周武王攻打商纣王这样的事?"孟子回答说:"听说有。"齐宣王问:"'臣弑君'的行为也可以吗?"孟子回答说:"伤害了仁义,不能履行好君主责任的人,不配当君主,因而这算不上弑君。"

孟子见齐宣王,曰:"为巨室,则必使工师求大木。工师得大木,则王喜,以为能胜其任也。匠人斫而小之,则王怒,以为不胜其任也。夫人幼而学,夫人幼而学之,壮而欲行之,王曰:'姑舍女所学而从我。'则何如? 今有璞玉于此,虽万镒,必使玉人雕琢之。至于治国家,则曰:'姑舍女所学而从我。'则何以异于教玉人雕琢哉!"

——《孟子·梁惠王下》

【释义】孟子见到齐宣王,说:"建一所大房子,一定要派工师去寻找大木料。工师得到了大木料,王就高兴,认为他能够尽到责任。如果木工把木料砍小了,王就会发怒,认为他担负不了责任。① 比如某人从小学习一门技艺,长大了便想运用实行。可是王却对他说:'暂时放下你所学的,听从我的话吧!'那将如何呢? 假如这里有一块没雕琢过的、很值钱的玉石,那么一定要请玉匠来雕琢它。可是一说到治理国家,您却说:'暂时放下你所学的,听从我的话吧!'这跟您让玉匠按照你的办法雕琢玉石,又有什么两样呢?"

邹与鲁哄。穆公问曰:"吾有司死者三十三人,而民莫之死也。诛之,则不可胜诛;不诛,则疾视其长上之死而不救,如之何则可也?"孟子对曰:"凶年饥岁,君之民老弱转乎沟壑,壮者散而之四方者,几千人矣;而君之仓廪实,府库充,有司莫以告,是上慢而残下也。曾子曰:'戒之戒之! 出乎尔者,反乎尔者也。'夫民今而后得反之也。君无尤焉! 君行仁政,斯民亲其上,死其长矣。"

——《孟子·梁惠王下》

【释义】邹国同鲁国发生了冲突。邹穆公问孟子:"这一次冲突,我的官吏牺牲了三十三个,老百姓却没有一个拼死去救他们。杀了这些百姓吧,杀不了那么多;不杀吧,他们眼睁睁地看着长官被杀却不去营救,实在可恨。怎样办才好呢?"孟子答道:"在发生灾荒的时候,您的百姓,年老体弱的被弃

---

① 可见把工作做好需要专门的技艺。

尸于山沟荒野之中，年轻力壮的便四处逃荒，这样的人有上千人了吧；而您的谷仓中却堆满了粮食，库房里装满了财宝，这种情形，您的官吏也不来报告，这就是在上位的人不关心老百姓，并且还残害他们。曾子曾经说过：'提高警惕，提高警惕！你怎样去对待人家，人家将怎样对待你。'现在，您的百姓终于有报复的机会了。您不要责备他们吧！如果您实行仁政，您的百姓自然就会爱护他的上级，情愿为他们去拼命了。"

孟子曰："以力假仁者霸，霸必有大国；以德行仁者王，王不待大——汤以七十里、文王以百里。以力服人者，非心服也，力不赡也；以德服人者，中心悦而诚服也，如七十子之服孔子也。"

——《孟子·公孙丑上》

【释义】孟子说："倚仗实力假借仁政的名义能够称霸，但称霸必须要凭借强大的国力；如果能真正贯彻实行仁德，便可以不依靠国力的强大也能让天下归服，就像商汤和周文王那样。凭借强力让别人服从，别人只是因为实力不如你才归服你，这不是发自内心的归服；依靠道德来使人服从，会让别人心悦诚服，就好像孔子的七十多位学生归服孔子一样。"

今国家闲暇，及是时，般乐怠敖，是自求祸也。祸福无不自己求之者。《诗》云："永言配命，自求多福。"《太甲》曰："天作孽犹可违，自作孽不可活。"此之谓也。

——《孟子·公孙丑上》

【释义】国家没有内忧外患的时候，也要保持未雨绸缪的心，如果这个时候只知道享乐怠惰，那就等于是自招灾祸。《诗经》上说：'人应该永远和天命相配，为自己多寻求些幸福。'太甲也说：'天降的灾祸还可以躲避，自酿的灾祸躲也躲不过。'说的就是这个意思。"

孟子曰："尊贤使能，俊杰在位，则天下之士皆悦，而愿立于其朝矣；市，廛而不征,法而不廛,则天下之商皆悦,而愿藏于其市矣;关,讥而不征,则天下之旅皆悦,而愿出其路矣;耕者,助而不税,则天下之农皆悦,而愿耕于其野矣;廛,无夫里之布,则天下之民皆悦,而愿为之氓矣。信能行此五者,则邻国之民仰之若父母矣,率其子弟攻其父母,自有生民以来未有能济者也。如此,则无敌于天下。无敌于天下者,天吏也,然而不王者,未之有也。"

——《孟子·公孙丑上》

【释义】孟子说:"尊贤使能,俊杰在位,那么天下的士都会高兴,都愿意到这个朝廷来谋取官职;在市场上划出空地来储藏货物,却不收税,如果出现滞销,依法征购而不让它长久积压,那么天下的商人都会愿意把货物存放在这个市场上交易了;关卡只稽查而不征税,那天下的旅客都会愿意经过这条道路了;对耕田的人实行井田制,只助耕公田,不再征税,那么天下的农夫都会愿意在这个国家的田野里种庄稼了;人们居住的地方,没有那些额外的雇役钱和地税,那么天下的百姓都会愿意在这个国家居住了。真正能够做到这五项的君主,邻近国家的老百姓都会像对待父亲一样爱戴他。如果邻国之君要来攻他,就好比率领这个人的儿子去攻打这个人一样,从有人以来,这种事从来没有成功的。如果能做到这样,便会天下无敌了。天下无敌的人叫作'天吏'。这样还不能统一天下的,是不可能的。"

孟子曰:"天时不如地利,地利不如人和。三里之城,七里之郭,环而攻之而不胜;夫环而攻之,必有得天时者矣;然而不胜者,是天时不如地利也。城非不高也,池非不深也,兵革非不坚利也,米粟非不多也;委而去之,是地利不如人和也。故曰:域民不以封疆之界,固国不以山溪之险,威天下不以兵革之利。得道者多助,失道者寡助。寡助之至,亲戚畔之;多助之至,天下顺之。以天下之所顺,攻亲戚之所畔;故君子有不战,战必胜矣。"

——《孟子·公孙丑下》

【释义】孟子说:"天时不及地利,地利不及人和。譬如有一座小城,内城仅三里,外郭也仅七里。敌人围攻它,而不能取胜。在长期围攻中,一定有合乎天时的战机，却不能取胜，这说明得天时的不如占地利的。（又譬如，另一守城者）城墙很高，护城河很深，兵器和甲胄锐利和坚固，粮食也多，然而敌人一来，战士便弃城逃走，这说明占地利的不如得人和的。所以说，限制人民不必用国家的疆界，保护国家不必靠山川的险阻，威行天下不必凭兵器的锐利。行仁政的帮助他的人就多，不行仁政的帮助他的人就少。帮助的人少到极点时，连亲戚都反对他；帮助他的人多到极点时，全天下都顺从他。拿全天下顺从的力量来攻打亲戚都反对的人，仁君圣主或者不用战争，若用战争，则必然会胜利。"

将大有为之君，必有所不召之臣；欲有谋焉，则就之。其尊德乐道，不如是，不足与有为也。故汤之于依尹，学焉，而后臣之，故不劳而王；桓公之于管仲，学焉，而后臣之，故不劳而霸。今天下地丑德齐，莫能相尚，无他，好臣其所教，而不好臣其所受教。汤之于伊尹，桓公之于管仲，则不敢召。

——《孟子·公孙丑下》

【释义】一个有大作为的君主一定会尊德乐道，一定有他不能随意召唤的臣子；如果有什么事要商议，他便会亲自到这样的大臣那里去。商汤对于伊尹，齐桓公对于管仲，就不敢随意召唤。商汤先向伊尹学习，然后才以他为臣，所以能不费大力气便统一了天下；齐桓公先向管仲学习，然后以他为臣，所以不费大力气而称霸于诸侯。当今天下各国土地大小相当，行为作风也不相上下，谁也不能超过谁，没有别的缘故，只是因为这些国家的君主只喜欢听他话的大臣，却不喜欢能够教导他的大臣罢了。

上有好者，下必有甚焉者矣。

——《孟子·滕文公上》

【释义】上位之人有什么爱好，在下面的人一定爱好得更加厉害。

滕文公问为国。孟子曰："民事不可缓也。"

——《孟子·滕文公上》

【释义】滕文公问孟子怎样治理国家。孟子说："和老百姓生产和生活有关系的事是不能拖延的。"

贤君必恭俭礼下，取于民有制。

——《孟子·滕文公上》

【释义】贤明的君主一定要敬业、节俭、礼遇臣下，取之于民时依照一定的制度，而不是随意敛财。

为民父母，使民盼盼然，将终岁勤动，不得以养其父母，又称贷而益之，使老稚转乎沟壑，恶在其为民父母也！

——《孟子·滕文公上》

【释义】作为老百姓的父母官，却让自己的百姓一年到头辛辛苦苦，但结果却连自己的父母都养不活，还不得不借高利贷来交税款，让老人孩子的抛尸露骨于山沟之中，这样做怎么配当老百姓的父母官呢？

陈相见孟子，道许行之言曰："滕君，则诚贤君也。虽然，未闻道也。贤者与民并耕而食，饔飧而治。今也滕有仓廪府库，则是厉民而以自养也。恶得贤！"孟子曰："许子必种粟而后食乎？"（陈相）曰："然。"（孟子曰：）"许子必织布而后衣乎？"（陈相）曰："否，许子衣褐。"（孟子曰：）"许子冠乎？"（陈相）曰："冠。"（孟子）曰："奚冠？"（陈相）曰："冠素。"（孟子）曰："自织之与？"（陈相）曰："否，以粟易之。"（孟子）曰："许子奚为不自织？"（陈相）曰："害于耕。"（孟子）曰："许子以釜甑爨，以铁耕乎？"（陈相）曰："然。"（孟子曰：）"自为之与？"（陈相）曰："否，以粟易之。"（孟子曰：）"以粟易械器者，不为厉陶冶；陶冶亦以其械器易粟者，岂为厉农夫哉！且许子何不为陶冶，舍皆取诸其宫中而用之？何为纷纷然与百工交易，何许子之不惮烦？"（陈相）曰："百工之事，固不可耕且为也。"（孟子曰：）"然则治天下独可耕且为与？

有大人之事,有小人之事。且一人之身,而百工之所为备,如必自为而后用之,是率天下而路也! 故曰:或劳心,或劳力;劳心者治人,劳力者治于人;治于人者食人,治人者食于人,天下之通义也。当尧之时,天下犹未平,洪水横流,泛滥于天下,草木畅茂,禽兽繁殖,五谷不登,禽兽逼人,兽蹄鸟迹之道交于中国。尧独忧之,举舜而敷治焉。舜使益掌火,益烈山泽而焚之,禽兽逃匿。禹疏九河,瀹济、漯而注诸海,决汝、汉,排淮、泗而注之江,然后中国可得而食也。当是时也,禹八年于外,三过其门而不入,虽欲耕,得乎?”

——《孟子·滕文公上》

【释义】陈相向孟子转述许行的话说:滕君确实是个贤明的君主,然而做的还不到位,真正贤明的君主应该与民众一起耕种,但是现在滕君却没有这样做,而是靠剥削民众来奉养自己,怎样才算得上真正的贤明呢? 对此观点,孟子没有正面回应,而是问了陈相一系列问题,他问陈相,提出这个观点的许行帽子是自己织的吗? 煮饭用的瓦罐、耕田用的铁器是自己制作的吗? 陈相说不是,是用粮食换来的。然后孟子就反问陈相:许行用粟米换用具,难道是在剥削工匠吗? 工匠用自己所造的用具来换粟米,难道是剥削农夫吗? 所有的用品都自己制作好了,干嘛要交易呢? 对此,陈相的答案是:没有时间一边种地一边干这些活。孟子接着陈相的这一回答,阐发了他对社会分工必要性的认识,孟子说:难道治理国家就能和耕种庄稼一起做吗? 有官吏的工作,有百姓的工作。一个人要生活下去,需要各种工匠的产品为他服务,如果每件东西都靠自己制造才去用它,那是率领天下的人疲于奔命。有脑力劳动者,有体力劳动者,脑力劳动者管理人,体力劳动者被人管理;被管理者向别人提供吃穿用度,管理者的吃用度仰仗于人,这是通行天下的共同原则。孟子进而举了尧和舜的例子,进一步说明把国家治理好已经很不容易了,不可能边耕种边治理国家。在孟子看来,评价一个君主是否贤明,标准不应该是看他是否做了老百姓该做的事,而应该看他是否尽到了君主的责任,有没有一心一意地把国家治理好,每个人只需要做好自己分内的事就可以了,社会分工是必要的。

人之有道也:饱食、暖衣、逸居而无教,则近于禽兽。圣人有忧之,使契为司徒,教以人伦——父子有亲,君臣有义,夫妇有别,长幼有序,朋友有信。

——《孟子·滕文公上》

【释义】做人的道理是这样的:只是吃得饱,穿得暖,住得安稳,却没有教育,那就和禽兽差不多了。圣人因为忧虑这种情况,便让契(殷之祖先)主管教育,教导人民人伦相处之道——父子间有骨肉之亲,君臣间有礼义之道,夫妻间有内外之别,老少间有尊卑之序,朋友间有诚信之德。

孟子曰:"离娄之明,公输子之巧,不以规矩,不能成方圆;师旷之聪,不以六律,不能正五音;尧、舜之道,不以仁政,不能平治天下。今有仁心仁闻而民不被其泽,不可法于后世者,不行先王之道也。故曰:徒善不足以为政,徒法不能以自行。"

——《孟子·离娄上》

【释义】孟子说:"即使有离娄①的视力、公输般(鲁班)的手艺,如果不用圆规、曲尺,也画不好方形和圆形;即使有师旷②的耳力,如果不用六律,也不能校正准五音。即使采用尧舜的治国之道,如果不行仁政,也不能治理好天下。现在有些诸侯,尽管有好心肠和好名声,但是老百姓却感受不到他的恩惠,他的治理方法也不能成为后世的样板,就是因为没有去实行前代圣王的制度。只有好心,不足以治理国家;只有好制度,制度本身也不能自动运作。"

城郭不完,兵甲不多,非国之灾也;田野不辟,货财不聚,非国之害也。上无礼,下无学,贼民兴,丧无日矣。

——《孟子·离娄上》

---

① 相传为黄帝时期目力极强的人。

② 一位极有名的盲人音乐家。

【释义】城墙不够坚固,军备不够充足,不是国家的最大的灾难;田野没有充分开辟,物质财富积聚得不够多,不是国家最大的祸害;如果在上位的人不讲礼义,在下位的人不能学好,违法乱纪的人都起来了,那离这个国家的灭亡也就不远了。

孟子曰:"规矩,方圆之至也;圣人,人伦之至也。欲为君,尽君道。欲为臣,尽臣道。二者皆法尧、舜而已矣。不以舜之所以事尧事君,不敬其君者也;不以尧之所以治民治民,贼其民者也。"

——《孟子·离娄上》

【释义】孟子说:"圆规和直尺是方圆的极致,圣人是为人的极致。想做君主,就要尽君主之道;想做臣子,就要尽臣子之道。无论是为君还是为臣,都只要效法尧和舜就行了。不能像舜对待尧那样对待自己的君主,便是对君主的不恭敬;不能像尧治理百姓那样治理自己的百姓,便是对百姓的伤害。"

孟子曰:"三代之得天下也以仁,其失天下也以不仁。国之所以废兴存亡者亦然。天子不仁,不保四海;诸侯不仁,不保社稷;卿大夫不仁,不保宗庙;士庶人不仁,不保四体。今恶死亡而乐不仁,是犹恶醉而强酒。"

——《孟子·离娄上》

【释义】孟子说:"夏、商、周三代获得天下是因为'仁',失去天下是因为'不仁'。国家的兴衰存亡都是如此。无论是天子、诸侯、卿大夫、士、还是普通百姓,如果不仁,都不会有好结果。如果厌恶死亡却乐于做不仁之事,就相当于怕醉,却偏要喝酒一样。"

孟子曰:"人有恒言,皆曰:'天下国家'。天下之本在国,国之本在家,家之本在身。"

——《孟子·离娄上》

【释义】孟子说:"对人们常说的"天下国家"这句话的意思是:天下的基础是国,国的基础是家。而要齐家,关键是修养好自身。"

孟子曰:"桀纣之失天下也,失其民也。失其民者,失其心也。得天下有道:得其民,斯得天下矣。得其民有道:得其心,斯得民矣。得其心有道:所欲与之聚之,所恶勿施尔也。"

——《孟子·离娄上》

【释义】孟子说:"桀纣之所以失去天下,根本原因在于失去了民心。赢得了民心就能赢得天下,得到民心的方法关键在于:老百姓所期待的,就给与他们;老百姓所厌恶的,就不要强加于他们。"

争地以战,杀人盈野;争城以战,杀人盈城,此所谓率土地而食人肉,罪不容于死!

——《孟子·离娄上》

【释义】为争夺土地而战,杀死的人就会布满田野;为争夺城池而战,杀死的人就会布满城池。发动战争是为了土地而吃人肉的做法,发动战争的人即使被判死罪,也不能赎清他们的罪过。

君仁,莫不仁;君义,莫不义;君正,莫不正。一正君而国定矣。

——《孟子·离娄上》

【释义】如果君主能率先做到仁,那么其他人便会效法君主做到仁;如果君主能够率先做到义,那么其他人便会效法君主做到义。只要君主端正了自身,整个国家也就随之安定了。

孟子告齐宣王曰:"君之视臣如手足,则臣视君如腹心;君之视臣如犬马,则臣视君如国人;君之视臣如土芥,则臣视君如寇仇。"

——《孟子·离娄下》

【释义】孟子对齐宣王说:"君主如果把大臣当作自己的手足,那大臣就会把君主当作自己的腹心;君主只是把大臣当作跑腿办事的犬马,那大臣也只会把君主当作一般的人;君主如果把大臣当作泥土草芥,那臣子就会把君主当作仇敌。"

孟子曰:"无罪而杀士,则大夫可以去;无罪而戮民,则士可以徙。"

——《孟子·离娄下》

【释义】孟子说:"如果君主随意杀害无罪的士人,那么大夫就可以离开君主;如果君主随意杀害无罪的百姓,那么士人就可以离开这个国家。"

孟子曰:"以善服人者,未有能服人者也。以善养人,然后能服天下。天下不心服而王者,未之有也。"

——《孟子·离娄下》

【释义】孟子说:"善本身并不能使人服输,只有拿善来熏陶教养人,才能使天下的人都归服。让天下的人心归服却不能统一天下的,是从来没有过的事。"

孟子曰:"禹恶旨酒而好善言。汤执中,立贤无方。文王视民如伤,望道而未之见。武王不泄迩,不忘远。周公思兼三王,以施四事;其有不合者,仰而思之,夜以继日;幸而得之,坐以待旦。"

——《孟子·离娄下》

【释义】孟子说:"禹不喜欢美酒,却喜欢有价值的话。汤执守中庸之道,选拔人才不拘泥常规。文王看待百姓好像他们受了伤害一样去抚慰,追求真理努力不懈。武王不轻侮在朝廷中的近臣,不遗忘散在四方的远臣。周公想要兼学夏、商、周三代的君王,来实践禹、汤、文王、武王所行的勋业;如果发现有不符合的地方,就会反复考虑,一旦想通了,就马上付诸实行。"

齐宣王问卿。孟子曰："王何卿之问也?"王曰:"卿不同乎?"曰:"不同。有贵戚之卿,有异姓之卿。"王曰:"请问贵戚之卿。"曰:"君有大过则谏,反覆之而不听,则易位。"王勃然变乎色。曰:"王勿异也。王问臣,臣不敢不以正对。"王色定,然后请问异姓之卿。曰:"君有过则谏,反覆之而不听,则去。"

——《孟子·万章下》

【释义】齐宣王问关于公卿的事情。孟子说:"王所问的是哪一种类的公卿?"王说:"公卿难道还不一样吗?"孟子说:"不一样。有和王室同宗族的公卿,有非王族的公卿。"王说:"我想了解下和王室同宗族的公卿。"孟子说:"君王若有重大错误,他便加劝阻;如果反复劝阻还不听从,就把这个君主废弃,改立别人。"齐宣王突然变了脸色。孟子说:"王不要奇怪。王问我,我不敢不拿老实话答复。"齐宣王脸色正常了,又问非王族的公卿。孟子说:"君王若有错误,便加劝阻;如果反复劝阻了还不听从,自己就离职。"

君子之事君也,务引其君以当道,志于仁而已。

——《孟子·告子下》

【释义】作为大臣应该致力于影响君主来施行仁道。

孟子曰:"以佚道使民,虽劳不怨。以生道杀民,虽死不怨杀者。"

——《孟子·尽心上》

【释义】孟子说:"为了民众的福利而役使民众,民众即使辛苦也不会有怨言。为了民众的生存而不得已杀人,即使是被杀的人也不会有怨恨。"

孟子曰:"仁言不如仁声之入人深也,善政不如善教之得民也。善政,民畏之;善教,民爱之。善政得民财,善教得民心。"

——《孟子·尽心上》

【释义】孟子说:"统治者对百姓说符合'仁'的语言,不如统治者做符合'仁'的事情,更能深入人心。良好的政治不如良好的教化更能得到民心。

用政治手段只能使百姓畏惧,用道德教化才能赢得百姓的热爱。良好的政治能得到百姓的财,良好的教化才能得到百姓的心。"

孟子曰:"不信仁贤,则国空虚;无礼义,则上下乱;无政事,则财用不足。"

——《孟子·尽心下》

【释义】孟子说:"不信任仁德贤能的人,那国家就会空虚;没有礼义,上下的关系就会混乱;没有好的政治,国家的用度就会不够。"

孟子曰:"不仁而得国者,有之矣;不仁而得天下者,未之有也。"

——《孟子·尽心下》

【释义】孟子说:"不施行仁道却能统治一个国家,有这样的事;不施行仁道却能统治天下,从来不曾有这样的事。"

孟子曰:"民为贵,社稷次之,君为轻。是故得乎丘民而为天子,得乎天子为诸侯,得乎诸侯为大夫。"

——《孟子·尽心下》

【释义】孟子说:"百姓最为重要,土谷之神为次,君主为轻。所以获得百姓的欢心便可以做天子,获得天子的欢心便可以做诸侯,获得诸侯的欢心便可以做大夫。"

孟子曰:"有布缕之征,粟米之征,力役之征。君子用其一,缓其二。用其二而民有殍,用其三而父子离。"

——《孟子·尽心下》

【释义】孟子说:"有征收布帛的赋税,有征收谷米的赋税,还有征收人力的赋税。君子于三者之中,采用一种,那两种便暂时不用。如果同时用两种,百姓便会有饿死的;如果同时用三种,那父亲便顾不上儿子,儿子也顾不上父亲了。"

孟子曰："诸侯之宝三：土地、人民、政事。宝珠玉者，殃必及身。"

——《孟子·尽心下》

【释义】孟子说："诸侯的宝贝有三样：土地、百姓和政治。以珍珠美玉为宝贝的，祸害一定会降到他身上。"

《荀子》

公生明,偏生暗,端悫生通,诈伪生塞,诚信生神,夸诞生惑。此六生者,君子慎之,而禹桀所以分也。

——《荀子·不苟》

【释义】公正产生光明,偏私产生黑暗,端正忠厚产生通达,奸诈虚伪产生闭塞,真诚可信产生神明,虚夸妄诞产生惑乱。这六种情况,君子要谨慎,这是禹和桀不同的地方。

有小人之辩者,有士君子之辩者,有圣人之辩者:不先虑,不早谋,发之而当,成文而类,居错迁徙,应变不穷,是圣人之辩者也。先虑之,早谋之,斯须之言而足听,文而致实,博而党正,是士君子之辩者也。听其言则辞辩而无统,用其身则多诈而无功,上不足以顺明王,下不足以和齐百姓,然而口舌之均,嚕唯则节,足以为奇伟偃却之属,夫是之谓奸人之雄。圣王起,所以先诛也,然后盗贼次之。盗贼得变,此不得变也。

——《荀子·非相》

【释义】有小人的辩论,有士君子的辩论,有圣人的辩论:不事先考虑,不早做打算,一说话就很恰当,既有文采又合乎礼法,行为变化都能应付自如,这是圣人的辩论。事先考虑,早做打算,语言简短而动听,既有文采又很信实,既渊博又雅正,这是士君子的辩论。听他讲话振振有词却不得要领,让他做事则狡猾奸诈而毫无功效,对上不能顺从贤明的圣王,对下不能使百姓和谐统一，只是讲话动听、夸夸其谈，这是奸人中的突出者。圣王出现，一定先诛杀这类人，然后再诛杀盗贼。即使盗贼能够改变，这类人也是改变不了的。

劳力而不当民务谓之奸事，劳知而不律先王谓之奸心，辩说譬谕、齐给便利而不顺礼义谓之奸说。此三奸者，圣王之所禁也。知而险，贼而神，为诈而巧，言无用而辩，辩不惠而察，治之大殃也。

——《荀子·非十二子》

【释义】 尽全力而不合百姓的要求叫作奸事；绞尽脑汁而不合先王的法则叫作邪心；能说善辩，善用譬喻，反应敏捷而不合礼义，叫作奸说。这三种奸邪，是圣王所禁止的。聪明而阴险，心狠手辣而善变，行为奸诈而巧妙，说话不切实际却头头是道，论辩毫无用处却明察秋毫，这是治国的大祸害。

兼服天下之心：高上尊贵不以骄人，聪明圣知不以穷人，齐给速通不争先人，刚毅勇敢不以伤人。不知则问，不能则学，虽能必让，然后为德。遇君则修臣下之义，遇乡则修长幼之义，遇长则修子弟之义，遇友则修礼节辞让之义，遇贱而少者，则修告导宽容之义。无不爱也，无不敬也，无与人争也，恢然如天地之苞万物。如是，则贤者贵之，不肖者亲之。如是而不服者，则可谓訞怪狡猾之人矣。虽则子弟之中，刑及之而宜。

——《荀子·非十二子》

【释义】 使天下人心悦诚服的方法是：不因身居要职、地位显贵而傲视别人，不因聪明睿智而刁难别人，不因才思敏捷、反应迅速而与人争先，不凭借刚毅勇猛而伤害别人；不懂就问，不会就学，即使有才能也要谦让，这样才算有德行。面对君王就要奉行臣下的义务，面对乡亲就要讲究长幼的辈分，面对长辈就要实行子弟之道，面对朋友就要讲究礼节谦让，对地位卑贱而年纪又小的就要实行教导宽容之道。对人无所不爱，无所不敬，不与人争斗，心胸宽阔得就像天地包容万物一样，如果这样，贤能的人就会尊重你，不肖者也会亲近你。如果还有不归服你的,一定是那些乖邪狡猾的人了,对这样的人,施加刑罚也是应该的。

凡听,威严猛厉而不好假道人,则下畏恐而不亲,周闭而不竭,若是,则大事殆乎弛,小事殆乎遂。和解调通,好假道人而无所凝止之,则奸言并至,尝试之说锋起,若是,则听大事烦,是又伤之也。

——《荀子·王制》

【释义】处理政事,如果过分威严猛厉而做不到宽容引导,那么下面的人就会畏惧害怕而不愿意亲近你,就会对你隐瞒实情而不愿意全讲出来,这样做造成的结果便是:大事废弛,小事落空。但是如果凡事随和,过于宽容而没有节制,那么邪恶的言论就会一块到来,尝试性的学说就会蜂拥而起,这样做的结果便是:听得太多,听得太烦琐,这对做事也会产生损害。

公平者,职之衡也;中和者,听之绳也。其有法者以法行,无法者以类举,听之尽也;偏党而无经,听之辟也。

——《荀子·王制》

【释义】公平是职权的尺度,中和是处理政事的准绳。有法令规定的就依法行使,没有法令规定的就用类推的方法处理,这是处理政事的最好方法;只知偏袒同党,不讲原则,这是处理政事的邪路。

马骇舆则君子不安舆,庶人骇政则君子不安位。马骇舆则莫若静之,庶人骇政则莫若惠之。选贤良,举笃敬,兴孝弟,收孤寡,补贫穷,如是,则庶人安政矣。庶人安政,然后君子安位。传曰:"君者,舟也;庶人者,水也。水则载舟,水则覆舟。"此之谓也。故君人者欲安则莫若平政爱民矣,欲荣则莫若隆礼敬士矣,欲立功名则莫若尚贤使能矣,是君人者之大节也。三节者当,则其余莫不当矣;三节者不当,则其余虽曲当,犹将无益也。

——《荀子·王制》

【释义】马拉车如果受惊，君子就不能安坐在车子上；百姓如果被政治吓怕，君子就不能安坐在他们的职位上。马拉车受惊了，那就没有比让它安静下来更好的了；百姓被政治吓怕了，就没有比给他们恩惠更好的了。选用贤良的人，提拔忠厚老实的人，提倡孝悌，收养孤儿寡妇，救济贫穷的人，这样做百姓就会服从管理了。百姓服从管理，君子就能安于职位了。这正如古书上所说的："君主，就像船；百姓，就像水。水能浮起船，水也能倾覆船。"所以处在君位上的人要想安定，没有比政治平和、爱护人民更好的办法了；君主要想荣耀，没有比遵循礼义、尊敬士人更好的办法了；君主要想建立功名，没有比崇尚贤良、任用能人更好的办法了。这是做好君主最重要的三个方面，这三个方面做得恰当，那么其余的事情也会随之恰当；这三个方面做得不恰当，那么其余的事情即使做得都很恰当，也还是没有用处。

王者之论：无德不贵，无能不官，无功不赏，无罪不罚，朝无幸位，民无幸生，尚贤使能而等位不遗，析愿禁悍而刑罚不过，百姓晓然皆知夫为善于家而取赏于朝也，为不善于幽而蒙刑于显也。

——《荀子·王制》

【释义】王者的用人方针：没有德行就不能尊贵，没有才能就不能当官，没有功劳就不能奖赏，没有罪过就不能惩罚，朝廷上没有侥幸能得到职位的人，百姓中没有不务正业能侥幸生存的人，崇尚贤者、任用能者，使每个人的等级地位与自己的才德相称而没有遗漏，制裁狡诈的人、禁止凶暴的人，量刑适中，百姓都清楚地知道做好事就会得到朝廷的奖赏，在暗地里做坏事就会在众人面前受到惩罚。

王者之法：等赋，政事，财万物，所以养万民也。田野什一，关市几而不征，山林泽梁以时禁发而不税。相地而衰政，理道之远近而致贡，通流财物粟米，无有滞留，使相归移也。四海之内若一家，故近者不隐其能，远者不疾其劳。

——《荀子·王制》

【释义】 按等级征收赋税,处理政事,管理万物,这是王者用来养育万民的方法。具体来说,农田只征收十分之一的税,关卡和市场只监察而不征税,山林湖泊按时关闭开放而不收税,视土地的肥瘠分别征税,区分道路的远近交纳贡品,财物粮食要顺畅流通,不能有滞留,使各地互通有无。四海之内就像一家人,近处的人不会隐藏自己的才能,远处的人即使奔走劳苦也没有怨言。

圣王之制也,草木荣华滋硕之时则斧斤不入山林,不夭其生,不绝其长也;鼋鼍、鱼、鳖、鳅鳝孕别之时,罔罟毒药不入泽,不夭其生,不绝其长也;春耕、夏耘、秋收、冬藏四者不失时,故五谷不绝而百姓有馀食也;洿池、渊沼、川泽谨其时禁,故鱼鳖优多而百姓有馀用也;斩伐养长不失其时,故山林不童而百姓有馀材也。

——《荀子·王制》

【释义】 圣王的制度是:草木在开花结果的时候就不能进入山林砍伐,为的是让它们继续成长而不过早夭折;鼋、鼍、鱼、鳖、泥鳅、缮鱼等产卵的时候,渔网和毒药就不再投入湖泽,为的是让它们继续成长而不过早夭折;春天耕种、夏天锄草、秋天收获、冬天收藏,这四件事都不能失去时节,这样百姓就有可能收获更多的粮食;池塘、湖泊、河泽在一定时期内严格禁止捕捞,这样鱼鳖繁多而百姓就会吃不完用不尽;砍伐种植不失时节,山林就不会光秃,百姓就会有充足的木材可用。

殷之日,案以中立无有所偏而为纵横之事,偃然案兵无动,以观夫暴国之相卒也。案平政教,审节奏,砥砺百姓,为是之日,而兵劲天下劲矣;案然修仁义,伉隆高,正法则,选贤良,养百姓,为是之日,而名声劲天下之美矣。

——《荀子·王制》

【释义】 在国家强盛时,要保持中立,不要有所偏袒而去做合纵连横的事,要静悄悄地按兵不动,来旁观暴国之间的互相争斗。要平定政教,审察礼乐,训练百姓,做到了这些,就会拥有天下最强劲的兵力;实行仁义,推崇礼义,修正法则,选拔贤良,养育百姓,做到了这些,就能得到天下最美好的名声。

　　殷之日,安以静兵息民,慈爱百姓,辟田野,实仓廪,便备用,安谨募选阅材伎之士;然后渐赏庆以先之,严刑罚以防之,择士之知事者使相率贯也,是以厌然畜积修饰而物用之足也。兵革器械者,彼将日日暴露毁折之中原,我今将修饰之,拊循之,掩盖之于府库;货财粟米者,彼将日日栖迟薛越之中野,我今将畜积并聚之于仓廪;材技股肱、健勇爪牙之士,彼将日日挫顿竭之于仇敌,我今将来致之,并阅之、砥砺之于朝廷。如是,则彼日积敝,我日积完;彼日积贫,我日积富;彼日积劳,我日积佚。君臣上下之间者,彼将厉厉焉日日相离疾也,我今将顿顿焉日日相亲爱也,以是待其敝。安以其国,为是者霸。

——《荀子·王制》

【释义】在国家强盛时,要停止战争,休养生息,爱护百姓,开垦田野,充实粮仓,整顿器用,小心招募、选择武艺高强之士,然后用奖赏来引导他们,用严刑来防范他们,选择其中明达事理的人来统率他们,这样就可以安心地积蓄粮食、改造器械,财物器用就会充足了。兵革器械之类,别国天天在旷野中暴露毁坏它们,而我们却修理改造保养它们,把它们保存在府库中;货财粮食之类,别国天天浪费糟蹋,而我们却把它们积累并储存在粮仓中;有才有艺的栋梁、刚健勇敢的武士,别国天天让他们遭受挫折、困顿,而我们却招抚、接纳并激励他们。这样,别国会一天天衰败,而我们就会一天天变好;别国会一天天贫穷,而我们就会一天天富裕;别国就会一天天劳苦,而我们就会一天天安逸。君臣、上下之间的关系,别国将会一天天互相背离嫉恨,我们却会一天天互相亲近友爱,如果能把国家治理成这样,就可以称霸了。

立身则从佣俗,事行则遵佣故,进退贵贱则举佣士,之所以接下之人百姓者,则庸宽惠,如是者则安存。立身则轻楛,事行则蠲疑,进退贵贱则举佞侻,之所以接下之人百姓者,则好取侵夺,如是者危殆。立身则憍暴,事行则倾覆,进退贵贱则举幽险诈故,之所以接下之人百姓者,则好用其死力矣,而慢其功劳,好用其籍敛矣,而忘其本务,如是者灭亡。

——《荀子·王制》

【释义】如果能顺从日常的习俗以立身,遵循平常的惯例以行事,举贤任能,对待下属百姓宽厚恩惠,这样做就可以安全生存。如果轻率粗劣地立身,迟疑不决地行事,推荐口齿伶俐的奸佞小人担任官职,对待下属百姓巧取豪夺,这样做就会陷入危险中。如果傲慢暴躁地立身,倾轧陷害地行事,举荐阴险奸诈的人担任官职,对待下属百姓只想让他们尽力卖命而抹杀他们的功劳,只想让他们交纳赋税而不顾他们的本业,这样做就会招来灭亡。

足国之道:节用裕民,而善臧其余。节用以礼,裕民以政。

——《荀子·富国》

【释义】富国的途径是:节约费用,使人民富裕,并妥善贮存多余的财物。要按照礼制节约费用,要制定政策使人民富裕。

兼足天下之道在明分:掩地表亩,刺草殖谷,多粪肥田,是农夫众庶之事也。守时力民,进事长功,和齐百姓,使人不偷,是将帅之事也。高者不旱,下者不水,寒暑和节,而五谷以时熟,是天下之事也。若夫兼而覆之,兼而爱之,兼而制之,岁虽凶败水旱,使百姓无冻馁之患,则是圣君贤相之事也。

——《荀子·富国》

【释义】使天下富足的方法在于确定区分各自应该做的事情:明确田界,除去杂草,种植谷物,多施肥料使田地肥沃,是农夫百姓的事情。遵守农时,激励人民,促进生产,提高功效,使百姓和睦、不苟且偷生,这是将帅的事情。使高处的田地不干旱,低洼的田地不受涝,寒暑合乎节令,五谷按时成熟,这是上天的事情。普遍地保护、爱护、管理百姓,即使遇到水涝或干旱的凶年,也能避免让百姓挨饿受冻,这是圣君贤相应该做的事情。

不教而诛,则刑繁而邪不胜;教而不诛,则奸民不惩;诛而不赏,则勤励之民不劝;诛赏而不类,则下疑俗险而百姓不一。

——《荀子·富国》

【释义】不教育就诛杀,那么刑罚虽繁多也不能战胜邪恶;只教育而不诛杀,那么奸邪的人就得不到惩罚;诛杀而不奖赏,那么勤劳的人就得不到鼓励;诛杀和奖赏如果不符合法律,就会导致百姓疑惑而找不到行为的依据,从而造成风俗险恶。

不利而利之,不如利而后利之之利也;不爱而用之,不如爱而后用之之功也。利而后利之,不如利而不利者之利也;爱而后用之,不如爱而不用者之功也。利而不利也,爱而不用也者,取天下者矣。利而后利之,爱而后用之者,保社稷者也。不利而利之,不爱而用之者,危国家者也。

——《荀子·富国》

【释义】不给人民利益却向人民索取利益,不如先给人民利益而后再向他们索取利益更有利;不爱护人民而使用他们,不如先爱护他们而后再使用他们更有成效。给人民利益而后索取利益,不如给人民利益而不向他们索取利益更有利;爱护人民而后使用他们,不如爱护人民而不使用他们更有成效。给人民利益而不向他们索取利益,爱护人民而不使用他们,就可以取得天下。先给人民利益而后向他们索取利益,爱护人民而后使用他们,就可以保住社稷。不给人民利益而向他们索取利益,不爱护人民而使用他们,就会使国家陷入危险中。

用国者,义立而王,信立而霸,权谋立而亡。三者,明主之所谨择也,仁人之所务白也。

——《荀子·王霸》

【释义】治理国家的人，实行了礼义就能称王，建立了信用就能称霸，搞权术阴谋就要灭亡。这三种情况，是贤明的君主要谨慎选择的，是仁人一定要明白的。

挈国以呼功利，不务张其义，齐其信，唯利之求，内则不惮诈其民而求小利焉，外则不惮诈其与而求大利焉，内不修正其所以有，然常欲人之有，如是，则臣下百姓莫不以诈心待其上矣。上诈其下，下诈其上，则是上下析也。如是，则敌国轻之，与国疑之，权谋日行而国不免危削，綦之而亡。

——《荀子·王霸》

【释义】以功利作为国家的价值导向，唯利是图，而不是致力于发扬礼义、恪守信用。对内欺压人民而攫取小利，对外欺诈盟国而追求大利，不管好自己国家已有的东西，却常想得到别人拥有的东西，如果这样做，那么臣下、百姓也都会以欺诈之心来对待君主。君主欺诈臣下，臣下欺诈君主，结果便是上下分崩离析，像这样，敌国就会轻视，盟国就会怀疑，即使每天绞尽脑汁施行权术，国家也难免危险削弱，发展到极点就会灭亡。

与积礼义之君子为之则王，与端诚信全之士为之则霸，与权谋倾覆之人为之则亡。三者明主之所以谨择也，仁人之所以务白也。善择之者制人，不善择之者人制之。

——《荀子·王霸》

【释义】同积累礼义的君子一起治国就能称王，同端正诚实守信的人一起来治国就能称霸，同玩弄权术阴谋陷害别人的人一起治国就会灭亡。这三种情况，贤明的君主一定要谨慎选择，而仁人必须要弄明白。善于选择的就能制服别人，不善于选择的就会被别人制服。

彼持国者，必不可以独也，然则强固荣辱在于取相矣。身能相能，如是者王；身不能，知恐惧而求能者，如是者强；身不能，不知恐惧而求能者，安唯便僻左右亲比己者之用，如是者危削，綦之而亡。

——《荀子·王霸》

【释义】掌握国家的君主一定不能只靠自己一人，国家的兴衰荣辱与选择的国相有很大关系。自己有能力，国相也有能力，这样做，就能称王于天下；自己没有能力，但是知道害怕而去寻求有能力的人帮助自己，这样做，国家就能强大；自己没有能力，也不知道去寻求有能力的人帮助自己，只知道任用自己身边宠信的小臣以及来亲附自己的人，这样做，国家就会危险削弱，发展到极点就会灭亡。

国无礼则不正。礼之所以正国也，譬之犹衡之于轻重也，犹绳墨之于曲直也，犹规矩之于方圆也，既错之而人莫之能诬也。

——《荀子·王霸》

【释义】国家要想治理得好就必须有礼。礼对治国来说，就好比秤是用来衡量轻重的，绳墨是用来分辨曲直的，规矩是用来判断方圆的一样，如果能够设置好礼，那么就没有人能进行欺骗了。

用国者，得百姓之力者富，得百姓之死者强，得百姓之誉者荣。三得者具而天下归之，三得者亡而天下去之。天下归之之谓王，天下去之之谓亡。

——《荀子·王霸》

【释义】统治国家的人，如果百姓愿意为他尽力劳动，就能富裕；如果百姓愿意为他拼死作战，就会强大；如果能够得到百姓的赞誉，就会获得光荣。这三者都能得到，那么天下就会归附他；这三者都得不到，那么天下就会背离他。天下归附他就叫作称王，天下背离他就叫作灭亡。

伤国者何也？曰：以小人尚民而威，以非所取于民而巧，是伤国之大灾也。大国之主也，而好见小利，是伤国；其于声色、台榭、园囿也，愈厌而好新,是伤国;不好循正其所以有,唉唉常欲人之有,是伤国。三邪者在匈中,而又好以权谋倾覆之人断事其外,若是,则权轻名辱,社稷必危,是伤国者也。

——《荀子·王霸》

【释义】危害国家的行为有哪些呢? 回答是:让小人在人民头上作威作福,以不正当的手段对人民巧取豪夺,这是危害国家的大灾难。身为大国的君主,却喜欢贪图小利,在声色、台榭、园圃方面喜欢新奇,不好好治理自己已经拥有的东西却贪得无厌地想得到别人的东西,这三种就是危害国家的行为。这三种邪念存于胸中,再加之喜欢任用那些玩弄权术、倾轧陷害别人的人为自己决断政事,那么君主的权力就会轻微,名声就会受辱,国家就会危殆。

君者,民之原也,原清则流清,原浊则流浊。故有社稷者而不能爱民、不能利民,而求民之亲爱己,不可得也。民不亲不爱,而求其为己用、为己死,不可得也。民不为己用,不为己死,而求兵之劲、城之固,不可得也。兵不劲,城不固,而求敌之不至,不可得也。敌至而求无危削、不灭亡,不可得也。

——《荀子·君道》

【释义】拥有国家的人不能爱护人民、不能为人民谋利,却希望人民亲爱自己,那是不可能的。人民不亲近不爱戴自己,却希望他们为自己所用、为自己卖命,那是不可能的。人民不为自己所用、不为自己卖命,却希望兵力强劲,城防坚固,那是不可能的。兵力不强劲,城防不坚固,而希望敌人不来入侵,那是不可能的。敌人来了却希望国家没有危险、不灭亡,那是不可能的。

君者,何也? 曰:能群也。

——《荀子·君道》

【释义】君主是什么? 回答是:君主是擅长把人组成群体的人。

隆礼至法则国有常,尚贤使能则民知方,纂论公察则民不疑,赏克罚偷则民不怠,兼听齐明则天下归之。然后明分职,序事业,材技官能,莫不治理,则公道达而私门塞矣,公义明而私事息矣。如是,则德厚者进而佞说者止,贪利者退而廉节者起。

——《荀子·君道》

【释义】推崇礼义、法制,国家就有秩序;崇尚贤能、任用能人,人民就知道方向;面对群众的议论能够公开审察,人民就不会怀疑;赏勤罚懒,民众就不会怠慢;全面听取各方面的意见、洞察一切,天下就会归顺。然后明确名分职责,工作便会有条不紊;使用有技术的人、任用有才能的人,事情就能得到治理。如果这么做,公正之道就会畅通,而循私的后门就堵塞了;公理正义就会显明,而图谋私利的事情就停止了。如果这么做,道德高尚的人就能得到晋升,而奸佞奉承的人就会被遏止;贪婪的人会被斥退,而廉洁的人就会被起用。

从命而利君谓之顺,从命而不利君谓之谄;逆命而利君谓之忠,逆命而不利君谓之篡;不恤君之荣辱,不恤国之臧否,偷合苟容,以持禄养交而已耳,谓之国贼。君有过谋过事,将危国家、殒社稷之惧也,大臣父兄有能进言于君,用则可,不用则去,谓之谏;有能进言于君,用则可,不用则死,谓之争;有能比知同力,率群臣百吏而相与强君挢君,君虽不安,不能不听,遂以解国之大患,除国之大害,成于尊君安国,谓之辅;有能抗君之命,窃君之重,反君之事,以安国之危,除君之辱,功伐足以成国之大利,谓之拂。故谏、争、辅、拂之人,社稷之臣也,国君之宝也,明君所尊厚也,而暗主惑君以为己贼也。故明君之所赏,暗君之所罚也;暗君之所赏,明君之所杀也。

——《荀子·臣道》

【释义】听从君主的命令而有利于君主叫作顺从,听从君主的命令而不利于君主叫作谄媚;违背君主的命令而有利于君主叫作忠诚,违背君主的命令而不利于君主叫作篡夺;不顾君主的荣辱,不顾国家的安危,只是一味迎合君主来保全自身、取得俸禄、豢养党羽,这叫国贼。君主有错误的谋划、错误的事情,有可能危害、毁灭国家时,大臣、父子、兄弟中有人向君主进言,被采纳就好,不被采纳就离去,这叫作劝谏;有人向君主进言,被采纳就好,不被采纳就殉身,这叫作死诤;有人能够联合有智慧的人齐心协力,率领群臣百官共同来强迫君主、纠正君主,君主虽然感到不安,但不能不听,于是解除了国家的大祸患,消除了国家的大灾难,使君主尊贵、国家安全,这叫作辅佐;有人能违抗君主的命令,窃取君主的大权,反对君主的行事,使国家转危为安,消除了君主的耻辱,功劳足以给国家带来很大好处,这叫作矫正。所以劝谏、死诤、辅佐、矫正的人,是国家的功臣,是国君的珍宝,是贤明的君主所尊敬厚爱的,但昏庸糊涂的君主却认为他们是奸贼。贤明的君主所奖赏的,恰是昏庸的君主所惩罚的;昏庸的君主所奖赏的,恰是贤明的君主所杀戮的。

有大忠者,有次忠者,有下忠者,有国贼者:以德复君而化之,大忠也;以德调君而辅之,次忠也;以是谏非而怒之,下忠也;不恤君之荣辱,不恤国之臧否,偷合苟容,以之持禄养交而已耳,国贼也。

——《荀子·臣道》

【释义】大臣可以分为四类:大忠的臣子、次忠的臣子、下忠的臣子和国家的奸贼。用道德覆育君主、感化君主,这是大忠;用道德来调养君主、辅佐君主,这是次忠;劝谏君主的错误、但方法不好以致于把君主激怒,这是下忠;不顾君主的荣辱,不顾国家的安危,只是迎合君主以保全自身、取得俸禄、豢养党羽,这是国家的奸贼。

衡听、显幽、重明、退奸、进良之术:朋党比周之誉,君子不听;残贼加累之谮,君子不用;隐忌雍蔽之人,君子不近;货财禽犊之请,君子不许。凡流言、流说、流事、流谋、流誉、流愬,不官而衡至者,君子慎之。闻听而明誉之,定其当而当,然后士其刑赏而还与之,如是,则奸言、奸说、奸事、奸谋、奸誉、奸誉、奸愬莫之试也,忠言、忠说、忠事、忠谋、忠誉、忠愬莫不明通,方起以尚尽矣。夫是之谓衡听、显幽、重明、退奸、进良之术。

——《荀子·致士》

【释义】广泛听取意见、发现隐居的贤士、显扬贤明的人、斥退奸邪的人、进用贤良的方法是:对结党营私之人的称誉,君子不听从;对残害别人的诬陷之词,君子不采用;对妒忌、堵塞贤能的人,君子不亲近;对用钱财礼物进行的贿赂,君子不答应。凡是那些没有根据的言论、说法、事情、计谋、称誉、诉说,不是经过正当途径而来的,君子要小心对待。对于所听到的要仔细分辨,确定它们是正当的还是不正当的,然后再给予处罚或奖赏并立即实施。如果能做到这些,那些奸邪的言论、奸邪的做法、奸邪的事情、奸邪的计谋、奸邪的称誉、奸邪的诉说就没有敢来试探的了,忠诚的言论、忠诚的说法、忠诚的事情、忠诚的计谋、忠诚的称誉、忠诚的诉说就会被一起呈献给君主。这就是广泛听取意见、发现隐居的贤士、显扬贤明的人、斥退奸邪的人、进用贤良的方法。

川渊深而鱼鳖归之,山林茂而禽兽归之,刑政平而百姓归之,礼义备而君子归之。故礼及身而行修,义及国而政明,能以礼挟而贵名白,天下愿,令行禁止,王者之事毕矣。

——《荀子·致士》

【释义】江河里的水深了,鱼鳖就会聚集过来;山林茂盛了,禽兽就会聚集过来;刑罚政令公平了,百姓就会聚集过来;礼义完备了,君子就会聚集过来。所以用礼规范自身,行为就会美好;用道义贯彻到国家,政治就会清明;能把礼普遍地推行到各个方面,名声就会显扬,天下人都会口服心服,必然能够达到令行禁止,这样王者的大业就完成了。

人主之患,不在乎不言用贤,而在乎诚必用贤。夫言用贤者口也,却贤者行也,口行相反而欲贤者之至,不肖者之退也,不亦难乎!

——《荀子·致士》

【释义】君主的问题,不在于不谈论任用贤人,而在于不能真正地任用贤人。谈论任用贤人是口头上的,拒绝贤人是行动上的,口头上与行动上相反,却想让贤人到来、不贤的人退去,那是不可能的。

临事接民而以义,变应宽裕而多容,恭敬以先之,政之始也;然后中和察断以辅之,政之隆也;然后进退诛赏之,政之终也。

——《荀子·致士》

【释义】处理事情、对待人民要用礼义,应付事件要灵活多变并且要广泛听取意见,用恭敬的态度引导人民,这是政治的开始;进而用中正和顺、明察决断来辅助,这是政治的中间环节;最后采用进用、斥退、诛罚、奖赏的手段,这是政治最后要做的事情。

赏不欲僭,刑不欲滥,赏僭则利及小人,刑滥则害及君子。若不幸而过,宁僭无滥;与其害善,不若利淫。

——《荀子·致士》

【释义】奖赏不要过分,刑罚不要滥用,奖赏过分就会让小人受利,刑罚滥用就会危害君子。如果做不到这么恰到好处,那就宁可过分奖赏也不要滥用刑罚;与其伤害好人,不如让小人得利。

制号政令,欲严以威;庆赏刑罚,欲必以信;处舍收藏,欲周以固;徙举进退,欲安以重,欲疾以速;窥敌观变,欲潜以深,欲伍以参;遇敌决战,必道吾所明,无道吾所疑,夫是之谓六术。无欲将而恶废,无急胜而忘败,无威内而轻外,无见其利而不顾其害,凡虑事欲孰而用财欲泰,夫是之谓五权。所以不受命于主有三:可杀而不可使处不完,可杀而不可使击不胜,可杀而不可使欺百姓,夫是之谓三至。凡受命于主而行三军,三军既定,百官得序,群物皆正,则主不能喜,敌不能怒,夫是之谓至臣。虑必先事而申之以敬,慎终如始,终始如一,夫是之谓大吉。凡百事之成也必在敬之;其败也必在慢之。故敬胜怠则吉,怠胜敬则灭;计胜欲则从,欲胜计则凶。战如守,行如战,有功如幸。敬谋无圹,敬事无圹,敬吏无圹,敬众无圹,敬敌无圹,夫是之谓五无圹。谨行此六术、五权、三至,而处之以恭敬无圹,夫是之谓天下之将,则通于神明矣。

——《荀子·议兵》

【释义】制度、号令、政策、法令要严厉而有威信;奖赏、刑罚,要坚决而讲信用;营垒、仓库要周密而坚固;转移、进退要安全而稳重,敏捷而迅速;窥测敌情、观察变化,要隐蔽而深入,反复比较核实;遇到敌人进行决战,一定要根据自己已经明了的情况去行动,而不要根据自己有疑虑的情况去行动,这就叫作六种战术。不要只为保住将位而怕被撤职,不要急于求胜而忘记可能的失败,不要只对内威严而轻视外敌,不要只看到有利的一面而不顾及有害的一面,凡是考虑事情一定要深思熟虑,并且在用财物进行奖赏时不要吝啬,这就叫作五种权衡的事。不接受君主的命令有三种原因:宁可被杀也不能让军队驻扎在不安全的地方,宁可被杀也不能让军队打不能取胜的仗,宁可被杀也不能让军队来欺负百姓,这就叫作三项最高的原则。凡是受命于君主而统率三军,三军已经安定,百官各司其职,各种事情有条不紊,君主不能使他高兴,敌人不能使他愤怒,这就叫作最好的将领。行动之前一定要深思熟虑而又慎之又慎,谨慎地对待结束就像开始一样,始终如一,这就叫作最大的吉利。大凡事情的成功一定在于恭敬,失败往往在于怠慢。所以谨慎胜过怠慢就能吉利,怠慢胜过谨慎就会招来灭亡;筹划胜过欲望就顺利,欲望胜过筹划就凶险。攻战如同防守,行军如同作战,取得战功就像侥幸得到一样。谨慎地谋划而不懈怠,谨慎地对待事情而不懈怠,谨慎地对待官吏而不懈怠,谨慎地对待士兵而不懈怠,谨慎地对待敌人而不懈怠,这就叫作五种不懈怠。小心地实行这六种战术、五种权衡、三项最高的原则,并一定用恭敬不懈怠的态度来对待它们,这就叫作天下无敌的将领,就会通于神明了。

彼仁者爱人，爱人，故恶人之害之也；义者循理，循理，故恶人之乱之也。彼兵者，所以禁暴除害也，非争夺也。故仁人之兵，所存者神，所过者化，若时雨之降，莫不说喜。是以尧伐驩兜，舜伐有苗，禹伐共工，汤伐有夏，文王伐崇，武王伐纣，此两帝、四王皆以仁义之兵行于天下也。故近者亲其善，远方慕其义，兵不血刃，远迩来服，德盛于此，施及四极。

——《荀子·议兵》

【释义】仁就是爱人，爱人，所以憎恶危害他人；义就是遵循道理，遵循道理，所以憎恶扰乱他人。用兵，是用来禁止强暴消除危害的，不是为了争夺。所以仁人的军队，所停留的地方都会得到治理，所经过的地方都会得到教化，就像及时雨一样，没有不高兴的。所以尧讨伐驩兜，舜讨伐有苗，禹讨伐共工，汤讨伐夏桀，文王讨伐崇，武王讨伐商纣，这两帝、四王，都是以仁义的军队来纵横于天下的。近处的人都喜欢他们的美德，远方的人都仰慕他们的道义，以至于兵不血刃，远近的人就都来归服了。道德达到这样的程度，影响就会遍及四方。

礼者，治辨之极也，强固之本也，威行之道也，功名之总也。王公由之，所以得天下也；不由，所以陨社稷也。故坚甲利兵不足以为胜，高城深池不足以为固，严令繁刑不足以为威，由其道则行，不由其道则废。

——《荀子·议兵》

【释义】礼，是治理国家的最高准则，是使国家强大的根本，是威力盛行天下的途径，是建立功名的纲要。天子诸侯遵循它，就能得到天下；不遵循它，就会毁掉社稷。坚固的铠甲和锐利的兵器不足以取得胜利，高高的城墙和深深的护城河不一定坚不可破，严厉的法令和繁多的刑罚不足以威吓人民，遵循礼义之道就会顺利，不遵循礼义之道就会失败。

凡人之动也，为赏庆为之，则见害伤焉止矣。故赏庆、刑罚、势诈不足以尽人之力，致人之死。为人主上者也，其所以接下之百姓者，无礼义忠信，焉虑率用赏庆、刑罚、势诈除厄其下，获其功用而已矣。大寇则至，使之持危城则必畔，遇敌处战则必北，劳苦烦辱则必奔，霍焉离耳，下反制其上。故赏庆、刑罚、势诈之为道者，佣徒粥卖之道也，不足以合大众，美国家，故古之人羞而不道也。

——《荀子·议兵》

【释义】大凡人的行动，如果只是为了奖赏才去做，那么看到自己的利益受到损害就会停止。所以奖赏、刑罚、权势欺诈不足以使人竭尽全力。作为君主，对待百姓不用礼义忠信，而只是使用奖赏、刑罚、权势欺诈威逼他们，那么当强大的敌人来临时，让这些百姓坚守危城就一定会叛变，与敌人进行战斗就一定会失败，安排他们做劳苦烦琐的事情就一定会逃跑，而且百姓还有可能反过来挟制君主。所以奖赏、刑罚、权势欺诈作为方法，实际上是雇佣人出卖力气的方法，不是团结大众、治理好国家的方法，古人耻于这样做。

上者，下之师也。夫下之和上，譬之犹响之应声，影之象形也。故为人上者，不可不顺也。夫义者，内节于人而外节于万物者也；上安于主而下调于民者也。内外上下节者，义之情也。然则凡为天下之要，义为本而信次之。古者禹、汤本义务信而天下治，桀、纣弃义背信而天下乱，故为人上者必将慎礼义、务忠信，然后可。此君人者之大本也。

——《荀子·强国》

【释义】君主是下民的师表，下民应和君主，如响随声，如影随形，所以作为人君不能不慎重。道义，对内调和人心而对外调和万物，上能安定君主而下能调节万民。内外上下都调和，这是道义的实质。治理天下最重要的原则为：道义是根本，信用是其次。古时夏禹、商汤立足于道义、致力于忠信而天下安定，夏桀、商纣抛弃道义、违背信用而天下混乱，所以作为君主，一定要慎重地对待礼义、务求忠信然后才可以。这是作为君主的根本。

天行有常，不为尧存，不为桀亡。应之以治则吉，应之以乱则凶。强本而节用，则天不能贫；养备而动时，则天不能病；修道而不贰，则天不能祸。故水旱不能使之饥，寒暑不能使之疾，祆怪不能使之凶。本荒而用侈，则天不能使之富；养略而动罕，则天不能使之全；背道而妄行，则天不能使之吉。故水旱未至而饥，寒暑未薄而疾，祆怪未至而凶。受时与治世同，而殃祸与治世异，不可以怨天，其道然也。故明于天人之分，则可谓至人矣。

——《荀子·天论》

【释义】天道有自己的规律，不因为尧而存在，不因为桀而灭亡。顺应它就吉，违逆它就凶险。加强农业而节约费用，那么上天也不能使他贫穷；衣食充足而按时劳作，那么上天也不能使他生病；遵循大道而不出差错，那么上天也不能使他遭祸。所以水涝旱灾不能使他饥饿，严寒酷暑不能使他生病，灾害怪异不能使他凶险。农业荒废而生活奢侈，那么上天也不能使他富裕；衣食不足而又懒惰，那么上天也不能使他健康；违背大道而胡作非为，那么上天也不能使他吉利。这样做，即使没有水涝旱灾也会挨饿，没有严寒酷暑也会生病，没有灾害怪异也会出现凶险。因此，国家治理得好坏不能埋怨上天，这是治国方法的不同造成的。能够明白了天和人的不同，就可以算得上是至人了。

治之经，礼与刑，君子以修百姓宁。明德慎罚，国家既治，四海平。

——《荀子·成相》

【释义】治理国家的总纲领是礼与刑罚并用，君子用它们来修身，百姓靠它们得安宁。崇尚德行，慎用刑罚，国家就会安定太平。

刑称陈，守其银，下不得用轻私门。罪祸有律，莫得轻重，威不分。

——《荀子·成相》

【释义】刑法的标准应该公示于众，要严格遵守刑法的规定，不能循私用刑。要按照律令处罚罪过，不能随意减轻或加重，否则君主的权威就树立不起来。

听之经,明其请,参伍明谨施赏刑。显者必得,隐者复显,民反诚。

——《荀子·成相》

【释义】处理政事的要领,在于搞清实情,反复地调查,小心地实施赏和罚。比较明显的情况一定要弄清楚,即使是隐藏的情况也要尽力使之显明,这样人民就都会真诚。

君人者,隆礼尊贤而王,重法爱民而霸,好利多诈而危。

——《荀子·大略》

【释义】作为人君,推崇礼义、尊重贤人就能称王天下,重视法度、爱护人民就能称霸天下,喜欢利益、多行欺诈就会陷入危险中。

不富无以养民情,不教无以理民性。故家五亩宅、百亩田,务其业而勿夺其时,所以富之也。立大学,设庠序,修六礼,明七教①,所以道之也。《诗》曰:"饮之食之,教之诲之。"王事具矣。

——《荀子·大略》

【释义】不使人民富裕就不能调养人民的情感,不教育就不能改变人民的本性。分给每家五亩的宅地、百亩的田地,让他们努力从事生产而不要侵夺他们的农时,这样就能使他们富裕。建立太学,设立学校,学习六种礼仪(六礼:冠、婚、丧、祭、乡饮、相见),明确七个方面的伦理教育,这样就可以引导他们。《诗经》说:"给人喝、给人吃,教育他、指导他。"王者的政事就具备了。

天之生民,非为君也;天之立君,以为民也。故古者列地建国,非以贵诸

———————————

① 七教:父子、兄弟、夫妇、君臣、长幼、朋友、宾客。

侯而已;列官职,差爵禄,非以尊大夫而已。

——《荀子·大略》

【释义】上天生育人民,不是为了君主;上天设立君主,却是为了人民。所以古时划分土地建立国家,不是为了尊重诸侯;安排各种官职,确定爵位、俸禄的差别,并不是为了尊重大夫。

君者,舟也;庶人者,水也。水则载舟,水则覆舟。

——《荀子·哀公》

【释义】君主是船,百姓是水。水能载船,水也能让船翻。

鲁哀公问于孔子曰:"请问取人。"孔子对曰:"无取健,无取钳,无取口啍。健,贪也;钳,乱也;口啍,诞也。"

——《荀子·哀公》

【释义】鲁哀公问孔子说:"如何选拔人才?"孔子回答说:"不要选取争强好胜的人,不要选取好用武力的人,不要选取能说会道的人。争强好胜,就会贪婪;好用武力,就会混乱;能说会道,就会荒诞。"

定公问于颜渊曰:"东野子之善驭乎?"颜渊对曰:"善则善矣。虽然,其马将失。"定公不悦,入谓左右曰:"君子固谗人乎!"三日而校来谒,曰:"东野毕之马失。两骖列,两服入厩。"定公越席而起曰:"趋驾召颜渊!"颜渊至,定公曰:"前日寡人问吾子,吾子曰:'东野毕之驭,善则善矣,虽然,其马将失。'不识吾子何以知之?"颜渊对曰:"臣以政知之。昔舜巧于使民,而造父巧于使马;舜不穷其民,造父不穷其马,是以舜无失民,造父无失马也……今东野毕之驭,上车执辔,衔体正矣;步骤驰骋,朝礼毕矣;历险致远,马力尽矣;然犹求马不已,是以知之也。"定公曰:"善!可得少进乎?"颜渊对曰:"臣闻之:鸟穷则啄,兽穷则攫,人穷则诈。自古及今,未有穷其下而能无危者也。"

——《荀子·哀公》

【释义】鲁定公问颜渊说："东野先生车驾得好吗？"颜渊回答说："好倒是很好。但是他的马快要逃跑了。"定公不高兴，对左右的人说：'君子也诽谤人吗？"三天后，养马的官吏来报告，说："东野毕的马逃跑了。车旁的两匹马挣脱缰绳逃跑了，中间的两匹马回到了马棚中。"定公离开席位站起来说："赶快驾车召见颜渊！"颜渊到了，定公问："前天您说，'东野毕驾车好是好，但他的马将要逃奔。'不知道您是怎样知道的？"颜渊回答说："我从政治上知道的。从前舜善于役使人民，造父善于驱使马。舜不使他的人民窘困，造父不使他的马筋疲力尽，所以人民都不离开舜，马也不会逃离造父。现在东野毕驾车，登上车子手握缰绳，马嚼子和马都端正了；快慢驰骋自如，各种规定的礼仪要求都达到了；经历各种险隘终于到达远方，马的力气都用完了，但是东野毕仍然要求马不停止，所以我就知道他的马将逃逸。"定公说："好！能再进一步说明吗？"颜渊回答说："我听说：鸟急了就会乱啄，兽急了就会乱抓，人走投无路了就会去欺诈。从古到今，还没有让自己的百姓困窘，而君主却没有危险的。"

尧问于舜曰："我欲致天下，为之奈何？"对曰："执一无失，行微无怠，忠信无倦，而天下自来。"

——《荀子·尧问》

【释义】尧问舜说："我想获得天下人的支持，该怎么办？"舜回答说："专心政事不要出错，做事情不要懈怠，忠诚守信不要厌倦，那么天下人就会自动归顺。"

《老子》

不尚贤，使民不争；不贵难得之货，使民不为盗；不见可欲，使民心不乱。

——《老子》第三章

【释义】不推崇有才能的人，民众就不会争夺功名；不以稀有物品为贵，民众就不会去偷盗；不炫耀那些能诱发人贪欲的东西，百姓的心性就不会被搅乱。

天地不仁，以万物为刍狗；圣人不仁，以百姓为刍狗。

——《老子》第五章

【释义】天地无所偏爱，视万物为刍狗①；圣人无所偏爱，视百姓为刍狗。

太上，不知有之；其次，亲而誉之；其次，畏之；其次，侮之。信不足焉，有不信焉。悠兮，其贵言。功成事遂，百姓皆谓："我自然。"

——《老子》第十七章

【释义】最好的政治，人民根本意识不到统治者的存在；次一等的政治，人民亲近君王、赞扬君王；再次一等的，人民害怕统治者；更次一等的，人民轻侮统治者。统治者的诚信不足，人民才对他不信任。最高明的统治者是这样的：他悠闲自如，他不轻易发号施令。事情办成功了，百姓都说："我们

---

① 一种祭祀用的草扎的狗，是很平常物品。

本来就该是这样的。"

大道废,有仁义;智慧出,有大伪;六亲不和,有孝慈;国家昏乱,有忠臣。

——《老子》第十八章

【释义】应该成为社会主宰的大道被废弃了,才有所谓"仁义"存在;出现了聪明智慧,才产生严重的虚伪;有家庭有纠纷,才需要提倡孝慈;国家陷于混乱,才需要树立忠臣的榜样。

绝圣弃智,民利百倍;绝仁弃义,民复孝慈;绝巧弃利,盗贼无有。此三者以为文,不足。故令有所属:见素抱朴,少私寡欲,绝学无忧。

——《老子》第十九章

【释义】抛弃聪明巧智,百姓可以得到百倍的利益;抛弃仁义,百姓可以恢复孝慈的天性;抛弃巧利,盗贼就不会存在。这三者,都是文饰,不足以治理天下。可以安顿天下的是:显现并坚守朴素,减少私欲,杜绝世俗之学,就不会有忧患。

以道佐人主者,不以兵强天下。其事好还。师之所处,荆棘生焉。大军之后,必有凶年。善有果而已,不敢以取强,果而勿矜,果而勿伐,果而勿骄,果而不得已,果而勿强。物壮则老,是谓不道,不道早已。

——《老子》第三十章

【释义】用"道"去辅佐君主的人,不会依靠武力在天下逞强。使用武力这种事,会招来报复。军队所到之处,荆棘丛生。大战过后,必定是灾荒年。善于用兵打仗的人,只求达到目的就可以了,不敢用兵力来逞强于天下。达到目的而不自高自大,达到目的而不自我夸耀,达到目的而不自以为是,达到目的而认为这是出于不得已,达到目而不要逞强。凡是气势强盛之后就会趋于衰弱,因此逞强气盛是不合于"道"的,不合于"道",必然会很快灭亡。

夫唯兵者,不祥之器,物或恶之,故有道者不处。君子居则贵左,用兵则贵右。兵者不详之器,非君子之器,不得已而用之,恬淡为上。胜而不美,而美之者,是乐杀。夫乐杀人者,则不可得志于天下矣。吉事尚左,凶事尚右。偏将军居左,上将军居右。言以丧礼处之。杀人之众,以悲哀泣之,战胜以丧礼处之。

——《老子》第三十一章

【释义】兵器是不吉利的东西,大家都厌恶它,所以有"道"的人不去使用它。君子平时以左边为尊贵,打仗时则以右边为尊贵。兵器是不吉利的东西,不是君子所使用的东西。万不得已使用它,最好是淡然处之,胜利了也不要得意洋洋。如果洋洋得意,就是以杀人为快乐。以杀人为快乐的人,不可能在天下取得成功。吉庆的事以左边为上,凶丧的事以右边为上。偏将军站在左边,上将军站在右边,这就是说出兵打仗是用丧礼的仪式来处理。战争杀伤众多,带着哀痛的心情去参加,打了胜仗要用丧礼的仪式去处理。

以正治国,以奇用兵,以无事取天下。吾何以知其然哉?以此:天下多忌讳,而民弥贫;人多利器,国家滋昏;人多伎巧,奇物滋起;法令滋彰,盗贼多有。故圣人云:"我无为,而民自化;我好静,而民自正;我无事,而民自富;我无欲,而民自朴。"

——《老子》第五十七章

【释义】以清静无为之道治国,以出奇诡秘的计谋用兵,用不搅扰人民的方式来统治天下。这些治国之道的根据在于:天下的禁忌越多,人民就越贫穷,民间武器越多,国家就越混乱;人民的技巧智慧越多,邪恶的事情就层出不穷;法令越严明,盗贼反而越多。所以有"道"的圣人说:"我无为,人民就自我化育;我好静,人民自然端正;我不搅扰人民,人民自然富裕;我不贪婪,人民自然朴实。"

其政闷闷,其民淳淳;其政察察,其民缺缺。祸兮,福之所倚;福兮,祸之所伏。孰知其极？其无正也。正复为奇,善复为妖。人之迷,其日固久！是以圣人方而不割,廉而不刿,直而不肆,光而不耀。

——《老子》第五十八章

【释义】国家的政治宽容,人民就淳厚质朴;国家的政治严苛,人民就狡黠诡诈。灾祸与幸福相依。灾祸与幸福之间的转变并没有一定的准则。正,随时可能转变为邪;善,随时可能转变为恶。对此,人们已经迷惑很长时间了。所以有"道"的圣人做事方正但不割人,锐利但不伤人,直率却不至于放肆,明亮但不显得刺眼。

治人事天,莫若啬。夫唯啬,是谓早服。早服谓之重积德;重积德则无不克;无不克则莫知其极;莫知其极,可以有国;有国之母,可以长久;是谓深根固柢,长生久视之道。

——《老子》第五十九章

【释义】治理国家,养护身心,没有比爱惜精力更重要的了。爱惜精力,就要及早做准备。及早做准备就如同积蓄"德";不断地积蓄"德",就能战无不胜;战无不胜,就没有人能估计他力量到底有多大;无法估计他的力量,就可以担负保护国家的重任。掌握保护国家的根本大道,就可以长久。这就是根深蒂固,长久存在的道理。

古之善为道者,非以明民,将以愚之。民之难治,以其智多。故以智治国,国之贼;不以智治国,国之福。

——《老子》第六十五章

【释义】古代善于以"道"治理国家的人,不是让百姓变得聪明巧智,而是使百姓回归质朴淳厚。百姓之所以难统治,就是因为他们有太多的智巧心机。所以用智巧去治理国家,是国家的祸害;不用巧智去治理国家,是国家的福气。

江海之所以能为百谷王者，以其善下之，故能为百谷王。是以圣人欲上民，必以言下之；欲先民，必以身后之。是以圣人处上而民不重，处前而民不害。是以天下乐推而不厌。以其不争，故天下莫能与之争。

——《老子》第六十六章

【释义】江海所以能够成为百川汇流的地方，是因为它处于低下的位置，所以能够成为百川的首领。因此，圣人要统治百姓，必须在言词上对百姓表示谦下；要领导百姓，必须把自身放在百姓的后面。这样的治国方略，圣人虽然处于上位但百姓却不会感到沉重，虽然处于前位但百姓却不会感到妨害。这样一来，百姓都会拥戴他而不会厌恶他，圣人正因为不争，天下反倒没有人可以和他争。

用兵有言："吾不敢为主，而为客；不敢进寸，而退尺。"是谓行无行，攘无臂，扔无敌，执无兵。祸莫大于轻敌，轻敌几丧吾宝。故抗兵相若，哀者胜矣。

——《老子》第六十九章

【释义】会用兵打仗人会说："我不敢采取攻势，而采取守势；不敢前进一寸，而要后退一尺。"这就是说，摆阵势，要像没有阵势可摆一样；挥胳臂，要像没有胳膊可举一样；迎敌人，像没有敌人可攻击一样；手执兵器，却像没有拿武器一样。最大的祸患莫过于低估了敌人的力量，低估敌人的力量就违背了我的处世原则。两军相对力量相当时，一定是慈悲的一方获胜。

民不畏威，则大威至。无狎其所居，无厌其所生。夫唯不厌，是以不厌。是以圣人自知不自见；自爱不自贵，故去彼取此。

——《老子》第七十二章

【释义】民众不害怕统治者的威压，那么更大的祸乱就要发生了。不要逼得民众不得安居，不要压迫民众谋生的出路。不压榨民众，民众才不会厌恶统治者。因此有"道"的圣人有自知但不会自我表现，能自爱但不会自显高贵。他们舍弃自见、自贵的行为方式,而采取前者自知、自爱的行为方式。

民不畏死,奈何以死惧之? 若使民常畏死,而为奇者,吾得执而杀之,孰敢?

——《老子》第七十四章

【释义】民众都不害怕死了(在暴政之下都没有活下去的念头了),再用死来吓唬民众有什么用呢? 如果使人民有继续生活下去的希望而害怕死,那么对于捣乱作恶的人,可以把这些坏人抓来杀掉以作警示,那还有谁敢为非作歹呢?

民之饥,以其上食税之多,是以饥。民之难治,以其上之有为,是以难治。民之轻死,以其上求生之厚,是以轻死。夫唯无以生为者,是贤于贵生。

——《老子》第七十五章

【释义】民众陷于饥饿,是因为统治者征税太多;民众难于统治,是因为统治者强作妄为。民众不怕死,是因为统治者不惜一切代价保养自己,让老百姓失去生活下去的希望,因而被迫冒死反抗。那些生活淡泊清净的统治者要比奉养奢华的统治者高明的多。

《庄子》

肩吾见狂接舆,狂接舆曰:"日中始何以语女?"肩吾曰:"告我,君人者以己出经式义度,人孰敢不听而化诸?"狂接舆曰:"是欺德也。其于治天下也,犹涉海凿河,而使蚊负山也。夫圣人之治也,治外乎? 正而后行,确乎能其事者而已矣。"

——《庄子·应帝王》

【释义】肩吾见到狂士接舆,狂士接舆说:"日中始跟你说了些什么呢?"肩吾说:"他告诉我,做国君的凭自己的意志制定法度,人民谁敢不听从呢?"狂士接舆说:"这是欺诈不实之德。他这样治理天下,就好像要在海里挖凿河道,让蚊子背负大山一样不可能办到。圣人治理天下,哪里只是用法度绳之于外呢? 他顺从万物的自然真性而治世,遵循的是自然之理。"

天根游于殷阳,至蓼水之上,适遭无名人而问焉,曰:"请问为天下。"无名人曰:"去! 汝鄙人也,何问之不豫也! 予方将与造物者为人,厌则又乘夫莽眇之鸟,以出六极之外,而游无何有之乡,以处圹垠之野。汝又何帠以治天下感予之心为?"又复问。无名人曰:"汝游心于淡,合气于漠,顺物自然而无容私焉,而天下治矣。"

——《庄子·应帝王》

【释义】天根在殷山的南面游玩,走到了蓼水的河岸上,恰好碰到无名人而向他请教,说:"请问治理天下的方法。"无名人说:"走开吧! 你这个鄙陌的人，为什么问这些使我不愉快的问题呢！我正要同造物者交朋友，厌烦了，就乘坐像鸟一样的清虚之气，超脱于六极之外，遨游于虚寂无有的地方，居住在旷荡无垠的世界。你又为何用治理天下来触动我的心呢？"天根再一次请教。无名人说："你要游心于恬淡之境，使气息与自然之气合为一体，顺应事物本性而不参杂私念，天下就可以大治了。"

　　阳子居见老聃，曰："有人于此，向疾强梁，物彻疏明，学道不倦。如是者，可比明王乎？"老聃曰："是于圣人也，胥易技系，劳形怵心者也。且也虎豹之文来田，猨狙之便、执斄之狗来藉。如是者，可比明王乎？"阳子居蹴然曰："敢问明王之治。"老聃曰："明王之治：功盖天下而似不自己，化贷万物而民弗恃；有莫举名，使物自喜；立乎不测，而游于无有者也。"

　　　　　　　　　　　　　　　　　　——《庄子·应帝王》

　　【释义】阳子居见到老聃，说："假如有这样一个人，他思维敏捷、身体强悍，观察事物洞彻明白、疏通明达，学道精勤、从不懈怠。像这样的人，可以与圣明之王相比吗？"老聃说："这样的人在道家的圣人看来，只不过和更换职事的小吏和为工巧所累的工匠一样，总是形体劳苦而心神不宁。而且越是这样勤勉，越有可能招来祸患，正如虎豹会因为自己有美丽的花纹而给自己招来猎杀，猕猴会因为跳跃便捷、猎狗会因为会捉狐狸而给自己招来拘系之患。这样做，怎么可能与圣明之王相比呢？"阳子居惭愧地说："请问圣明之王的治天下之道。"老聃说："明王治理天下，功绩布于四方却不居功自傲；化育之德普施万物，但百姓却觉察不到；有功德却无意于显露自己的名声，使万物欣然自得；立身于不可测识之地，遨游于至虚的境界。"

　　且夫待钩绳规矩而正者，是削其性也；待绳约胶漆而固者，是侵其德也；屈折礼乐，呴俞仁义，以慰天下之心者，此失其常然也。天下有常然，常然者，曲者不以钩，直者不以绳，圆者不以规，方者不以矩，附离不以胶漆，约束不以纆索。故天下诱然皆生而不知其所以生，同焉皆得而不知其所以得。故古今不二,不可亏也。则仁义又奚连连入胶漆纆索而游乎道德之间为哉,使天下惑也!

——《庄子·骈拇》

【释义】依靠钩绳规矩来使物归于正,这就损害了事物的本性;依靠绳索胶漆使物牢固,这就戕害了事物的本性;屈身折体以行礼乐,装出和颜悦色来假扮仁义的样子,以此来慰藉天下人心的,就失去了真常自然之性。天下之物各有其自然本性。所谓自然本性,就是曲的,不是用曲尺打造出来的;直的,不是用绳墨打造出来的;圆的,不是用圆规打造出来的;方的,不是用矩尺打造出来的,依附在一起的,不是因为使用了胶漆;捆绑在一起的,不是因为使用了绳索。天下之物都是自然而然地产生,自然而然地获得了各自的本性。古今真常之理都是如此,不需要认为使其侵削。那么仁义又何以要接连不断,如同胶漆绳索一样缠绕在道德之间,让天下的人感到迷惑呢!

夫马,陆居则食草饮水,喜则交颈相靡,怒则分背相踶。马知已此矣。夫加之以衡扼,齐之以月题,而马知介倪、闉扼、鸷曼、诡衔、窃辔。故马之知而態至盗者,伯乐之罪也。夫赫胥氏之时,民居不知所为,行不知所之,含哺而熙,鼓腹而游,民能以此矣。及至圣人,屈折礼乐以匡天下之形,县跂仁义以慰天下之心,而民乃始踶跂好知,争归于利,不可止也。此亦圣人之过也。

——《庄子·马蹄》

【释义】马,在陆地上生活,吃草饮水,高兴时脖颈相靠互相摩擦,发怒时背面相对用后脚相踢。马的智力仅限于此而已。等到给它加上了车衡颈扼,装饰了额前佩物,于是马就懂得了损折车軏、曲颈脱轭、狂突不羁、吐避衔子、偷咬辔头。这样一来,马的智力竟能达到违人意而做坏事的程度,那是伯乐的罪过。在赫胥氏的时代,人民安居而不知道干什么,悠游而不知道去哪里,口中含着食物而嬉戏,腆着肚子去游玩,人民所能做的就只是这样了。等到圣人出现,便用礼来匡正天下人的形体,用仁义来修正天下人的心灵,人民于是开始竭力去追求巧智,竞逐私利,而不能制止。这也是圣人的过错啊!

　　子独不知至德之世乎……当是时也,民结绳而用之,甘其食,美其服,乐其俗,安其居,邻国相望,鸡狗之音相闻,民至老死而不相往来。若此之时,则至治已。

——《庄子·胠箧》

【释义】你不知道至德时代是什么样子吗……那个时代,人民结绳来记事,吃得很香甜,穿得很美观,生活得很顺意,休息得很安适,相邻的国家能互相看得见,鸡鸣狗叫的声音互相能听得到,人民之间直到老死也不互相往来。像这样的时代,就是太平盛世了。

　　闻在宥天下,不闻治天下也。在之也者,恐天下之淫其性也;宥之也者,恐天下之迁其德也。天下不淫其性,不迁其德,有治天下者哉?

——《庄子·在宥》

【释义】要让天下自由发展,而不应该对天下加以人为的治理。所谓优游自在,是怕天下人的自然本性被扰乱;所谓宽容自得,是怕天下人的自然德性被改变。天下人的自然本性不被扰乱,自然德性不被改变,又哪里用得着人为的治理呢?

　　君子不得已而莅临天下,莫若无为。无为也,而后安其性命之情。故贵以身于为天下,则可以托天下;爱以身于为天下,则可以寄天下。故君子苟能无解其五藏,无擢其聪明,尸居而龙见,渊默而雷声,神动而天随,从容无为,而万物炊累焉。吾又何暇治天下哉!"

——《庄子·在宥》

【释义】君子要是不得已而去治理天下,最好是无为而治。无为然后能安定本性。因此看重自己的自然生命甚于看重天下的人,是可以把天下托付给他的;爱惜自己的自然生命甚于爱惜天下的人,是可以把天下寄托给他的。因此，君子如果能不离散五藏之性，不滥用聪明，居处宁静而精神活跃，沉默不言而又有不言之言，精神活动无不合于自然之理，从容无为，而万物都像空中游尘那样运行自在，那么我又哪里需要去治理天下呢！

至德之世，不尚贤，不使能，上如标枝，民如野鹿，端正而不知以为义，相爱而不知以为仁，实而不知以为忠，当而不知以为信，蠢动而相使，不以为赐。是故行而无迹，事而无传。

——《庄子·天地》

【释义】至德的时代，不崇尚贤才，不任用智能之士，处在君位的就如同树木高处的枝条一样，无临下之心，人民就如同野鹿一样，放逸而无拘谨，行为端正却不知这是义，彼此相爱却不知这是仁，待人诚实却不知这是忠，办事合情理却不知这是信，顺从天性而动且相互扶助，却不知这是恩惠。

天有六极五常，帝王顺之则治，逆之则凶。

——《庄子·天运》

【释义】天地有六极五常，帝王顺应天道发展的规律治理天下就能天下太平，违背天道发展的规律就会产生祸乱。

《韩非子》

明君之蓄其臣也，尽之以法，质之以备。故不赦死，不宥刑，赦死宥刑，是谓威淫。社稷将危，国家偏威。

——《韩非子·爱臣》

【释义】英明的君主管理他的臣子，会要求他们按照法律办事，正直规矩。君主不会随意赦免死罪、减轻刑罚；随意赦免死罪或减轻刑罚，这就叫作散失威权，国家将会危急，国家的大权就会旁落。

大臣之禄虽大，不得借威城市；党与虽众，不得臣士卒。故人臣处国无私朝，居军无私交，其府库不得私贷于家。此明君之所以禁其邪。

——《韩非子·爱臣》

【释义】大臣的俸禄尽管丰厚，也不能让他们凭借威势在城中炫耀；大臣的党羽尽管很多，也不能让他们将士兵作为自己的私属。不能允许大臣在国都中有私家的朝会，不能允许在军队中任职的官员与他国有私下的交往，不能允许大臣仓库里的财物私自借给别人。这些便是英明的君主用来禁止大臣奸邪的方法。

君无见其所欲，君见其所欲，臣自将雕琢；君无见其意，君见其意，臣将自表异。

——《韩非子·主道》

【释义】君主不要表现出自己的爱好,君主表现出自己的爱好,臣子们就将要去精心粉饰自己的言行;君主不要表现出自己的意图,君主表现出自己的意图,臣子们就要去极力伪装自己的观点。

明君之道,使智者尽其虑,而君因以断事,故君不穷于智;贤者敕其材,君因而任之,故君不穷于能;有功则君有其贤,有过则臣任其罪,故君不穷于名。是故不贤而为贤者师,不智而为智者正。臣有其劳,君有其成功,此之谓贤主之经也。

——《韩非子·主道》

【释义】明君的原则是,让聪明人竭尽思虑帮助自己考虑问题,君主据此决断事情,所以君主的智力不会穷尽;鼓励贤者发挥才干,君主据此任用他们,君主的能力才不会穷尽;有功劳则君主占有贤名,有过失则臣下承担罪责,君主的名声才不会穷尽。因此君主即使不贤能却能做贤人的老师,君主即使不智慧却能做智者的君长。臣下承担劳苦,君主享受成功,这就是贤明君主的守常之道。

群臣陈其言,君以其言授其事,事以责其功。功当其事,事当其言,则赏;功不当其事,事不当其言,则诛。

——《韩非子·主道》

【释义】让群臣陈述他们的想法,君主按他们的陈述来安排他们要办的事务;根据交给他们的事情,来责求应有的功效。功效与事情相称,事情与他们当初的言辞相称,就给予奖赏;功效与事情不相称,事情与他们当初的言论不相称,就给予严惩。

明君无偷赏,无赦罚。赏偷,则功臣堕其业;赦罚,则奸臣易为非。是故诚有功,则虽疏贱必赏;诚有过,则虽近爱必诛。疏贱必赏,近爱必诛,则疏贱者不怠,而近爱者不骄也。

——《韩非子·主道》

【释义】圣明的君主不会随便给予赏赐，不会赦免应该给予的刑罚。随便给予奖赏，那么功臣就会懈惰他们的功业；赦免应有的刑罚，那么奸臣就会轻易地为非作歹。所以确实有功，即使是与自己关系疏远而卑贱的人也一定奖赏；确实有错，那么就算是自己亲近喜爱的人也一定要严惩。如果疏远卑贱的人也能得到奖赏，亲近喜爱的人也会受到惩罚，那么疏远卑贱的人也会兢兢业业，而亲近喜爱的人也不会骄横了。

明主使法择人，不自举也；使法量功，不自度也。能者不可弊，败者不可饰，誉者不能进，非者弗能退，则君臣之间明辩而易治。

——《韩非子·有度》

【释义】圣明的君主用规章制度来选拔人才，而不是凭自己的意愿选拔人才；按规章制度来考核臣下的功勋，而不是靠自己的主观来推测。如果有才能的人不被埋没，坏人无从掩饰，徒有虚名的人得不到进用，遭受诽谤的人也不会被免职，那么君主就能明辨臣下的功过是非，国家也就容易治理了。

夫为人主而身察百官，则日不足，力不给。且上用目，则下饰观；上用耳，则下饰声；上用虑，则下繁辞。先王以三者为不足，故舍己能而因法数，审赏罚。

——《韩非子·有度》

【释义】做君主的如果要亲自考察百官，那么时间和精力就会不够用。况且君主如果使用眼睛辨别臣下，臣下就会修饰外观；君主如果使用耳朵辨别臣下，臣下就会修饰声音；君主如果使用思虑辨别臣下，臣下就会夸夸其谈。既然靠耳、目、思虑三者都是不够的，那么先王干脆放弃自己的聪明才智，而依靠法术来严明赏罚。

以法治国,举措而已矣。法不阿贵,绳不挠曲。

——《韩非子·有度》

【释义】用法来治国,就是用法作为标准来衡量事物罢了。法令不偏袒权贵,就如同绳墨不迁就曲木一样。

昔者韩昭侯醉而寝,典冠者见君之寒也,故加衣于君之上,觉寝而说,问左右曰:"谁加衣者?"左右对曰:"典冠。"君因兼罪典衣与典冠。其罪典衣,以为失其事也;其罪典冠,以为越其职也。非不恶寒也,以为侵官之害甚于寒。故明主之畜臣,臣不得越官而有功,不得陈言而不当。越官则死,不当则罪。守业其官,所言者贞也,则群臣不得朋党相为矣。

——《韩非子·二柄》

【释义】从前韩昭侯酒醉后睡着了,掌管君主帽子的官员见韩昭侯冷,就拿衣服盖到韩昭侯身上,韩昭侯醒来后很高兴,问身边的侍从说:"是谁给我盖上的衣服?"身边的侍从回答说:"是负责帽子的官员。"韩昭侯因此同时治了负责帽子的官员和负责衣服的官员的罪。韩昭侯治负责衣服官员的罪,是因为他失职了;治负责帽子的官员的罪,是因为他超越了自己的职权。韩昭侯不是喜欢受冷,而是因为官员越权的危害比受寒冷更大。所以圣明的君主蓄养臣下,臣下不能超越自己的职权去立功,不能陈述不适当的意见。超越自己的职权要严惩,意见不适当要治罪。臣下要恪守自己的职责,他所说的话都要与事实相符,那么臣下就不能结成朋党营私舞弊了。

欲为其国,必伐其聚;不伐其聚,彼将聚众。欲为其地,必适其赐;不适其赐,乱人求益。彼求我予,假仇人斧;假之不可,彼将用之以伐我。

——《韩非子·扬权》

【释义】准备治理好国家,一定要像砍伐丛生的杂草一样斩除朋党;不斩除朋党,朋党将聚集得越来越多。想要治理好自己的国家,一定要将奖赏控制在适当程度;如果不把奖赏控制在适当程度,乱臣的要求就会越提越多。他们提出要求我就给予，这等于借给仇人斧头，借给仇人斧头是不可行的，因为他将会用这把斧头来砍我。

凡人臣之所道成奸者有八术：一曰在同床。何谓同床？曰：贵夫人，爱孺子，便僻好色，此人主之所惑也。托于燕处之虞，乘醉饱之时，而求其所欲，此必听之术也。为人臣者内事之以金玉，使惑其主，此之谓"同床"。二曰在旁。何谓在旁？曰：优笑侏儒，左右近习，此人主未命而唯唯，未使而诺诺，先意承旨，观貌察色以先主心者也。此皆俱进俱退，皆应皆对，一辞同轨以移主心者也。为人臣者内事之以金玉玩好，外为之行不法，使之化其主，此之谓"在旁"。三曰父兄。何谓父兄？曰：侧室公子，人主之所亲爱也；大臣廷吏，人主之所与度计也。此皆尽力毕议，人主之所必听也。为人臣者事公子侧室以音声子女，收大臣廷吏以辞言，处约言事，事成则进爵益禄，以劝其心，使犯其主，此之谓"父兄"。四曰养殃。何谓养殃？曰：人主乐美宫室台池，好饰子女狗马以娱其心，此人主之殃也。为人臣者尽民力以美宫室台池，重赋敛以饰子女狗马，以娱其主而乱其心，从其所欲，而树私利其间，此谓"养殃"。五曰民萌。何谓民萌？曰：为人臣者散公财以说民人，行小惠以取百姓，使朝廷市井皆劝誉己，以塞其主而成其所欲，此之谓"民萌"。六曰流行。何谓流行？曰：人主者，固壅其言谈，希于听论议，易移以辩说。为人臣者求诸侯之辩士，养国中之能说者，使之以语其私。为巧文之言，流行之辞，示之以利势，惧之以患害，施属虚辞以坏其主，此之谓"流行"。七曰威强。何谓威强？曰：君人者，以群臣百姓为威强者也。群臣百姓之所善之，则君善之；非群臣百姓之所善，则君不善之。为人臣者，聚带剑之客，养必死之士，以彰其威，明为己者必利，不为己者必死，以恐其群臣百姓而行其私，此之谓"威强"。八曰四方。何谓四方？曰：君人者，国小则事大国，兵弱则畏强兵。大国之所索，小国必听；强兵之所加，弱兵必服。为人臣者，重赋敛，尽府库，虚其国以事大国，而用其威求诱其君；甚者举兵以聚边境而制敛于内，薄者数内大使以震其君，使之恐惧，此之谓"四方"。凡此八者，人臣之所以道成奸，世主所以壅劫，失其所有也，不可不察焉。

——《韩非子·八奸》

【释义】人臣所用来实现他们的奸诈目的的手段大概有八种：第一种叫"同床"。"同床"指的是受宠幸的夫人和姬妾，她们善于谄媚和利用自己的美色来请求她们想得到的东西。一些大臣便通过结交贿赂这些人来达到自己的目的。第二种叫"在旁"。"在旁"指的是君主身边的亲信、侍从，这些人在君主还没有下达命令时就开始点头哈腰，还未指派他们任务时已唯唯诺诺，君主的意图还未表达出来时便察言观色事先猜测到君主的心意了，这些人都和君主一同进出，一同应对，只要他们统一口径和行动就可以改变君主的心意。一些大臣会用珍贵的玩物和宝物来贿赂他们，让他们去影响君主。第三种叫"父兄"。"父兄"是指君主的兄弟和叔伯，他们是君主所信任的人，一些大臣会收买君主的"父兄"，让他们在关键时刻为自己的事情游说。第四种叫"养殃"。"养殃"是指有些君主喜欢修饰宫殿居室楼台池沼，喜欢装饰打扮子女狗马，这些喜好就是君主的祸殃。有些大臣便迎合君主的这些心理来博得君主的欢心而扰乱君主的心意，以便达到自己谋私的目的。第五种叫"民萌"。"民萌"是指有些大臣利用公家的财物来取悦人民，施行小恩小惠来收买百姓，使朝廷和百姓都称颂赞美自己，以此使自己的欲望得逞。第六种叫"流行"。"流行"是说做君主的人因为言路不畅，很容易被动听的辩说所左右，一些大臣便搜求国内外的辩士，蓄养了本国能说会道的人，让他们去向君主为自己进言。第七种叫"威强"。"威强"是说君主以群臣百姓的喜好为自己的喜好，群臣百姓认为好的，君主就认为好；群臣百姓认为不好的，君主也就认为不好。有些大臣便利用这一点，聚集起大群刺客，蓄养了一批亡命之徒，以显扬自己的威风，给拥护自己的人以好处，把不拥护自己的人处死，用以恐吓群臣百姓的方法来实现自己的私心。第八种叫"四方"。"四方"是指君主往往会因为自己国家小，便要侍奉大国；因为自己的军队弱，就害怕军队强大的国家。有些大臣便会加重百姓的赋税，用尽国库的贮备，通过耗空国家的力量来侍奉大国，然后再借用大国的威力来诱迫自己的君主。以上这八条都是奸臣之道，君主对此是不可以不明察的。

十过：一曰，行小忠，则大忠之贼也。二曰，顾小利，则大利之残也。三曰，行僻自用，无礼诸侯，则亡身之至也。四曰，不务听治而好五音，则穷身之事也。五曰，贪愎喜利，则灭国杀身之本也。六曰，耽于女乐，不顾国政，则亡国之祸也。七曰，离内远游而忽于谏士，则危身之道也。八曰，过而不听于忠臣，而独行其意，则灭高名为人笑之始也。九曰，内不量力，外恃诸侯，则削国之患也。十曰，国小无礼，不用谏臣，则绝世之势也。

——《韩非子·十过》

【释义】十种过错：第一种，奉行个人之间小忠，就会危害到大忠。第二种，贪图眼前的小利，就会危害到大利。第三种，行为怪僻而自以为是，对别的诸侯国没有礼貌，这是丧身的最大危险。第四种，不致力于处理国家政事而沉溺于靡靡之音，就是使自身走上末路的事情。第五种，贪心固执而又喜好逐利，这是亡国杀身的祸根。第六种，沉溺于女子的轻歌曼舞，不管国家政事，这是亡国的灾祸。第七种，离开朝廷而去边远地方游玩而又不听谏士的规劝，这是危害自身的做法。第八种，有过错而不听从忠臣的劝告，而又要一意孤行，这是丧失美好名声而被人取笑的开始。第九种，在国内不量力而行，在国外仰仗其他诸侯国，这是国家被削弱的祸患。第十种，国家弱小而又不讲礼貌，不采用谏臣的意见，这是断绝后代的趋势。

人主之左右不必智也，人主于人有所智而听之，因与左右论其言，是与愚人论智也；人主之左右不必贤也，人主于人有所贤而礼之，因与左右论其行，是与不肖论贤也。智者决策于愚人，贤士程行于不肖，则贤智之士羞而人主之论悖矣。

——《韩非子·孤愤》

【释义】君主的身边近侍不一定智慧，君主认为某人有智慧而打算听取他的意见，便与身边的近侍评论这个人的言论，这是在与愚蠢的人讨论智慧;君主的身边近侍不一定贤德,君主认为某人有贤德而打算礼遇此人,便与身边的近侍评论这个人的品行,这是在与品德不良的人讨论贤德的人。智慧人的智慧要由愚者来决断,贤德人的德行要由品行不良的人来评定,那么贤智的人就会感到耻辱,而君主的论断也就必然荒谬了。

　　夫严刑者,民之所畏也;重罚者,民之所恶也。故圣人陈其所畏以禁其邪,设其所恶以防其奸,是以国安而暴乱不起。吾以是明仁义爱惠之不足用,而严刑重罚之可以治国也。无捶策之威,衔橛之备,虽造父不能以服马;无规矩之法,绳墨之端,虽王尔不能以成方圆;无威严之势,赏罚之法,虽尧舜不能以为治。

——《韩非子·奸劫弑臣》

　　【释义】严厉的刑罚,是老百姓所畏惧的;严重的惩罚,是民众所厌恶的。因此,圣明的君主设置老百姓所畏惧的刑罚来禁止邪恶,设立他们所厌恶的惩罚来防止奸诈,所以国家平安而暴乱不发生。我从这里明白仁义惠爱不值得使用,而严刑重罚可以把国家治理好。没有马鞭的威风、马嚼头的约束,即使是造父也不能制服拉车的马匹;离开了规矩的法度、绳墨的校正,即使是王尔也不能成就方圆;无威严的权势、赏罚的制度,即使尧舜也不能把国家治理好。

　　凡人主之国小而家大,权轻而臣重者,可亡也。简法禁而务谋虑,荒封内而恃交援者,可亡也。群臣为学,门子好辩,商贾外积,小民右仗者,可亡也。好宫室台榭陂池,事车服器玩,好罢露百姓,煎靡货财者,可亡也。用时日,事鬼神,信卜筮,而好祭祀者,可亡也。听以爵不待参验,用一人为门户者,可亡也。官职可以重求,爵禄可以货得者,可亡也。缓心而无成,柔茹而寡断,好恶无决而无所定立者,可亡也。饕贪而无餍,近利而好得者,可亡也。喜淫辞而不周于法,好辩说而不求其用,滥于文丽而不顾其功者,可亡也。浅薄而易见,漏泄而无藏,不能周密而通群臣之语者,可亡也。很刚而不和,愎谏而好胜,不顾社稷而轻为自信者,可亡也。恃交援而简近邻,怙强大之救而侮所迫之国者,可亡也。羁旅侨士,重帑在外,上间谍计,下与民事者,可亡也……亡征者,非曰必亡,言其可亡也。

——《韩非子·亡征》

【释义】凡是君主的国力弱小而大臣的封地强大,君主的权势轻而臣下的权势过重,国家就可能灭亡。君主忽视法制禁令而致力于计谋,荒怠国内的政事而依赖外国的外交支援,国家就可能灭亡。群臣都从事私学活动,贵族子弟们喜欢华而不实的言说,商人把财货积存在国外,老百姓尚武私斗,国家就可能灭亡。君主喜好修建宫殿台榭和池沼,爱好车马服饰和玩赏之物,总是使老百姓疲劳图顿,榨取挥霍老百姓的财物,国家就可能灭亡。办事挑选吉日良辰,侍奉鬼神,迷信卜筮而喜好祭神祀祖,国家就可能灭亡。听取意见只根据官爵的高低而不依靠比较检验,只通过一个人来上下沟通,国家就可能灭亡。官职可以依靠权势取得,爵禄可以用钱财买到,国家就可能灭亡。君主办事拖拖拉拉没有成效,软弱怯懦优柔寡断,好坏不分没有决断,国家就可能灭亡。贪心太大不知满足,追求财利贪图获取,国家就可能灭亡。喜欢浮夸的言辞而不考虑是否合法,爱好美丽的说辞而不求实用,沉溺于华丽的文采而不管它的功效,国家就可能灭亡。君主不持重而好轻易表露感情,机密泄露而不加掩藏,不能周密行事而将臣子的进言互相透露,国家就可能灭亡。凶狠暴戾而不随和,拒绝别人的劝谏而喜欢争强好胜,不考虑国家的安危而自以为是,国家就可能灭亡。倚仗诸侯国的外交援助而轻慢邻国,依仗强大国家的救援而轻侮邻近的国家,国家就可能灭亡。寄寓在国内的外国游士,把大量的钱财存放在国外,还能在上面刺探国家的机密,在下面干预民众的事情,国家就可能灭亡……亡国的征兆,不是说一个国家有这个征兆一定会灭亡,是说它可能会灭亡。

人主之患在于信人。信人,则制于人。

——《韩非子·备内》

【释义】君主的祸患在于相信别人。相信别人，就会被别人所控制。

为人主而大信其子，则奸臣得乘于子以成其私。

——《韩非子·备内》

【释义】做君主如果太相信自己的儿子，那么奸臣就会利用君主的儿子来成就他的奸私。

为人主而大信其妻，则奸臣得乘于妻以成其私。

——《韩非子·备内》

【释义】做君主如果太相信自己的妻子，那么奸臣就会利用君主的妻子而达到他个人的目的。

苦民以富贵人，起势以藉人臣，非天下长利也。

——《韩非子·备内》

【释义】用使民众困苦的办法来使贵人富有，用形成权势的途径来帮助人臣富贵，这对国家的长远利益没有好处。

然则古之无变，常之毋易，在常古之可与不可。伊尹毋变殷，太公毋变周，则汤、武不王矣。管仲毋易齐，郭偃毋更晋，则桓、文不霸矣。

——《韩非子·南面》

【释义】古法常规是否不加改变，在于古法常规是可行还是不可行。如果伊尹不改变殷朝的古法，姜太公不改变周朝的常规，那么商汤和周武王就不能统治天下。管仲不改变齐国的古法，郭偃不变更晋国的常规，那么齐桓公、晋文公就不可能称霸天下。

龟策鬼神不足举胜，左右背乡不足以专战。然而恃之，愚莫大焉。

——《韩非子·饰邪》

【释义】卜筮鬼神不能用来推断战争胜负,星体在天空的方位不能决定战争的结果。但人们还凭信卜筮,真是再愚蠢不过了。

越王勾践恃大朋之龟与吴战而不胜,身臣入宦于吴;反国弃龟,明法亲民以报吴,则夫差为擒。

——《韩非子·饰邪》

【释义】越王勾践依仗贵重的龟甲占卜来与吴国打仗,结果不能取胜,自己反倒被迫做俘虏到吴国去服贱役;回国以后越王勾践抛弃龟卜,彰明法度、亲近民众以报复吴国,结果吴王夫差被他活捉。

镜执清而无事,美恶从而比焉;衡执正而无事,轻重从而载焉。夫摇镜则不得为明,摇衡则不得为正,法之谓也。

——《韩非子·饰邪》

【释义】镜子保持清亮而不受干扰,美丑就自行显示出来了;衡器保持平正而不受干扰,轻重就准确衡量出来了。摇动的镜子不能清楚地照出事物,摇动的衡器不能准确地衡量轻重,法制的执行不应该受到外界的干扰。

明主之道,必明于公私之分,明法制,去私恩。

——《韩非子·饰邪》

【释义】英明君主的治国原则,一定是公私分明,彰明法制,抛弃不符合法制的私人恩惠。

韩宣王谓樛留曰:"吾欲两用公仲、公叔,其可乎?"对曰:"不可。晋用六卿而国分,简公两用田成、阚止而简公杀,魏两用犀首、张仪而西河之外亡。今王两用之,其多力者树其党,寡力者借外权。群臣有内树党以骄主,有外为交以削地,则王之国危矣。"

——《韩非子·说林上》

【释义】韩宣王对摎留说:"我想要同时重用公仲朋和公叔伯婴,可以吗?"摎留回答说:"不可以。晋国任用六卿而国家被瓜分,齐简公任用田成子和阚止而被杀,魏国同时任用公孙衍和张仪而丢失了河西地区。现在大王您同时任用公仲朋和公叔伯婴,他们中力量大的就会结成私党,力量小的会借用其他诸侯国的势力。如果有人在国内树立私党对君主傲慢,有人交结外敌来分割土地,那么大王的国家就危险了。"

曾从子,善相剑者也。卫君怨吴王。曾从子曰:"吴王好剑,臣相剑者也。臣请为吴王相剑,拔而示之,因为君刺之。"卫君曰:"子之为是也,非缘义也,为利也。吴强而富,卫弱而贫。子必往,吾恐子为吴王用之于我也。"乃逐之。

——《韩非子·说林上》

【释义】曾从子是善于鉴别剑的人。卫国国君怨恨吴国国王。曾从子说:"吴王喜好剑,我是位鉴别剑的工人。我请求去给吴王鉴别剑,拔出剑来给吴王看,借机替你把他杀了。"卫国国君说:"你之所以这样做,不是因为义,而是为了利。吴国强大而富足,卫国弱小而贫困。你一定要去,我恐怕你会被吴王利用来对付我。"于是把他赶跑了。

纣为象箸而箕子怖,以为象箸必不盛羹于土铏,则必犀玉之杯;玉杯象箸必不盛菽藿,则必旄象豹胎;旄象豹胎必不衣短褐而舍茅茨之下,则必锦衣九重,高台广室也。称此为求,则天下不足矣。圣人见微以知萌,见端以知末。

——《韩非子·说林上》

【释义】商纣王制作象牙筷子而箕子深感恐惧,他认为君主用象牙筷子,就一定不会再用陶罐来盛汤,而一定会用犀牛角和美玉制作的杯子;美玉做的杯子和象牙做的筷子一定会被用来吃牦牛、大象和豹未出生的幼体这类珍贵的食物;吃牦牛、大象和豹未出生的幼体这类珍贵的食物,就一定不会再穿粗布短衫住在茅草屋下,而一定会穿上九层锦绣,住在高大的台基、宽广的大厦之上。按照这个标准推断,那么普天下的东西也不足以供他享受。圣人见到微小的现象就知道它的萌芽,看到事情的开端就能预知它的结果。

　　晋人伐邢,齐桓公将救之。鲍叔曰:"太蚤。邢不亡,晋不敝;晋不敝,齐不重。且夫持危之功,不如存亡之德大。君不如晚救之以敝晋,齐实利。待邢亡而复存之,其名实美。"桓公乃弗救。

——《韩非子·说林上》

　　【释义】晋国人进攻邢国,齐桓公准备去救助邢国。鲍叔牙说:"太早了。邢国不灭亡,晋国就不会疲惫;晋国不疲惫,齐国的地位就不会显得重要。况且扶助那些处于危险中国家的功德,不如恢复已灭亡国家的功德大。您不如晚点去救助邢国而使它把晋国拖得疲惫不堪,这样才对齐国真正有利。等到邢国灭亡之后再帮助它复国,那样名声才真正美好。"齐桓公便不去救助邢国了。

　　周公旦已胜殷,将攻商盖。辛公甲曰:"大难攻,小易服。不如服众小以劫大。"乃攻九夷而商盖服矣。

——《韩非子·说林上》

　　【释义】周公旦已经战胜了商朝,准备攻打商盖(地名)。辛公甲说:"大国难以攻下,小国容易征服。不如用先征服小国的办法来威胁大国。"于是进攻居住于淮水流域的九夷,果真商盖也就跟着臣服了。

　　靖郭君将城薛,客多以谏者。靖郭君谓谒者曰:"毋为客通。"齐人有请见者曰:"臣请三言而已。过三言,臣请烹。"靖郭君因见之。客趋进曰:"海大鱼。"因反走。靖郭君曰:"请闻其说。"客曰:"臣不敢以死为戏。"靖郭君曰:"愿为寡人言之。"答曰:"君闻大鱼乎?网不能止,缴不能绁也,荡而失水,蝼蚁得意焉。今夫齐亦君之海也。君长有齐,奚以薛为?君失齐,虽隆薛城至于天,犹无益也。"靖郭君曰:"善。"乃辍,不城薛。

——《韩非子·说林下》

【释义】靖郭君打算在薛地筑城,很多门客都因此劝谏。靖郭君对传达官说:"不要为他们通报。"齐国有个请求拜见的人说:"我只说三个字而已。超过了三个字,请将我煮死。"靖郭君便接见了他。这个人小步快跑过来说:"海大鱼。"说完就跑了。靖郭君说:"我想听你把意思讲完。"这个客人说:"我不敢拿生死来开玩笑。"靖郭君说:"希望您能给我详细说说。"客人回答说:"您听说过大鱼吗?网捕不住它,生丝绳也拖不住它,但是任性乱游而离开了水,蝼蚁也可以在它身上为所欲为。现在齐国就是您的海。您长久地控制齐国,又要薛城干什么?您如果失掉了齐国,即使薛城高到天上去,也没有益处。"靖郭君说:"讲得好。"便停止了修筑薛城。

阖庐攻郢,战三胜,问子胥曰:"可以退乎?"子胥对曰:"溺人者一饮而止,则无遂者,以其休也。不如乘之以沈之。"

——《韩非子·说林下》

【释义】吴王阖庐攻打楚国郢都,战斗多次取胜,问伍子胥说:"可以退兵了吗?"伍子胥回答说:"要淹死别人的人只让被淹者喝一次水就停下,就不会成功,因为中途停止了。不如趁机将他沉入水底。"

安术有七,危道有六。安术:一曰赏罚随是非,二曰祸福随善恶,三曰死生随法度,四曰有贤不肖而无爱恶,五曰有愚智而无非誉,六曰有尺寸而无意度,七曰有信而无诈。危道:一曰斫削于绳之内,二曰断割于法之外,三曰利人之所害,四曰乐人之所祸,五曰危人于所安,六曰所爱不亲、所恶不疏……使天下皆极智能于仪表,尽力于权衡,以动则胜,以静则安。

——《韩非子·安危》

【释义】使国家安定的办法有七种,使国家危乱的途径有六种。使国家安定的办法，一是赏罚要根据是非而定；二是祸福要根据行为的善恶而获得；三是生死要根据法律的规定而决定；四是判断臣民要根据各人实际的贤和不肖，而不是凭君主个人的爱憎；五是用人只根据其本人的愚蠢或智慧，而不能考虑别人的诽谤或赞美；六是衡量事物要有标准而不是随意猜想；七是要守信用而不欺骗。使国家危乱的途径，一是斫削木材偏到准绳以内，即徇私枉法；二是锯断木材偏到了规则之外，即任意裁决；三是以别人的祸害为利；四是以别人的灾祸为乐；五是危害别人的平安生活；六是对自己所亲爱的人不亲近、所厌恶的人不疏远。使天下的人都能在国家的法制规定内尽情发挥自己的才智，在法律允许的范围内充分施展才干，这样来打仗就能取胜，这样来治国就能平安。

闻古扁鹊之治其病也，以刀刺骨；圣人之救危国也，以忠拂耳。刺骨，故小痛在体而长利在身；拂耳，故小逆在心而久福在国。故甚病之人利在忍痛，猛毅之君以福拂耳。忍痛，故扁鹊尽巧；拂耳，则子胥不失。寿安之术也。病而不忍痛，则失扁鹊之巧；危而不拂耳，则失圣人之意。如此，长利不远垂，功名不久立。

——《韩非子·安危》

【释义】 听说古代扁鹊给人治病，会用刀刺人的骨头；圣明的人治理国家，会用忠言来刺激人的听觉。刺人的骨头，身体虽有小的疼痛但可获得长远的利益；刺激听觉，心里虽然有小的不快但国家却可获得长久的利益。所以病人的康复要在忍痛中获得，勇猛刚毅的君主要得到利益就得听逆耳的话。病人忍住疼痛，扁鹊才可能充分发挥他的技巧；君主能听逆耳的话，国家就不会失去伍子胥那样的忠臣，这是国家长治久安的办法。生了病而不能忍受疼痛，扁鹊的技巧就无法发挥；国家危乱而不听逆耳忠言，就丧失了做圣明君主的好办法。如果这样，长远的利益就不能留传后世，功业名声就不能长久地确立。

安危在是非，不在强弱。桀，天子也，而无是非：赏于无功，使谗谀以诈伪为贵；诛于无罪，使伛以天性剖背。以诈伪为是，天性为非，小得胜大。

——《韩非子·安危》

【释义】国家的安危在于是否能够分辨是非，而不在于力量的强弱。夏桀，是天子，但对臣下没有是非之分：赏赐没有功劳的人，使阿谀奉承的人以欺诈手段取得富贵；诛杀无罪的人，使驼背的人因天生的缺陷而被剖开了背。把欺诈虚伪当成了好行为，把纯朴的本性当成了错误，因此弱小的商汤得以战胜夏桀。

圣王之立法也，其赏足以劝善，其威足以胜暴，其备足以必完法。治世之臣，功多者位尊，力极者赏厚，情尽者名立。善之生如春，恶之死如秋，故民劝极力而乐尽情，此之谓上下相得。上下相得，故能使用力者自极于权衡，而务至于任鄙；战士出死，而愿为贲、育；守道者皆怀金石之心，以死子胥之节。用力者为任鄙，战如贲、育，中为金石，则君人者高枕而守己完矣。

——《韩非子·守道》

【释义】圣明的君主确立规章制度，其赏赐足以鼓励人们做好事，其威刑足以制服暴乱，其措施足以保证法制完善。在治世，功劳多的人地位尊贵，竭尽能力的人得到优厚的赏赐，尽心尽忠的人名声得以树立。好的东西就像春天的草木一样蓬勃生长，坏的东西就像秋天的草木一样枯萎死亡，所以民众互相劝勉乐于竭力尽忠，这就叫作君主和臣民相得相宜。君臣相宜，能使出力的人在法度的范围内竭尽全力，能够发挥像大力士任鄙那样的力量；战士们出生入死，情愿像勇士孟贲、夏育那样；维护法治的人都怀有忠贞之心，抱定伍子胥尽忠守节那样的献身精神。出力的人都像任鄙，战士们都像孟贲、夏育，维护法治的人都心如金石，做君主的就可以高枕无忧，确保国家政权的原则也就完备了。

闻古之善用人者，必循天顺人而明赏罚。循天，则用力寡而功立；顺人，则刑罚省而令行；明赏罚，则伯夷、盗跖不乱。如此，则白黑分矣。

——《韩非子·用人》

【释义】听说古代善于任用官吏的君主，一定是遵循自然规律、顺应人情而赏罚分明的。遵循自然规律，则使用的力气少，却能够建功立业；顺应人情，则使用的刑罚少，却可以推行法令；赏罚分明，伯夷、盗跖就不会发生混淆。像这样，社会上的是非就会黑白分明。

释法术而心治，尧不能正一国；去规矩而妄意度，奚仲不能成一轮；废尺寸而差短长，王尔不能半中。使中主守法术，拙匠守规矩尺寸，则万不失矣。

——《韩非子·用人》

【释义】放弃法术而凭主观想法办事，即使尧也不能使一个国家平正；舍弃规矩而胡乱猜测，即使奚仲也连一个车轮的都做不成；废弃了尺寸而靠主观来区别长短，即使王尔也不能做到一半符合标准。让中等才能的君主谨守法术，就如同让笨拙的匠人掌握规矩和尺度一样，也可以做到万无一失。

明主立可为之赏，设可避之罚。故贤者劝赏而不见子胥之祸，不肖者少罪而不见伛剖背，盲者处平而不遇深溪，愚者守静而不陷险危。如此，则上下之恩结矣。

——《韩非子·用人》

【释义】英明君主设立的奖赏，臣民通过努力便可以得到，设立的惩罚，百姓通过努力便可以避免。有德才的人立功受赏而不会遇到伍子胥那样的灾祸，无德才的人可以少犯罪而不会像驼背人那样受无辜的刑罚，眼瞎的人处在平坦的地方也不会遇到深涧，愚痴的人保持安静也不会陷入危险的境地。像这样，君主和臣下之间的恩情就结下了。

古之人曰："其心难知，喜怒难中也。"故以表示目，以鼓语耳，以法教心。

君人者释三易之数而行一难知之心，如此，则怒积于上而怨积于下。以积怒而御积怨，则两危矣。明主之表易见，故约立；其教易知，故言用；其法易为，故令行。

——《韩非子·用人》

【释义】古人说："人心难知，人的喜怒难以猜中。"所以用表给眼睛提示，用鼓给耳朵定音，用法给人心做规范。做君主的人放弃以上三种简单易行的方法，却依靠难以实行的主观意图来办事，这样，就会使君主积下愤怒而臣子积下怨恨。以积怒的君主驾驭积怨的臣子，那么君主和臣子两者都危险。英明君主设立使人容易看见的标记，就能确立信约；发出使人容易明白的教导，这些话就能被遵用；制定容易实行的法令，这些命令就能得到执行。

劳苦不抚循，忧悲不哀怜；喜则誉小人，贤不肖俱赏；怒则毁君子，使伯夷与盗跖俱辱；故臣有叛主。

——《韩非子·用人》

【释义】君主不去抚慰臣子的劳苦，不哀怜臣子的忧伤悲苦；高兴起来就赞扬小人，德才好的人和不好的人一同赏赐；愤怒的时候就诋毁君子，使伯夷和盗跖同受侮辱．如果这样做，臣子就会背叛君主。

夫人主不塞隙穴而劳力于赭垩，暴雨疾风必坏。不去眉睫之祸而慕贲、育之死，不谨萧墙之患而固金城于远境，不用近贤之谋而外结万乘之交于千里，飘风一旦起，则贲、育不及救，而外交不及至，祸莫大于此。

——《韩非子·用人》

【释义】君主不消除身边的隐患而在屋墙外表的粉饰上花大力气，暴风骤雨降临的时候，墙一定会崩坏。不远离眼前的祸患而思慕孟贲、夏育那样的勇士，不慎重对待宫墙内的祸患而在远方加固城池，不采用身边贤者的计谋而热心于和千里之外的大国君主结交，国内的政治风暴一旦发生，那么孟贲、夏育也来不及救助，而国外结交的诸侯也来不及援手，祸害没有比这更大的了。

明君之所以立功成名者四：一曰天时，二曰人心，三曰技能，四曰势位。非天时，虽十尧不能冬生一穗；逆人心，虽贲、育不能尽人力。故得天时，则不务而自生；得人心，则不趋而自劝；因技能，则不急而自疾；得势位，则不进而名成。若水之流，若船之浮。守自然之道，行毋穷之令，故曰明主。

——《韩非子·功名》

【释义】英明的君主之所以立功成名的条件有四项：一是天时，二是人心，三是技能，四是势位。不顺应天时，即使十个尧也不能使冬天里结出一个穗子；违背人心，即使是孟贲、夏育这样的勇士也不能逼迫人使出全部的力气。如果能够掌握天时，即使不努力，庄稼也会自行生长，如果能获得人心，即使不督促，民众也会自我勉励；依靠技能，就算你不着急也会很快成功；有了威势和地位，即使你不追求也会建立功名。事情就像水自然向下流，就像船自然浮在水面上。遵守自然的规律，推行畅通无阻的法令，这就叫作英明的君主。

七术：一曰众端参观，二曰必罚明威，三曰信赏尽能，四曰一听责下，五曰疑诏诡使，六曰挟知而问，七曰倒言反事。此七者，主之所用也。

——《韩非子·内储说上七数》

【释义】君主控制臣下有七种方法：一是从多方面验证臣下的言行，二是对犯罪者坚决惩罚以显示君主的威严，三是对立功者一定奖赏以使臣下竭尽才能，四是听取臣下的言论以便督责他们的行动，五是用可疑的命令、诡诈地使用臣下，以考察他们是否忠诚，六是拿已经知道的情况来询问臣下以测试他们言论的真假，七是说与本意相反的话和做与实情相反的事来刺探臣下的阴谋。

观听不参则诚不闻,听有门户则臣壅塞。

——《韩非子·内储说上七术》

【释义】如果君主考察臣下的行为和听取臣下的言论不加以参验,就不能知道真实情况;如果君主只偏听一个人的话,那么臣下就可能会蒙蔽君主。

爱多者则法不立,威寡者则下侵上。是以刑罚不必则禁令不行。

——《韩非子·内储说上七术》

【释义】君主有太多的仁爱,法制就难以建立;君主威严不足,就要被臣下侵害。刑罚不坚决执行,禁令就无法实施。

赏誉薄而谩者下不用也,赏誉厚而信者下轻死。

——《韩非子·内储说上七术》

【释义】赏誉轻而又欺骗人的君主,臣下不会为他所用;赏誉厚而又对人守信用的君主,臣下很愿意为他卖命。

一听则愚智不纷,责下则人臣不参。

——《韩非子·内储说上七术》

【释义】君主逐一听取臣下的意见就不会造成愚智混乱,君主善于督责臣下,就能使人臣中的无能者没有办法混杂其中。

权势不可以借人。上失其一,臣以为百。故臣得借则力多,力多则内外为用,内外为用则人主壅。

——《韩非子·内储说下六微》

【释义】权势不可以借让给他人。君主失去一分权势,臣下就会成百倍地利用。如果臣下能借到权势,力量就会强大;力量强大,就会使朝廷内外都为他利用;朝廷内外都为他利用,那么君主就会被蒙蔽。

鱼失于渊而不可复得也,人主失其势重于臣而不可复收也。

——《韩非子·内储说下六微》

【释义】鱼离开了深潭就不能再得到它,君主如果让他的重大权势落在臣子手里,就不可能再收回它。

赏罚者,利器也,君操之以制臣,臣得之以拥主。故君先见所赏,则臣鬻之以为德;君先见所罚,则臣鬻之以为威。

——《韩非子·内储说下六微》

【释义】赏罚是锐利的武器,君主掌握它,就能控制臣下,臣下获得它,就能蒙蔽君主。所以君主事先显露出所赏赐的对象,臣下就会卖弄人情而作为自己的恩德;君主事先显露出所惩罚的对象,臣下就会卖弄权势以作为自己的威风。

敌之所务,在淫察而就靡,人主不察,则敌废置矣。

——《韩非子·内储说下六微》

【释义】敌国所努力追求的,就在于使我国的君主观察错乱而造成错误,君主如果不明察敌国的诡计,那么就会按敌国的意图来任免大臣。

"参疑""废置"之事,明主绝之于内而施之于外。资其轻者,辅其弱者,此谓"庙攻"。参伍既用于内,观听又行于外,则敌伪得。

——《韩非子·内储说下六微》

【释义】"臣下等级混乱而争权夺利""君主观察错乱而按敌国的意图任免大臣"这类事情,英明的君主要杜绝在自己国内发生,而把它们施行到国外。资助敌国那些权势轻的,支持敌国那些势力弱的,这就叫作"庙攻"。君主既在国内检查、验证,又在国外观察、探听,那么敌人的奸诈就可以被识破。

夫好显岩穴之士而朝之,则战士怠于行阵;上尊学者,下士居朝,则农夫惰于田。战士怠于行陈者,则兵弱也;农夫惰于田者,则国贫也。兵弱于敌,国贫于内,而不亡者,未之有也。

——《韩非子·外内储说左上》

【释义】君主喜爱隐居之士,让他们入朝,那么战士就会懒于作战;君主尊宠学者,敬重文人,那么农夫就会懒于耕作。战士懒于作战,军队就会弱;农夫懒于耕作,国家就会贫穷。军队比敌人弱,国内又贫穷,这样的国家不灭亡的,还从未有过。

桓公谓管仲曰:"官少而索者众,寡人忧之。"管仲曰:"君无听左右之请,因能而受禄,录功而与官,则莫敢索官。君何患焉?"

——《韩非子·外内储说左下》

【释义】齐桓公对管仲说:"官职少而求官的人多,我为此担忧。"管仲说:"君主您不听从身边近侍的请求,而是根据人的才能来授予俸禄,根据记录的功劳来给予官职,那么就没有人敢来求官了。您还担忧什么呢?"

赏之誉之不劝,罚之毁之不畏,四者加焉不变,则其除之。

——《韩非子·外内储说右上》

【释义】如果奖赏、称赞不能使他受到鼓舞,惩罚、谴责不能使他感到畏惧,赏、誉、罚、毁加到身上他都无动于衷,那么这样的臣子就应当被除掉。

人主者,利害之辐毂也,射者众,故人主共矣。是以好恶见则下有因,而人主惑矣;辞言通则臣难言,而主不神矣。

——《韩非子·外内储说右上》

【释义】君主,就像是利害积聚的车毂,众人追求利益的欲望像辐条射向车毂一样投向他,于是君主就成了群臣共同对准的目标。因此,君主如果表现出爱憎,就会被臣下利用而投其所好,这样君主就受迷惑了;君主如果把听到的话泄露出去,臣下就难以向君主进言,君主就不会神明了。

堂谿公谓昭侯曰:"今有千金之玉卮,通而无当,可以盛水乎?"昭侯曰:"不可。""有瓦器而不漏,可以盛酒乎?"昭侯曰:"可。"对曰:"夫瓦器,至贱也,不漏,可以盛酒。虽有乎千金之玉卮,至贵而无当,漏,不可盛水,则人孰注浆哉?今为人之主而漏其群臣之语,是犹无当之玉卮也。虽有圣智,莫尽其术,为其漏也。"昭侯曰:"然。"

——《韩非子·外内储说右上》

【释义】堂谿公对韩昭侯说:"现在有价值千金的玉杯,贯通却没有底,可以用它来装水吗?"昭侯说:"不可以。""有瓦器却不漏,可以用它装酒吗?"韩昭侯说:"可以。"堂谿公说:"瓦器虽最不值钱,但因为它不漏,就可以用来装酒。玉杯虽然价值千金,但因为没有底,而不能用来装水,谁会向这样的玉杯里倒饮料呢?现在作为君主,却泄露群臣的言论,这就好比没有底的玉杯一样。臣下虽有极高的智慧,也不肯充分献出自己的谋略了,因为担心它会被泄露出去。"韩昭侯说:"对。"

宋人有酤酒者,升概甚平,遇客甚谨,为酒甚美,县帜甚高著,然不售,酒酸。怪其故,问其所知。问长者杨倩,倩曰:"汝狗猛耶?"曰:"狗猛则酒何故而不售?"曰:"人畏焉。或令孺子怀钱挈壶瓮而往酤,而狗迓而龁之,此酒所以酸而不售也。"夫国亦有狗,有道之士怀其术而欲以明万乘之主,大臣为猛狗迎而龁人,此人主之所以蔽胁,而有道之士所以不用也。故桓公问管仲:"治国最奚患?"对曰:"最患社鼠矣。"公曰:"何患社鼠哉?"对曰:"君亦见夫为社者乎?树木而涂之,鼠穿其间,掘穴托其中。熏之,则恐焚木;灌之,则恐涂阤:此社鼠之所以不得也。今人君之左右,出则为势重而收利于民,入则比周而蔽恶于君。内间主之情以告外,外内为重,诸臣百吏以为富。吏不诛则乱法,诛之则君不安,据而有之,此亦国之社鼠也。"

——《韩非子·外内储说右上》

【释义】宋国有个卖酒的人，量酒很公平，对待顾客很殷勤，酒酿得也很好，酒旗悬挂得又高又显眼，但是酒却卖不出去，变酸了。卖酒的人感到奇怪，想知道原因，于是就问他熟悉的人。问到长者杨倩，杨倩说："你的狗凶猛吗？"卖酒的人问："狗凶猛为什么酒就卖不出去呢？"杨倩说："人们害怕它。有人让小孩揣着钱拿着壶去买酒，猛狗却迎上去咬他，这就是酒酸卖不出去的原因。"国家也有猛狗，懂法术之士怀有治国的策略而想使大国的君主明察起来，大臣却像猛狗那样迎上去咬他们，这就是君主被蒙蔽和挟持，而懂法术之士不受重用的原因。所以齐桓公问管仲："治理国家最忧患什么？"管仲回答说："最忧患社坛上的老鼠。"齐桓公问："为什么忧患社坛上的老鼠呢？"管仲回答说："您也看见过建社坛的吧？把木头树起来并涂上泥土，老鼠咬穿木头，在里面挖洞藏身。用烟火熏它，又担心烧毁木头；用水灌它，又担心涂上的泥会剥落，这就是社鼠捉不到的原因。现在君主身边的近侍，在朝廷外依仗权势从民众那里榨取利益，在朝廷内紧密勾结，在君主面前隐瞒罪恶。在宫内刺探君主的情况告诉朝外的同党，内外勾结相互助长权势，群臣百官以此获得富贵。如果不诛杀他们，国法就要受到扰乱；诛杀他们，君主就不得安宁。他们控制着君主，这些人就是国家的社鼠。"

治强生于法，弱乱生于阿，君明于此，则正赏罚而非仁下也。爵禄生于功，诛罚生于罪，臣明于此，则尽死力而非忠君也。君通于不仁，臣通于不忠，则可以王矣。

——《韩非子·外内储说右下》

【释义】国家的安定和强大来自依法办事，国家的衰弱和动乱来自不按法办事，君主明白这个道理，就应该公正地实行赏罚而不对臣民讲仁爱。爵位和俸禄来自所立的功劳，杀戮和惩罚来自所犯的罪行，臣民明白这个道理，就会卖命出力而不只对君主个人效忠。君主明白不讲仁爱的道理，臣下明白不讲私忠的道理，就可以统治天下了。

摇木者——摄其叶,则劳而不遍;左右拊其本,而叶遍摇矣。临渊而摇木,鸟惊而高,鱼恐而下。善张网者引其纲,不一一摄万目而后得,则是劳而难;引其纲,而鱼已囊矣。故吏者,民之本、纲者也,故圣人治吏不治民。

——《韩非子·外内储说右下》

【释义】摇树的人,如果掀动每片树叶,即使很劳累,也不能把叶子掀遍;如果左右敲打树干,那么所有的树叶都会晃动了。在深潭边摇树,鸟会受惊而高飞,鱼会被吓而深游。善于张网捕鱼的人牵引鱼网的纲绳,如果一个一个地拨弄网眼而后取得,那就不但劳苦而且也难捕到鱼;牵引网上的纲绳,鱼就自然被网住了。官吏就是民众的本和纲,因此圣明的君主要致力于管理官吏而不是去管理民众。

设民所欲以求其功,故为爵禄以劝之;设民所恶以禁其奸,故为刑罚以威之。庆赏信而刑罚必,故君举功于臣而奸不用于上,虽有竖刁,其奈君何?且臣尽死力以与君市,君垂爵禄以与臣市。君臣之际,非父子之亲也,计数之所出也。君有道,则臣尽力而奸不生;无道,则臣上塞主明而下成私。

——《韩非子·难一》

【释义】英明的君主设置臣民所希望得到的东西,通过官爵俸禄来让他们为君主立功;设置臣民所厌恶的东西,通过定立刑罚来禁止奸邪行为。奖励赏赐一定要遵守信用,用刑处罚一定要坚决果断,君主在臣子中选拔有功的人,奸佞的人就不会被任用,虽有像竖刁一类的人,又能对君主怎么样呢?何况臣下拼死效力来换取君主的爵禄,君主设置爵禄来换取臣下的拼死效力。君臣之间不是父子之间的亲缘关系,他们的行为都是从计算利害得失出发的。君主有正确的治国方略,那么臣就会尽力为君主效力而不产生奸邪;君主没有正确的治国方略,那么臣就会对上蒙蔽君主,对下谋取自己的私利。

明主之道:一人不兼官,一官不兼事;卑贱不待尊贵而进,大臣不因左右而见;百官修通,群臣辐凑;有赏者君见其功,有罚者君知其罪。

——《韩非子·难一》

【释义】英明君主的治国方略应该是,一个人不能兼任几种官职,一种官职不兼管几样事务;地位低的不必等待地位高的推荐进用,大臣不必依靠君主身边的亲信而得到信任,百官能够有秩序地沟通,群臣能够像车轮的辐条聚集到中心一样听命于君主;受到赏赐的人,君主知道他的功劳,受到处罚的人,君主知道他的过错。

严亲在围,轻犯矢石,孝子之所以爱亲也。孝子爱亲,百数之一也。今以为身处危而人尚可战,是以百族之子于上皆若孝子之爱亲也,是行人之诬也。好利恶害,夫人之所有也。赏厚而信,人轻敌矣;刑重而必,夫人不北矣。长行徇上,数百不一人;喜利畏罪,人莫不然。将众者不出乎莫不然之数,而道乎百无一人之行,行人未知用众之道也。

——《韩非子·难二》

【释义】父亲处在包围之中,儿子不怕冒着箭和滚石去援救,孝子这样做是出于对父亲的热爱。但这样热爱父亲的孝子,一百个里面才有一个。现在君主处在危险之中,兵士还可以战斗,于是就认为从各家各户来的兵士对于君主都能像孝子热爱父亲一样去拼命,这是对人的欺骗。喜好利益、嫌恶祸患,这是任何一个人都有的感情。赏赐多而守信用,人们就不怕敌人;刑罚重而一定实行,任何人都不敢败逃。为了君主而牺牲自己的高尚所为,数百人里没有一个;喜欢利赏害怕犯罪,没有人不是这样。统率兵士的人不采用必然的术数,而根据百人中无一人能做到的行为行事,这是不懂得如何使用兵士啊!

明君不自举臣,臣相进也;不自贤,功自徇也。论之于任,试之于事,课之于功,故群臣公政而无私,不隐贤,不进不肖。然则人主奚劳于选贤?

——《韩非子·难三》

【释义】英明的君主不凭着自己的主观想法去提拔大臣,大臣自然会争相进取;不凭着自己的想象确定谁是贤才,立功的人自然会涌现出来。从办事的能力上鉴别臣子,用实际工作检验臣子,按工作业绩的大小考核臣子,这样所有的臣子都会公正无私,都不敢隐瞒贤人,都不会推荐德才不好的人。这样,难道君主还会为如何挑选贤才劳神费力吗?

广廷严居,众人之所肃也;宴室独处,曾、史之所僈也。观人之所肃,非行情也。且君上者,臣下之所为饰也。好恶在所见,臣下之饰奸物以愚其君,必也。明不能烛远奸,见隐微,而待之以观饰行,定赏罚,不亦弊乎?

——《韩非子·难三》

【释义】在大庭广众等严肃的场合,大家都能表现出肃敬的态度;而独自呆在私室里,即使是曾参、史鱼这样的贤人也会随意放纵。观察人们在严肃场合的表现,并不能看到他们行为的真实情况。况且在君主面前,臣下总是要掩饰自己的。只根据自己看到的就确定喜欢不喜欢,臣下要掩饰自己的奸邪言行来愚弄君主也就是必然的了。君主如果不能明察、不能洞悉远离君主身边的坏人和发现隐蔽着的坏事,而只是根据观察那些粉饰过的行为去对待臣下,确定赏罚,不也是一种弊病吗?

法者,编著之图籍,设之于宫府,而布之于百姓者也。术者,藏之于胸中,以偶众端而潜御群臣者也。故法莫如显,而术不欲见。

——《韩非子·难三》

【释义】法是编写成文,设置在官府,而颁布于百姓的。术是藏在君主胸中,用来汇合验证各方面事情而暗中驾驭群臣的。因此,法越公开越好,而术就不要显露出来。

中者,上不及尧、舜,而下亦不为桀、纣。抱法处势则治,背法去势则乱。今废势背法而待尧、舜,尧、舜至乃治,是千世乱而一治也。抱法处势而待桀、纣，桀、纣至乃乱，是千世治而一乱也。

——《韩非子·难势》

【释义】中才的君主，与上比较，不及尧、舜，与下比较，也不会做桀、纣。这样的君主守住法度、据有势位就能治理好国家，背弃法度、抛弃势位就会扰乱国家。现在废弃势位、背离法度而等待尧、舜，只有尧、舜来了国家才能治理好，这就会一千世混乱然后才有一世太平。如果守住法度、握有势位而等待桀、纣，只有桀、纣来了国家才会出现混乱，这就会一千世太平，然后才有一世混乱。

术者，因任而授官，循名而责实，操杀生之柄，课群臣之能者也。此人主之所执也。法者，宪令著于官府，刑罚必于民心，赏存乎慎法，而罚加乎奸令者也。此臣之所师也。君无术则弊于上，臣无法则乱于下，此不可一无，皆帝王之具也。

——《韩非子·定法》

【释义】所谓术，就是依据才能授予官职，按照名位去责求实绩，这是操控生杀大权，考核群臣能力的方法，是君主所应该要掌握的。所谓法，就是法令由官府明确制定，让刑罚在民众心中扎根，奖赏那些严格守法的人，惩罚那些触犯禁令的人，是臣下所要遵循的。君主没有术就会受蒙蔽，臣子没有法就会出乱子。术和法是一样也不能少，都是帝王治理国家必须具备的东西。

无数以度其臣者，必以其众人之口断之。众之所誉，从而说之；众之所非，从而憎之。故为人臣者破家残晬，内构党与、外接巷族以为誉，从阴约结以相固也，虚相与爵禄以相劝也。曰："与我者将利之，不与我者将害之。"众贪其利，劫其威："彼诚喜，则能利己；忌怒，则能害已。"众归而民留之，以誉盈于国，发闻于主。主不能理其情，因以为贤。

——《韩非子·说疑》

【释义】如果不用术来衡量臣子，那么必然会根据众人的评价来判断臣子。众人都说他好，于是就喜欢他；众人都说他不好，于是就讨厌他。这样一来，做臣子的就会不惜破费家产，在朝廷内组织朋党，在朝廷外勾结地方势力来制造声誉，用暗中订立密约来加强勾结，用封官许愿来鼓励营私。(而且还会胁迫众人)说："紧跟我的我会给他好处，不跟我的要叫他尝尝厉害。"众人贪图他的利益，迫于他的威势，认为"如果能让他高兴，就能给自己好处；如果招来他的忌恨，他就会迫害自己。"于是，众人都归附于他，民众也靠拢他，把对他的一片赞美声传遍全国，一直传到君主的耳中。君主又不能弄清楚实情，因此便会误认他是贤人。

为人主者，诚明于臣之所言，则虽毕弋驰骋，撞钟舞女，国犹且存也；不明臣之所言，虽节俭勤劳，布衣恶食，国犹自亡也。

——《韩非子·说疑》

【释义】做君主的，如果确实能洞察臣子所说的一切，那么即使打猎骑马、耽于女乐，国家还是可以存在的；如果不能洞察臣子所说的一切，即使节俭勤劳，布衣粗食，国家还是会灭亡。

君上之于民也，有难则用其死，安平则尽其力。亲以厚爱关子于安利而不听，君以无爱利求民之死力而令行。明主知之，故不养恩爱之心而增威严之势。故母厚爱处，子多败，推爱也；父薄爱教笞，子多善，用严也。

——《韩非子·六反》

【释义】君主对于民众，国家有难的时候就希望民众为自己卖力，国家太平的时候就希望民众为自己卖命。父母怀着深厚的爱，把子女安置在安全有利的环境下，子女却不听从；君主不用爱和利，要求民众为他出死力，命令却能通行。英明的君主懂得其中的道理，所以不培养仁爱之心而加强威严的权势。母亲怀着深厚的爱对待子女，子女大多变坏，这是因为溺爱；父亲怀着比较淡薄的爱，用竹板子抽打管教，子女大多变好，这就是使用威严的结果。

　　赏厚，则所欲之得也疾……罚重，则所恶之禁也急。

　　　　　　　　　　　　　　　　　　　——《韩非子·六反》

　　【释义】赏赐厚，希望获得的东西就会迅速取得；惩罚重，所厌恶的东西就能很快禁止。

　　明主听其言必责其用，观其行必求其功，然则虚旧之学不谈，矜诬之行不饰矣。

　　　　　　　　　　　　　　　　　　　——《韩非子·六反》

　　【释义】英明的君主听取言论一定要责求它的实际作用，观察行为一定要责求它的功效，这样，那些虚伪陈腐的学说就没有人谈了，自大虚妄的行为也就不能再得到掩饰了。

　　明君之道，贱得议贵，下必坐上，决诚以参，听无门户，故智者不得诈欺。计功而行赏，程能而授事，察端而观失，有过者罪，有能者得，故愚者不任事。智者不敢欺，愚者不得断，则事无失矣。

　　　　　　　　　　　　　　　　　　　——《韩非子·八说》

　　【释义】英明君主的用人原则是：地位低的人可以议论地位高的人；上级有罪，下级不告发则牵连受罪；用检验的办法去判明事情的真相；听取意见没有门户之见；这样做，智士就不能欺骗君主。计算功劳而后给予赏赐，衡量才能而后授予职事，分析事情的起因来观察官吏的过失，对有过错的人给予处罚，对有才能的人给予赏赐，这样做，愚蠢的人就没有机会做事了。智士不敢欺骗，愚蠢的人不敢独断专行，政事就不会出现失误。

　　酸甘咸淡，不以口断而决于宰尹，则厨人轻君而重于宰尹矣。上下清浊，不以耳断而决于乐正，则瞽工轻君而重于乐正矣。治国是非，不以术断而决于宠人，则臣下轻君而重于宠人矣。人主不亲观听，而制断在下，托食于国者也。

——《韩非子·八说》

【释义】酸甜咸淡，君主如果不亲自品尝而让管理君主膳食的官员来决断，那么厨师就会轻视君主而尊重宰尹了。音调的高低、音质的清浊，君主如果不亲自用耳朵来判断而让乐官来决断，那么乐工就会轻视君主而尊重乐官了。治理国家的是非，如果不用法术来决断而让受宠幸的人来决断，臣下就会轻视君主而尊重君主的亲信了。君主不亲自观察听取政事，而是让臣下来决断一切，自己就会变得像寄食在国内的客人一样。

势行教严，逆而不违，毁誉一行而不议。故赏贤罚暴，举善之至者也；赏暴罚贤，举恶之至者也：是谓赏同罚异。赏莫如厚，使民利之；誉莫如美，使民荣之；诛莫如重，使民畏之；毁莫如恶，使民耻之。然后一行其法，禁诛于私家，不害功罪。赏罚必知之，知之，道尽矣。

——《韩非子·八经》

【释义】君主运用权势，如果管教严厉，臣民即使有抵触情绪，也不敢违背；贬斥和赞美一律依法实施，臣民就不会议论纷纷。因此，奖赏贤人、惩罚暴行，是鼓励做好事的最好办法；奖赏暴行、惩罚贤人，是鼓励做坏事的最好办法，这就叫作奖赏相同的东西，惩罚不相同的东西。奖赏应该优厚一些，让民众觉得有利；赞誉应该美好一些，让民众感到荣幸；惩罚应该加重一些，让民众感到畏惧；贬斥应该严厉一些，让民众感到羞耻。然后坚定明确地执行法制，禁止臣下私行惩罚，不让他们破坏赏功罚罪的制度。奖赏谁，惩罚谁，君主一定要知道，了解掌握这些道理，治国之道就完备了。

下君尽己之能，中君尽人之力，上君尽人之智。是以事至而结智，一听而公会。听不一则后悖于前，后悖于前则愚智不分；不公会则犹豫而不断，不断则事留。自取一，则毋堕壑之累。

——《韩非子·八经》

【释义】智慧低下的君主只是用尽自己的能力,中等智慧的君主会尽量发挥别人的力量,上等智慧的君主则能充分发挥别人的智慧。遇到事情,君主应集中众人的智慧,逐一听取意见,然后把大家的意见集中起来讨论。君主如果不先听取意见,就集合众人议论,臣下后来发表的意见就可能参照别人的观点,而改变自己原先的看法,这样前后不一,君主就会分不清臣下的愚智;君主如果只是听取意见而不集合众人的议论,那就会犹豫而不能决断,不能决断,事情也就解决不了。君主听取了众人意见后,应有主见地选择其中一种,就不会有掉入臣下所设陷阱的危险。

知臣主之异利者王,以为同者劫,与共事者杀。故明主审公私之分,审利害之地,奸乃无所乘。

——《韩非子·八经》

【释义】君主懂得君臣之间的利益是不同的,才能称王于天下;认为利益是相同的,就会被臣下所挟制;和臣下共同执政的,就会被臣下所杀害。因此,英明的君主如果能详察公私的不同和各自利害之所在,奸臣就没有可乘之机。

其位至而任大者,以三节持之:曰质,曰镇,曰固。亲戚妻子,质也;爵禄厚而必,镇也;参伍责怒,固也。贤者止于质,贪饕化于镇,奸邪穷于固。

——《韩非子·八经》

【释义】对于官位很高并担任重大职务的人,要用三种办法来控制他们:一是质押,二是安抚,三是稳固。厚待他们的亲戚妻子而暗中加以软禁,叫作"质押";爵位俸禄优厚并坚决兑现,叫作"安抚";多方检验他们的言论,威严地责求它的功效,叫作"稳固"。有才华的人由于"质押"而不敢有图谋不轨的活动,贪婪的人由于"安抚"而消除野心,奸邪的人由于"稳固"而无计可施。

上古之世，人民少而禽兽众，人民不胜禽兽虫蛇。有圣人作，构木为巢以避群害，而民悦之，使王天下，号曰有巢氏。民食果蓏蚌蛤，腥臊恶臭而伤害腹胃，民多疾病。有圣人作，钻燧取火以化腥臊，而民说之，使王天下，号之曰燧人氏。中古之世，天下大水，而鲧、禹决渎。近古之世，桀、纣暴乱，而汤、武征伐。今有构木钻燧于夏后氏之世者，必为鲧、禹笑矣；有决渎于殷、周之世者，必为汤、武笑矣。然则今有美尧、舜、汤、武、禹之道于当今之世者，必为新圣笑矣。是以圣人不期修古，不法常可，论世之事，因为之备。宋人有耕田者，田中有株，兔走触株，折颈而死，因释其耒而守株，冀复得兔。兔不可复得，而身为宋国笑。今欲以先王之政，治当世之民，皆守株之类也。

——《韩非子·五蠹》

【释义】上古时代，人民少而禽兽多，人民经受不住禽兽虫蛇的侵害。有位圣人在树枝上搭建住处来帮助人们避免各种禽兽的侵害，人民就爱戴他，让他统治天下，号称有巢氏。人民吃野生的瓜果和河里的蛤蜊，有腥臊难闻的气味而伤害肠胃，人民因此染上了疾病。有位圣人钻木取火，烧熟食物以去掉腥臊气味，人民就爱戴他，让他统治天下，号称燧人氏。中古时代，天下出现洪水，鲧和禹疏通河道。近古时代，夏桀和商纣残暴昏乱，商汤和周武王起兵征讨。假如在夏朝时还有构木为巢、钻燧取火的人，一定会被鲧和禹嘲笑；假如在殷商和周代还有像鲧和禹那样疏通河道的人，一定会被商汤和周武王嘲笑。然而，假如当今之世有人赞美尧、舜、汤、武、禹那一套办法，也一定会被新时代的圣人嘲笑。因此，新时代的圣人不羡慕远古时代，不效法常规，而是研究当代的实际情况，进而采取相应的措施。宋国有个农民，他的田地里有一个树桩，有一天，一只兔子奔跑时撞到树桩上，碰断脖子死了，这个农民因此就放下农具而守候在树桩旁，希望再次得到死兔。兔子当然不可能再得到了，而他自己却受到宋国人嘲笑。同样的，如果现在还想用先王的治国方略来治理当代的民众，就像守株待兔一样可笑。

古者丈夫不耕，草木之实足食也；妇人不织，禽兽之皮足衣也。不事力而养足,人民少而财有余,故民不争。是以厚赏不行,重罚不用,而民自治。今人有五子不为多,子又有五子,大父未死而有二十五孙。是以人民众而货财寡,事力劳而供养薄,故民争,虽倍赏累罚而不免于乱。

——《韩非子·五蠹》

【释义】古时候男人不耕地,是因为草木的果实足够食用;妇女不纺织,是因为禽兽的毛皮足够穿戴。那时候,不用费力劳动而生活给养就很充足,人民数量少而财物有剩余,所以人民不争夺。因此不必施行厚赏,也不用进行重罚,人民自然安定。现在的人每家有五个孩子不算多,每个孩子分别又有五个孩子,祖父还没死就有二十五个孙子。人民数量增多而财物缺少,费力劳动而供养微薄,人民便会相互争夺,即使加倍地奖赏、多次地惩罚,也难免祸乱。

尧之王天下也,茅茨不翦,采椽不斫;粝粢之食,藜藿之羹;冬日麑裘,夏日葛衣;虽监门之服养,不亏于此矣。禹之王天下也,身执耒臿以为民先,股无胈,胫不生毛,虽臣虏之劳,不苦于此矣。以是言之,夫古之让天子者,是去监门之养,而离臣虏之劳也,古传天下而不足多也。今之县令,一日身死,子孙累世絜驾,故人重之。是以人之于让也,轻辞古之天子,难去今之县令者,薄厚之实异也。

——《韩非子·五蠹》

【释义】尧统治天下时,茅草屋顶不用修剪,栎木橼子不用砍削;吃的是粗粮,喝的是野菜汤;冬天披的是质量很差的兽皮衣,夏天穿的是用葛纤维做的粗布衣;现在即使是看门的人,吃穿也不会比这更差了。禹统治天下时,自己拿着农具走在民众的前面,累得大腿肌肉消瘦,小腿上汗毛也磨掉了,现在即使是奴隶,也不比这更苦。就此而言,古人让出天子王位,不过是去掉看门人那样的供养,离开奴隶般的劳苦而已,所以古代人把天下传给别人也不值得赞扬。当今的县令,一旦死去,他的子孙接连几代都会有马车坐,所以人们看重县令的位置。因此,人们对于让位这件事,可以轻易地辞掉古代的天子,却很难辞去现在的县令,这都是因为利益的变化啊。

事因于世,而备适于事。

——《韩非子·五蠹》

【释义】政事必然会随着时代的变化而变化,措施必须适应已经变化了的政事。

夫古今异俗,新故异备。如欲以宽缓之政,治急世之民:犹无辔策而御駻马,此不知之患也。

——《韩非子·五蠹》

【释义】古今的社会情况不同,新旧时代的政治措施也不一样。假如想用宽容和缓的仁政去治理处在急剧变动时代的民众,就好像没有缰绳和鞭子,却去驾驭烈马一样,这是不明智的做法。

今学者之说人主也,不乘必胜之势,而务行仁义则可以王,是求人主之必及仲尼,而以世之凡民皆如列徒,此必不得之数也。

——《韩非子·五蠹》

【释义】现在的学者游说君主,不让君主依仗必胜的权势,而让君主致力于推行仁义,认为这样就可以称王天下。这是把君主都当成孔子了,而把老百姓都当成孔子的学生了,这必定是行不通的。

赏莫如厚而信,使民利之;罚莫如重而必,使民畏之;法莫如一而固,使民知之。

——《韩非子·五蠹》

【释义】奖赏优厚且坚决兑现,让民众有利可图;惩罚严厉且坚决执行,让民众感到畏惧;法令统一而稳定,让民众都知道。

明主之国,无书简之文,以法为教;无先王之语,以吏为师;无私剑之捍,以斩首为勇。是境内之民,其言谈者必轨于法,动作者归之于功,为勇者尽之于军。是故无事则国富,有事则兵强,此之谓王资。

——《韩非子·五蠹》

【释义】英明的君主治理的国家,不用文献典籍而以法令为教材;禁绝先王的言论而以官吏为老师;制止游侠刺客的凶暴举止而鼓励杀敌立功的勇敢行为。国内那些擅长言谈的人一定要遵守法律,从事劳动的人让他们回归农业生产,表现勇敢的人叫他们全部到军队中去服役。如果能够做到这些,太平的时候国家就会富有,发生战争时兵力就会强大,这就是称王天下的资本。

乱国之俗:其学者,则称先王之道以籍仁义,盛容服而饰辩说,以疑当世之法,而贰人主之心。其言谈者,为设诈称,借于外力,以成其私,而遗社稷之利。其带剑者,聚徒属,立节操,以显其名,而犯五官之禁。其患御者,积于私门,尽货赂,而用重人之谒,退汗马之劳。其商工之民,修治苦窳之器,聚弗靡之财,蓄积待时,而侔农夫之利。此五者,邦之蠹也。人主不除此五蠹之民,不养耿介之士,则海内虽有破亡之国,削灭之朝,亦勿怪矣。

——《韩非子·五蠹》

【释义】足以扰乱国家的风气行为有:那些著书立说的人称颂先王之道,凭借仁义进行说教,讲究仪表服饰而注意言语修辞,用以扰乱当代的法治,动摇君主依法治国的决心;那些言谈者制造谎言,借助外国的力量,谋求他们的私利,把国家的利益抛在一边。游侠剑客,聚集党徒,标榜气节,用来显扬他们的名声,而触犯国家的禁令;害怕服兵役的人,聚集在豪门贵族门下,大行贿赂,依仗权贵的请托,逃避战争的劳苦;从事商业和手工业的人,制造粗劣的器物,积聚奢侈的财物,囤积居奇,等待时机,从农民身上牟取利益。这五种人,是国家的蛀虫。君主如果不去掉这五种像蛀虫一样的人,不供养光明正直的人,国家出现残破覆亡也就不足为怪了。

夫严家无悍虏,而慈母有败子。吾以此知威势之可以禁暴,而德厚之不足以止乱也。

——《韩非子·显学》

【释义】在管教严厉的家庭中没有凶悍的奴仆,在慈母溺爱下却容易产生败家子。我由此知道威严的权势可以禁止暴行,而深厚的恩德并不能制止祸乱。

《墨子》

偪臣伤君，谄下伤上。君必有弗弗之臣，上必有诎诎之下。分议者延延，而支苟者诎诎，焉可以长生保国。臣下重其爵位而不言，近臣则喑，远臣则吟，怨结于民心，谄谀在侧，善议障塞，则国危矣。

——《墨子·亲士》

【释义】大臣的权力过大会损害到君主，阿谀奉承的大臣也会损害君主。君主身边必须要有敢于矫正君主过失的大臣，必须要有敢于直言争辩的臣下。只有持不同观点的人敢于坚持自己的意见，相互争辩的人敢于直言不讳，君主才能保全自己的国家。如果大臣都只看重自己的爵位而不敢直言进谏，左右亲近的大臣只会缄默不语，远处的大臣只能嗟叹无言，君主身边全是阿谀奉承之人，那么百姓就会怨声载道，正确的建议就会被阻塞，国家就危险了。

良弓难张，然可以及高入深；良马难乘，然可以任重致远；良才难令，然可以致君见尊。

——《墨子·亲士》

【释义】好的弓难于拉开，但可以射得高远；好马难于驾驭，但可以背负很重的东西、走很远的路；贤能之人难以驱使，但可以帮助君主获得人们的尊敬。

子墨子曰:国有七患。七患者何? 城郭沟池不可守,而治宫室,一患也;边国至境,四邻莫救,二患也;先尽民力无用之功,赏赐无能之人,民力尽于无用,财宝虚于待客,三患也;仕者持禄,游者爱佼,君修法讨臣,臣慑而不敢拂,四患也;君自以为圣智而不问事,自以为安强而无守备,四邻谋之不知戒,五患也;所信者不忠,所忠者不信,六患也;畜种菽粟不足以食之,大臣不足以事之,赏赐不能喜,诛罚不能威,七患也。以七患居国,必无社稷;以七患守城,敌至国倾。七患之所当,国必有殃。

——《墨子·七患》

【释义】墨子说:国家的祸患有七种。城墙和护城河不足以守卫国家,却耗费人力财力去修建宫室,这是一患;敌国攻到了边境,四周的邻国却没有人来救援,这是二患;用尽百姓的力量来做没有用的事情,赏赐那些没有才能的人,财宝因为待客而空虚无存,这是三患;做官的人只求保住俸禄,游谈的人只图结交朋友,君主制定法令来讨伐臣下,臣下因为害怕而不敢对君王有丝毫的违背,这是四患;君王自以为圣明有智慧而遇事不询问别人的意见,自以为国家安定强大而不知设置防备,被周围的国家谋划进攻却不知道戒备,这是五患;所信任的人不忠于自己,忠诚的人却得不到信任,这是六患;种植和储备的粮食不够食用,大臣不足以委以重任,赏赐不能使人感到欢喜,惩罚也不能让人感到威慑,这是七患。在治理国家的过程中,要是有了这七种祸患,国家必定会灭亡;镇守城池的时候要是有这七种祸患,敌人一旦到来就会导致国家倾覆,这七种祸患存在于哪个国家,哪个国家就必定会有灾祸。

食不可不务也,地不可不力也,用不可不节也。

——《墨子·七患》

【释义】对于粮食一定要加以重视,对于土地一定要努力耕种,使用财物一定要节约。

财不足则反之时,食不足则反之用。故先民以时生财,固本而用财,则财足。

——《墨子·七患》

【释义】财用不足的时候就要反省是否抓住了农时,食物不足的时候就要反省是否注意了节约。古代的贤君引导百姓按时令进行生产以创造财物,巩固作为根本的农业生产,并且使用财物的时候能够做到节约,那么财用就会充足了。

食者,国之宝也,兵者,国之爪也,城者,所以自守也,此三者,国之具也。

——《墨子·七患》

【释义】粮食是国家的财宝,兵器是国家的爪牙,城池是国家用以自守的东西,这三样是一个国家所必须具备的。

以其极赏以赐无功;虚其府库,以备车马、衣裘、奇怪;苦其役徒,以治宫室观乐;死又厚为棺椁,多为衣裘;生时治台榭,死又修坟墓。故民苦于外,府库单于内,上不厌其乐,下不堪其苦。故国离寇敌则伤,民见凶饥则亡,此皆备不具之罪也。

——《墨子·七患》

【释义】把最高的奖赏给了没有功劳的人;用尽国库中的财物去置备车马、衣服和奇异的珍宝;劳役人民来修建宫室和游玩的地方;死了以后又花费很多的财物准备多重棺椁和很多衣物。如果统治阶层纵情享乐,老百姓就会承受难以承受的苦难,国库内的财宝就会被用尽。在这种情况下,国家一旦遭遇敌寇就会受到损伤,一旦遇到凶年,百姓就会遭受饥荒而死,这都是因为没有做好治理国家的准备啊。

国有贤良之士众,则国家之治厚,贤良之士寡,则国家之治薄。故大人之务,将在于众贤而已。曰:然则众贤之术,将奈何哉? 子墨子言曰:譬若欲众其国之善射御之士者,必将富之贵之,敬之誉之,然后国之善射御之士,将可得而众也。况又有贤良之士,厚乎德行,辩乎言谈,博乎道术者乎! 此固国家之珍,而社稷之佐也。亦必且富之贵之,敬之誉之,然后国之良士,亦将可得而众也。

——《墨子·尚贤上》

【释义】国家德才兼备的人众多,治理的基础就坚实;德才兼备的人稀少,治理的基础就薄弱。所以当政者最重要的事,就是使贤良的人增多。有人问:那么怎么做才能使贤良的人增多呢? 墨子回答:例如要增加一个国家善于射箭、骑马的人,就必须使现有擅长射箭、骑马的人富足、显贵,给他们尊重、荣誉,这样,善于射箭、骑马的人自然就会增多了。道德行为淳厚,言谈辞令精辩,通晓治理国家方法的贤良之士是国家的珍宝、社稷的辅佐。如果能让这一部分人富足、显贵,给他们尊重、荣誉,那么国家的贤良之士,自然也就会增多了。

古者圣王之为政,列德而尚贤,虽在农与工肆之人,有能则举之,高予之爵,重予之禄,任之以事,断予之令。

——《墨子·尚贤上》

【释义】古时候的圣王治理国家,任用德才兼备的人,即使这些人是农夫或工匠,只要他们德才兼备,就选拔他们,给予他们高贵的爵位,赐给他丰厚的俸禄,给予他们决断行政的机会。

何以知尚贤之为政本也? 曰:自贵且智者,为政乎愚且贱者,则治;自愚且贱者,为政乎贵且智者,则乱。是以知尚贤之为政本也。故古者圣王甚尊尚贤而任使能,不党父兄,不偏贵富,不嬖颜色。贤者,举而上之,富而贵之,以为官长;不肖者抑而废之,贫而贱之以为徒役。是以民皆劝其赏,畏其罚,相率而为贤。是以贤者众,而不肖者寡,此谓进贤。然后圣人听其言,迹其行,察其所能而慎予官,此谓事能。

——《墨子·尚贤中》

【释义】如何知道尊重贤能是为政的根本呢？墨子的回答是：让有智慧的人去统治愚蠢的人，国家就会得到治理；让愚蠢的人去统治有智慧的人，国家就会混乱。凭借这个就能知道尊重贤能是为政的根本。古代的圣王在选拔人才时，不袒护父亲兄长，不偏向富贵的人，不偏向貌美的人。只要是贤能的人，就推举选拔上来，使他富贵，让他做官长；如果是没才能的人，就罢免废弃他，使他贫贱，让他做奴役。百姓就会因此得到勉励，争先恐后地要去做贤能的人。这样贤能的人自然就多了，而不贤的人自然就少了。圣人考察这些人的言论、行为，根据他们能力的大小谨慎地授予官职，这就叫作使用贤能的人。

　　而今天下之士君子，居处言语皆尚贤，逮至其临众发政而治民，莫知尚贤而使能。我以此知天下之士君子，明于小而不明于大也。何以知其然乎？今王公大人有一牛羊之财不能杀，必索良宰；有一衣裳之财不能制，必索良工。当王公大人之于此也，虽有骨肉之亲、无故富贵、面目美好者，实知其不能也，不使之也。是何故？恐其败财也。当王公大人之于此也，则不失尚贤而使能。王公大人有一罢马不能治，必索良医；有一危弓不能张，必索良工。当王公大人之于此也，虽有骨肉之亲、无故富贵、面目美好者，实知其不能也，必不使。是何故？恐其败财也。当王公大人之于此也，则不失尚贤而使能。逮至其国家则不然，王公大人骨肉之亲、无故富贵、面目美好者，则举之。则王公大人之亲其国家也，不若亲其一危弓、罢马、衣裳、牛羊之财与？我以此知天下之士君子，皆明于小而不明于大也。

——《墨子·尚贤下》

【释义】现在的统治阶层，嘴上都知道说崇尚贤能，但真等到他们治理国家的时候，就不知道尚贤使能了。他们只明白小道理而不明白大道理。为什么这么说呢？现在的王公大人，有一头牛、一只羊不能杀，必定要寻求高明的屠夫；有一件衣服不能缝制，必定寻求高明的裁缝。当王公大人遇到这样的问题的时候，不会找自己的骨肉至亲、没有功劳而得到富贵和面貌美好的人去做，因为知道他们确实没有这方面的才能，担心他们会损坏财产。王公大人对待这些事情还是能够做到尚贤使能的。当王公大人有一匹疲弊的马不能医治，必定寻找高明的兽医；有一张弓坏了不能张开，必定寻找高明的工匠。王公大人当遇到这样的事情时，不会任用自己的骨肉至亲、没有功劳而得到富贵和面貌美好的人，因为知道他们确实没有这方面的才能，恐怕他们会损坏财产。王公大人在处理这些事情的时候，也能够做到尚贤使能。但是等到他们治理国家的时候，就不这样了，他们只会去任用那些骨肉亲戚，没有功劳而得到富贵或面貌长得好看的人。难道王公大人喜爱他的国家，还比不上喜欢一张坏了的弓、一匹疲弊的马和衣服牛羊这些财物吗？我因此知道这些王公大人只明白小道理却不明白大道理。

子墨子言曰：古者民始生、未有刑政之时，盖其语，人异义。是以一人则一义，二人则二义，十人则十义。其人兹众，其所谓义者亦兹众。是以人是其义，以非人之义，故交相非也。

夫明虖天下之所以乱者，生于无政长，是故选天下之贤可者，立以为天子。天子立，以其力为未足，又选择天下之贤可者，置立之以为三公。天子、三公既以立，以天下为博大，远国异土之民、是非利害之辩，不可一二而明知，故画分万国，立诸侯国君。诸侯国君既已立，以其力为未足，又选择其国之贤可者，置立之以为正长。

正长既已具，天子发政于天下之百姓，言曰：闻善而不善，皆以告其上。上之所是必皆是之，所非必皆非之……上同而不下比者。

——《墨子·尚同上》

【释义】墨子说：古代人类刚刚产生、还没有政治刑法的时候，一个人有一种道理，两个人就有两种道理，十个人就有十种道理，人越是多，所谓的道理也就越多。每个人都肯定自己的道理，而否定别人的道理，所以互相非难。

后来，人们天下混乱的原因在于没有行政长官。于是便选拔天下贤能的人，拥立他做天子。天子确立了以后，因为天下广大，又选拔天下贤能的人，立他们作为三公。天子、三公确立以后，因为天下广博辽远，是非利益祸害难以辨别清楚，所以把天下划分为很多的国家，选拔贤能的人做各个诸侯国的国君。诸侯国的国君确立以后，为了更好的管理，又选择贤能的人，确立他们为各级的行政长官。

有了行政长官以后，天子对天下的百姓发布政令，说："听到好的事或不好的事，都要来报告上级。在是非对错的问题上都要与上级保持一致，要服从上面而不应该勾结下面……这样就可以避免混乱了。"

今天下之人曰：方今之时，天下之正长犹未废乎天下也，而天下之所以乱者，何故之以也？

故古者之置正长也，将以治民也，譬之若丝缕之有纪，而罔罟之有纲也，将以运役天下淫暴，而一同其义也。

今王公大人之为刑政则反此。政以为便譬，宗于父兄故旧，以为左右，置以为正长。民知上置正长之非正以治民也，而莫肯尚同其上，是故上下不同义。若苟上下不同义，赏誉不足以劝善，而刑罚不足以沮暴。

——《墨子·尚同中》

【释义】人们会问：现在天下有行政长官，为什么还会混乱呢？

这是因为古代会把有治理能力，能够约束天下淫暴、统一天下的道义的人立为行政长官，这就好比丝线有头绪，鱼网有总绳一样。

但是现在却与古代相反，王公大人用善于说好话的人来辅佐政治，以宗族、父兄和故人旧友作为左右的亲信，立他们为行政长官。百姓知道这些人并没有治理国家的能力，因而没有人愿意与上级统一意见。上下意见不统一，那么来自上级的奖赏和赞誉就不足以勉励人为善，来自上级的刑罚也不足以阻止暴乱。

今诸侯独知爱其国,不爱人之国,是以不惮举其国以攻人之国。今家主独知爱其家,而不爱人之家,是以不惮举其家以篡人之家。今人独知爱其身,不爱人之身,是以不惮举其身以贼人之身。是故诸侯不相爱则必野战。家主不相爱则必相篡。人与人不相爱则必相贼。君臣不相爱则不惠忠。父子不相爱则不慈孝。兄弟不相爱则不和调。天下之人皆不相爱,强必执弱,富必侮贫,贵必敖贱,诈必欺愚。凡天下祸篡怨恨,其所以起者,以不相爱生也。

既以非之,何以易之? 子墨子言曰:以兼相爱、交相利之法易之。然则兼相爱、交相利之法将奈何哉? 子墨子言:视人之国若视其国,视人之家若视其家,视人之身若视其身。是故诸侯相爱则不野战。家主相爱则不相篡,人与人相爱则不相贼,君臣相爱则惠忠……父子相爱则慈孝。兄弟相爱则和调。天下之人皆相爱,强不执弱,众不劫寡,富不侮贫,贵不敖贱,诈不欺愚。

——《墨子·兼爱中》

【释义】如今的诸侯只知道爱自己的国家,不爱别人的国家,所以就会肆无忌惮地动用全国的力量去攻打别人的国家。如今的一家之主只知道爱自己的家,而不爱别人的家,所以就会肆无忌惮地动用全家的力量去篡夺别人的家。如今的人只知道爱他自己,而不知道爱别人,所以会肆无忌惮地使出浑身力量去伤害别人。诸侯之间不相爱必然会硝烟四起,家主之间不相爱必然会相互篡夺,人与人之间不相爱必然会相互伤害,君臣之间不相爱必然会不惠忠,父子之间不相爱必然会不慈孝,兄弟之间不相爱必然会不和睦。天下的人都不相爱,强者必然要欺凌弱者,富者必然要侮辱贫者,高贵者必然要傲视下贱者,狡诈的必然要欺负愚笨者。天下之所以会有祸乱、篡夺、怨愤、仇恨,都是因为不相爱造成的。

既然认为这样不对,那怎样去改变呢? 墨子说道:"用大家相亲相爱、互惠互利的方法改变它。看待别的国家如同看待自己的国家,看待别的家庭如同看待自己的家庭,看待别人的生命如同看待自己的生命。这样,诸侯之间自然就不会战乱纷纷,家主之间自然就不会相互篡夺,人与人之间自然就不会相互伤害。君臣相爱就会带来惠忠,父子相爱就会带来慈孝,兄弟相爱就会带来和睦。天下的人都相爱,强大的就不会欺凌弱小的,人多的就不会胁迫人少的,富贵的就不会侮辱贫困的,高贵的就不会傲视低贱的,狡诈的就不会欺负愚笨的。"

老而无妻子者,有所侍养以终其寿。幼弱孤童之无父母者,有所放依以长其身。

——《墨子·兼爱下》

【释义】年老却没有妻子儿女的人能够得到奉养而寿终,年幼弱小却没有父母的儿童能够有所依靠而长大。

圣人为政一国,一国可倍也;大之为政天下,天下可倍也。其倍之非外取地也,因其国家,去其无用之费,足以倍之。

——《墨子·节用上》

【释义】圣人治理一个国家,一个国家的财力就可以增加一倍;圣人治理天下,天下的财力也可以增加一倍。财力的成倍增加,不是依靠对外夺取土地,而是依靠不做无用的花费,这样就足以使财富加倍增长。

孰为难倍?唯人为难倍。然人有可倍也。昔者圣王为法曰:"丈夫年二十,毋敢不处家。女子年十五,毋敢不事人。"此圣王之法也。圣王既没,于民次也。其欲蚤处家者,有所二十年处家;其欲晚处家者,有所四十年处家。以其蚤与其晚相践,后圣王之法十年,若纯三年而字,子生可以二三年矣。此不惟使民蚤处家而可以倍与?且不然已。今天下为政者,其所以寡人之道多。其使民劳,其籍敛厚,民财不足,冻饿死者不可胜数也。且大人惟毋兴师以攻伐邻国,久者终年,速者数月,男女久不相见,此所以寡人之道也。

——《墨子·节用上》

【释义】什么难以加倍呢？人口是最难以加倍的。但是想让人口加倍也有办法，从前圣明的君王制定法则，要求男子年满二十岁、女子年满十五岁，必须成家。圣明的君王去世以后，人们对待婚姻便开始放任自流。想要早成家的，二十岁就结婚了；想晚成家的，四十岁才结婚。拿早婚的和晚婚的相减，比圣王的做法晚了十年。如果都是三年生一个孩子，那么十年可以生两、三个孩子了。让人们早成家不就有利于人口加倍吗？然而现在的统治者却不这样做。现在治理天下的人采用的都是导致人口减少的政策。他们让百姓过于劳累，赋敛沉重，百姓的财用不足，冻死饿死的人多得数不清。并且王公大人还经常发动战争攻打邻国，战争持续的时间长的要一年，快的也要几个月，男子和女子便长久没有见面的机会，这些便是导致国家人口减少的做法。

子墨子言曰：古者明王圣人所以王天下、正诸侯者，彼其爱民谨忠，利民谨厚，忠信相连，又示之以利，是以终身不餍，殁世而不卷。

——《墨子·节用中》

【释义】墨子说："古代贤明的君主，之所以能够称王于天下、匡正诸侯，就在于他们衷心地爱护百姓，宽厚地为百姓谋利，忠信结合，又使人民看到利益，所以人民对君王终身不厌弃，毕生而不倦怠。"

古者圣王，制为节用之法，曰："凡天下群百工，轮、车、鞼、匏、陶、冶、梓、匠，使各从事其所能。"曰："凡足以奉给民用，则止。"诸加费不加于民利者，圣王弗为。

——《墨子·节用中》

【释义】古代圣明的君王，制定了制造日用器物的法则：对于天下百工，造轮的、造车的、制皮革的、烧陶器的、铸五金的、做木器的匠人，让他们去从事各自所能从事的工作。各种物品只要足够使用就可以了，只增加费用而不增加百姓利益的事情，圣明的君王不会去做。

古者圣王制为节葬之法,曰:衣三领,足以朽肉,棺三寸,足以朽骸,堀穴深不通于泉,流不发泄,则止。死者既葬,生者毋久丧用哀。

——《墨子·节用中》

【释义】古代圣明的君王制定了丧葬的法则:衣服三套,足以穿到肉体腐烂;棺木三寸,足以用到尸骨腐烂。墓穴的深度不必深达于泉,只要不让腐烂的气味散发到地面就可以了。死去的人安葬好后,活着的人不需要长久地服丧致哀。

细计厚葬,为多埋赋之财者也。计久丧,为久禁从事者也。财以成者,扶而埋之,后得生者,而久禁之。以此求富,此譬犹禁耕而求获也,富之说无可得焉。

——《墨子·节葬下》

【释义】厚葬,就是把大量的的财物埋葬了起来。久丧,就是长久地禁止人们从事工作。辛苦得来的财产却被埋掉,可以做事的人却被长久地禁止工作,如果用这样的做法来追求富裕,就好像禁止耕种却想追求收获一样,想要变得富裕是不可能的。

顺天意者,义政也;反天意者,力政也。然义政将奈何哉? 子墨子言曰:处大国不攻小国,处大家不篡小家,强者不劫弱,贵者不傲贱,多诈者不欺愚。此必上利于天,中利于鬼,下利于人。三利无所不利,故举天下美名加之,谓之圣王。力政者则与此异,言非此,行反此,犹倖驰也。处大国攻小国,处大家篡小家,强者劫弱,贵者傲贱,多诈欺愚。此上不利于天,中不利于鬼,下不利于人。三不利无所利,故举天下恶名加之,谓之暴王。

——《墨子·天志上》

【释义】顺从上天的意愿,就是用道义来管理政务;违背天意的,就是用暴力来管理政务。用道义来管理政务将是怎么样的呢? 墨子说:"大国不去攻打小国,大家不去篡夺小家,强大的人不抢劫弱小的,富贵的人不轻视贫贱的,有智谋的不欺负蠢笨的。这样上有利于天,中有利于鬼,下有利于人,对三者都有利,就会无所不利了,这样的管理者就可以称为圣明的君王。用暴力来管理政务则与此相反:大国攻打小国,大家篡夺小家,强大的人抢劫弱小的,富贵的人轻视贫贱的,有智谋的欺负蠢笨的。这样做,上不利于天,中不利于鬼神,下不利于人,这样的管理者就可以称为残暴的君王。"

天之意以为不可不慎已,然则天之将何欲何憎? 子墨子曰:天之意,不欲大国之攻小国也,大家之乱小家也,强之暴寡,诈之谋愚,贵之傲贱,此天之所不欲也。不止此而已,欲人之有力相营,有道相教,有财相分也。又欲上之强听治也,下之强从事也。上强听治,则国家治矣;下强从事,则财用足矣。

——《墨子·天志中》

【释义】上天的意志不能不谨慎地顺从,那么上天想要的和憎恶的又是什么呢? 墨子说:"上天不希望大国攻并小国,大家扰乱小家,不希望人多的欺负人少的,有智谋的欺诈愚蠢的,尊贵的轻视贫贱的。不仅如此,上天还希望人们互相帮助、互相教化,有财物的分给别人。上天还希望在上位的人勤勉地处理政务,在下位的人能够努力工作。在上位的人如果能勤勉地处理政治,那么国家就能得到治理;在下位的人努力工作,那么财用就会充足。"

是以存夫为人君臣上下者之不惠忠也,父子弟兄之不慈孝弟长贞良也。正长之不强于听治,贱人之不强于从事也。民之为淫暴寇乱盗贼,以兵刃、毒药、水火,退无罪人乎道路率径,夺人车马、衣裘以自利者,并作由此始,是以天下乱。此其故何以然也? 则皆以疑惑鬼神之有与无之别,不明乎鬼神之能赏贤而罚暴也。今若使天下之人偕若信鬼神之能赏贤而罚暴也,则夫天下岂乱哉!

——《墨子·明鬼下》

【释义】之所以出现君主不恩惠臣下、臣下不忠诚于君主，父亲不慈爱儿子、儿子不孝顺父亲，弟弟不尊敬兄长、哥哥不爱护弟弟这一类人们之间不忠贞善良的事情；之所以出现官员不努力处理政务，平民不努力劳作之类的事情；之所以出现百姓做淫乱暴虐盗贼之事，用兵刃毒药水火在道路上抢劫无辜的人来使自己获利这一类导致社会混乱的暴虐之事，都与对鬼神的有无疑惑不定有关。做出上述这些事的人不明白鬼神能够奖赏贤能、惩罚残暴。如果让天下的人都相信鬼神是可以奖赏贤能、惩罚残暴的，那么天下也就不会混乱了。

子墨子之所以非乐者，非以大钟、鸣鼓、琴瑟、竽笙之声以为不乐也，非以刻镂华文章之色以为不美也，非以刍豢煎炙之味以为不甘也，非以高台厚榭邃野之居以为不安也。虽身知其安也，口知其甘也，目知其美也，耳知其乐也，然上考之不中圣王之事，下度之不中万民之利。是故子墨子曰：为乐，非也。

——《墨子·非乐上》

【释义】墨子反对音乐的原因，并不是认为大钟、鸣鼓、琴瑟、竽笙的声音不好听，并不是认为雕刻华美的文彩不好看，并不是认为烹调禽兽的味道不鲜美，并不是认为高台、楼榭、房屋居住得不舒适。尽管身体知道这样舒适，嘴巴知道这样甘美，眼睛知道这样美丽，耳朵知道这样好听，但是这样做，对上不符合圣明君王的要求，对下不符合万民的利益，所以墨子说："不应该从事与音乐相关的娱乐活动。"

民有三患，饥者不得食，寒者不得衣，劳者不得息，三者民之巨患也。然即当为之撞巨钟、击鸣鼓、弹琴瑟、吹竽笙而扬干戚，民衣食之财，将安可得乎？即我以为未必然也。

——《墨子·非乐上》

【释义】百姓有三种忧患：饿了吃不上食物，冷了穿不上衣服，累了得不到休息,这三者是百姓最担心的事情。试问从事撞巨钟、击鸣鼓、弹琴瑟、吹竽笙、举着盾牌和斧钺这些与音乐相关的娱乐活动,能够解决百姓最迫切需要解决的生存问题吗?我认为这是不可能得到解决的。

　　执有命者言曰:"上之所罚,命固且罚,不暴故罚也。上之所赏命固且赏,非贤故赏也。"以此为君则不义,为臣则不忠,为父则不慈,为子则不孝,为兄则不长,为弟则不弟。而强执此者,此特凶言之所自生,而暴人之道也。然则何以知命之为暴人之道?昔上世之穷民,贪于饮食,惰于从事,是以衣食之财不足,而饥寒冻馁之忧至。不知曰:"我罢不肖,从事不疾",必曰:"我命固且贫"。昔上世暴王,不忍其耳目之淫,心涂之辟,不顺其亲戚,遂以亡失国家,倾覆社稷,不知曰:"我罢不肖,为政不善",必曰:"吾命固失之"……今用执有命者之言,则上不听治,下不从事。上不听治,则刑政乱;下不从事,则财用不足。

——《墨子·非命上》

　　【释义】主张有命的人说:"所受到的惩罚是命中注定要受的惩罚,不是因为自己的暴虐;所得到的奖赏是命中注定要得到的奖赏,并不是因为自己的贤能。"如果这样去考虑问题,那么国君就不会仁义,大臣就不会忠诚,父亲就不会慈爱,儿子就不会孝顺,兄长就不会贤良,弟弟就不会恭顺。"有命论"是暴虐的人的道术。为什么这样说呢?从这些事情上就能看出来:古代的穷人,因为好吃懒做而导致自己的衣服食物等不够用,从而遭受饥饿寒冷,这些人不知道说"是因为我懒惰无能,做事不勤勉",而一定要说"我本来就是穷命"。古代暴虐的君王,因为不能克制自己的耳目之欲、心计的邪僻,不能尊重父母的意见,从而导致丧失了国家,毁灭了社稷,这些君王不知道说"我疲弱无能,治理政务不尽力",而一定要说"我命中注定要失去自己的国家"。如果认可"有命论",那么在上位的人就不会努力治理政务,在下位的人就不会努力从事生产。这样就会导致政治混乱、财用不充足。

子墨子言曰:今天下之士君子,中实将欲求兴天下之利,除天下之害,当若执有命者之言,不可不强非也。曰:命者,暴王所作,穷人所术,非仁者之言也。今之为仁义者,将不可不察而强非者,此也。

——《墨子·非命下》

【释义】墨子说:"现在天下的士人君子,如果想要兴天下之利,除天下之害,对于'有命论'就一定要极力地反对。应该明确的是:命,是暴虐的君王编造出来,是穷人加以传述的,并不符合仁义。奉行仁义的人,一定要明察并且极力地反对它。"

版权说明

1.本系列丛书所有选编内容,均已明确标明文献来源;

2.由于本系列丛书选编所涉及的版权所有者非常多,我们虽尽力联系,但不能完全联系上并取得授权;

3.如版权所有者有版权要求,欢迎联系我们,并敬请谅解。

本丛书编委会

(复旦大学马克思主义学院,上海,邮编200433)

2020 年春